古代歷史文化研究輯刊

二一編

王明蓀 主編

第49冊

趙宧光《寒山帚談》「書學格調說」之研究

林中元 著

國家圖書館出版品預行編目資料

趙宧光《寒山帚談》「書學格調說」之研究／林中元 著 — 初版
— 新北市：花木蘭文化事業有限公司，2019〔民 108〕
目 4+252 面；19×26 公分
（古代歷史文化研究輯刊 二一編；第 49 冊）
ISBN 978-986-485-769-2（精裝）
1. 寒山帚談 2. 研究考訂 3. 書法
618   108001567

古代歷史文化研究輯刊
二一編　第四九冊　　　　　　ISBN：978-986-485-769-2

趙宧光《寒山帚談》「書學格調說」之研究

作　　者　林中元
主　　編　王明蓀
總 編 輯　杜潔祥
副總編輯　楊嘉樂
編　　輯　許郁翎、王筑　美術編輯　陳逸婷
出　　版　花木蘭文化事業有限公司
發 行 人　高小娟
聯絡地址　235 新北市中和區中安街七二號十三樓
　　　　　電話：02-2923-1455／傳真：02-2923-1452
網　　址　http://www.huamulan.tw 信箱 hml810518@gmail.com
印　　刷　普羅文化出版廣告事業
初　　版　2019 年 3 月
全書字數　225286 字
定　　價　二一編 49 冊（精裝）台幣 122,000 元

趙宧光《寒山帚談》「書學格調說」之研究

林中元　著

作者簡介

林中元，花蓮人，國立台南大學國語文學系研究所畢業，現職國小老師。

國小於校內參加書法社團，自此與書法結下不解之緣……才怪！拿毛筆的第二天便面臨被老師轟出去的窘境，一週後淚眼汪汪的賭誓餘生不再碰毛筆（其實是老師教得淚眼汪汪）。是誰說的人生難料？大學因緣際會開始寫字，一提筆就是好幾年，那個被書法老師轟出去的小鬼也成了書法老師。

於是，就成了沒有什麼頭銜，大學才接觸書法的門外漢，真要說的話，就是對書法抱持著熱情的國小老師。

提　　要

趙宧光（1559～1625），字水臣，號凡夫，為晚明書法家、文字學家，其以「草篆」傳世，為近幾年研究明清篆書不可漏缺之人物，特別是其提出之「書學格調論」更於書論中獨樹一格。本研究之目的即在於對《寒山帚談》做深入的剖析，並以此一窺趙宧光之「書學格調論」。本文共分七章：

第一章「緒論」，說明本文研究方向及研究目的、研究方法，同時對於前行研究進行回顧，同時探討《寒山帚談》版本流傳及《寒山帚談》成書問題。

第二章「趙宧光之生平與時代背景」，分析趙宧光所處之晚明背景、書學風氣，同時針對趙宧光家世、生平、與吳門及時人的交遊探討。

第三章「《寒山帚談》『書學格調說』之發端與釋義」，釐清「詩學格調說」與《寒山帚談》「書學格調說」之差異，並剖析「書學格調說」之「格」與「調」之意涵。

第四章「《寒山帚談》格調說之『格』論」，探討「格」與結構之建立方法，同時釐清趙宧光「用筆為上」論之建立與應用，此外，釐清趙宧光「破體」所指意涵亦為本章重點。

第五章「《寒山帚談》格調說之『調』論」，從「清雅」敘述趙宧光「調」之建立與執筆方法，並分析趙宧光「調」與「風格」之關係，以及其兩種「品第論」之意涵。

第六章「《寒山帚談》『格調說』於書篆學習之運用」，敘述趙宧光之學書方法，並由「書學格調說」探討其選材方法及原因，此外亦從《寒山帚談》分析其篆刻論及影響。

第七章「結語」，綜述本文之研究心得、成果，同時指出未來可繼續研究之方向。

致　謝

　　從跑校的鐘點到林老師，從對未來茫然從到有自己的教室，從對論文信心滿滿到近乎放棄到這篇致謝，休學兩次、服役、上榜，碩士五年大概是我人生中走過最多崎嶇山路與康莊大道的日子。

　　感謝莊千慧老師的悉心指導，學生天資駑鈍，在論文中一路跌跌撞撞，幾年來能一路從緒論寫到致謝都多虧了老師。感謝老師包容我時而犯錯，時而漏洞百出，時而於論文不知所云，對於「論文」一事是老師教會的。也感謝老師在書法一事上給了許多想法，雕琢了我生澀的技術，開闊了狹隘的眼界。我不是一個很好的學生，但我會記住老師的教誨，繼續走上我們都認為正確的路。

　　感謝陳昌明老師指出了本論文許多邏輯方面的問題，點出了美學與文學的會合，使我理論更有依據。感謝朱書萱老師，第一次發表論文是朱老師所評，碩士最後一篇論文還是朱老師所評，這是我莫大的榮幸。感謝朱老師點出了不同層面的關鍵問題，並多次給我寶貴的意見，使我論文終能完成。感謝黃宗義老師，在南大的日子裡傳授許多書藝，對於未臻成熟的我有著莫大的幫助，而於課堂上所習得的知識更是論文的寶貴來源。感謝施永華老師於書法的指導，各書體的許多技術都是從您身上學來的，您是一個很好的長者榜樣。感謝楊裕貿老師，我的書法啟蒙老師，我深深覺得如果我的做事態度有什麼優點，那一定是您所訓練出來的，對此我無比感謝，您的責任感、嚴謹一直是我的榜樣。

　　感謝佐欣、暐婷、侑恩、昭宏諸位同窗相陪，在我煩躁時聽我訴苦，一直相信我可以寫完論文；感謝乙麟學長，在書法跟思想上都給了不少建議；

感謝智弘，在需要時幫我處理了不少資料調度問題；感謝高中的一群死黨，嘴上雖不饒人但卻一直默默的關心；感謝貞華，陪我走了一段辛苦的歲月，願你這一生都平安、幸福；最後，感謝盈萱，遇見妳是最美好的事。

　　　謹以此誌感謝這條路上所有幫助過我的人。2017.07.12

目次

第一章 緒 論

第一節 研究動機與目的

　　明代晚年〔註1〕，一個天翻地覆的年代。受到心學、禪宗、泰州學派思想影響，此時期文化始有了劇烈變革，不論文章、詩歌、戲曲均走向獨抒性靈、衝破傳統一路線，而個人之個性表達亦比前朝來得濃厚。文學如是，書法亦

〔註 1〕 學界論及晚明的時間斷限有幾說，如張維昭《悖離與回歸——晚明士人美學態度的現代觀照》言：「從文化氣脈來看，『晚明士人』的概念已並非純粹是歷史時間性的概念，在很大程度上他是一種精神文化的載體。……因此，本文所涉及的士人，其生活的歷史時段大致涵蓋了自武宗皇帝朱厚照在位的正德（1506～1521）年間起，一直延續到明末安宗皇帝朱由崧在位的弘光（1644～1645）年間。」（南京：鳳凰出版社，2009 年），頁 1。張維昭之分法以正德自弘光，而弘光元年即爲崇禎末年（1644），可知其晚明爲 1506 至 1644 間。又，周明初《晚明士人心態及文學個案》：「晚明就不是一個確切的時間概念，一般學術界把萬曆到明代滅亡前這一段時期看成是晚明時期，但是，晚明是不是就從萬曆元年開始，萬曆之前的某段時期，如隆慶時期和嘉靖後期算不算晚明時期？……我們就把萬曆到天啓年間這樣一段時期作爲晚明的主體時期，把嘉靖後期作爲晚明時期的上限，把崇禎時期作爲晚明的下限。而這樣的上下限依然是不明確的。」（北京：東方出版社，1997 年），頁 1。周明初點出了晚明分代上的難點，歷史的發展是連續的，雖說一般公認萬曆時代明朝開始徹底轉向沒落，但以宏觀角度看，此亦與嘉靖有關。又，黃惇於《中國書法史・元明卷》提及晚明時云：「明代嘉靖以後，至明代末年，是中國文化發展史上一個重要的歷史時期。」（南京：江蘇教育出版社，2011 年），頁 335。嘉靖元年爲 1522 年，而明代末年爲崇禎十七年，爲 1644 年，故可知黃惇將晚明訂於 1522 至 1644 之間，以嘉靖元年作爲分界。綜合三者所言，張維昭以正德年間作分界實爲太早，以走向滅亡的萬曆前後來看，以嘉靖作爲區分是合理的。本文所論的晚明指的是時代快速變遷最激烈的時刻，故筆者以黃惇之說，以嘉靖元年作爲分界至崇禎末，爲 1522 至 1644 之間。

如是。晚明書學蓬勃爲後人留下不少典範，其中書學技法、理論、風格、作品樣式之開創更是前所未有，舉凡張瑞圖（1570～1644）、黃道周（1585～1646）、王鐸（1592～1652）、倪元璐（1593～1644）、傅山（1607～1684）皆有不同於前人之面貌，書風頓時煥然一新。

晚明書風發展達到另一個高峰，成就高者亦爲後人所推崇，諸如張瑞圖、王鐸、傅山等人，可謂今人行草取法之必經途徑，相關論文之研究不勝枚舉。〔註2〕雖然，在晚明這段歷局變局中，造就了不少書家的崛起，但亦有一些書家沉沒於歷史洪流，筆者所要研究的對象趙宧光（1559～1625）即是屬於後者。

趙宧光，字凡夫，又字水臣。觀文獻記載，趙宧光留於時人、後人之印象爲一翩翩隱士，如清初文人所著之《百城烟水》即云：

> 寒山別業，在支硎山南。萬曆間，雲間高士趙凡夫葬父含玄公於此，遂偕元配陸卿子家焉。自辟丘壑，鑿山琢石，如洞天仙源。前爲小宛堂，茗碗幾榻，超然塵表。盤陀、空空、化城、法螺諸庵，皆其別墅也。而千尺雪，尤爲諸景之最。子靈均，一傳無後，改爲精藍。

〔註3〕

趙宧光爲葬其父，於支硎山修建寒山別業，其大張旗鼓的建築了寒山諸景，成爲一時之風景名勝。而趙宧光亦與其妻、子定居於此，趙宧光之子趙均（1591

〔註2〕晚明書家的研究，可謂目前書法研究的「顯學」，以王鐸爲例，筆者以「台灣碩博士論文知識加值系統」查詢，相關之學位論文即：郭懿慧：《書法「氣」論研究——以王鐸書法爲例》（高雄師範大學國文學系碩士論文，2013年）、陳賜福：《王鐸書法構圖藝術之研究》（高雄師範大學國文學系碩士論文，2009年）、林志宏：《古、怪、雅、幻——王鐸的文藝思想與創作研究》（佛光大學文學系碩士論文，2009年）、黃小鳳：《王鐸草書藝術研究》（南華大學美學與視覺藝術學系碩士班碩士論文，2009年）、凌佩萱：《王鐸《擬山園帖》及其行草書教學研究》（高雄師範大學國文學系碩士論文，2008年）、蘇仁彥：《王鐸書法研究》（國立新竹教育大學進修部美勞教學碩士班碩士論文，2004年）、陳麗妃：《王鐸研究》（中國文化大學史學研究所碩士論文，1996年）、李秀英：《王鐸書風研究》（國立臺灣師範大學美術研究所碩士論文，1990年）等九篇。而以傅山作爲關鍵字搜尋，以書法研究爲主題者亦有七篇，研究張瑞圖書法者三篇。以此觀之，可知當前台灣碩博士生對晚明書法研究的盛況。（https://ndltd.ncl.edu.tw/cgi-bin/gs32/gsweb.cgi/ccd=hfUZij/webmge?mode=basic），2015年7月。

〔註3〕清・徐崧、張大純著，薛正興點校：《百城烟水》（南京：江蘇古籍出版社，1999年），頁116。

～1640）仍有一女趙昭（?～1679），而後無傳。依二人之記載觀之，其形象留下的是傳統隱士之典範，闢丘爲屋、開山爲院，山院之間佐以詩書，其高士之名亦由此而來。

　　而趙宧光在學術上的成就，可以明代朱謀垔（生卒年不詳）之《書史會要續編》蓋括：

> 早爲經生，棄去，隱寒山，舉家侫佛疏食。於經籍無所不窺，而篤意倉、斯之學，著《長箋》論六義。《寒山帚談》論書法，其自書創作草篆，蓋原《天璽碑》而小變焉。由其人品已超，書亦不躡遺蹟，允成高士矣。〔註4〕

《天璽碑》又名《天璽記功訟》、《天發神讖碑》，傳爲東吳皇象書，吳天璽元年（276）立。而引文中朱謀垔認爲趙宧光之草篆出自於此，筆者以爲有誤。崔祖菁云：「趙宧光年輕之時曾求學於金陵，根據趙氏對金石文字的喜好判斷，對當時尚存金陵的《天發神讖碑》必會探訪。從趙宧光的草篆中也確能找到《天發神讖碑》的一些影子，如隸書方折的用筆、倒韭葉的運用等等。但《天發神讖碑》不僅以用筆方，結字也方，而趙宧光草篆雖常常以方筆爲篆，結字卻更近秦小篆的意味，這一點與《天發神讖碑》相差甚遠。」〔註5〕方筆與圓筆確爲趙宧光之草篆與《天璽碑》之最大差異，而其中之結體方式亦不同，《天璽碑》之結體較爲方整，而趙宧光之草篆則以圓轉、長型爲兩大特徵。說趙宧光草篆受《天璽碑》影響可，但言「蓋原《天璽碑》而小變焉」則不通。據引文可知，趙宧光精通於文字之學，其著作之《六書長箋》爲一文字學專著，於後人多有啓發。且趙宧光亦專精於書法，理論方面有《寒山帚談》傳世，書跡方面則有其獨創之「草篆」。於其著論中最受人矚目者莫過於《說文長箋》，但其仍有受非議，如清代顧炎武（1613～1682）評此書即言：

> 萬曆末，吳中趙凡夫宧光作《說文長箋》，將自古相傳之《五經》肆意刊改，好行小慧，以求異於先儒。……然其於《六書》之指不無管窺，而適當喜新尚異之時，此書乃盛行於世。及今不辯，恐他日

〔註4〕明・朱謀垔：《書史會要續編》，收入盧輔聖主編：《中國書畫全書》第6冊（上海：上海書畫出版社，2009年），頁107。本論文引文自《中國書畫全書》二十冊均採此一系列套書，出版資料相同，故之後不加出版資料。

〔註5〕崔祖菁：《趙宧光書法及其書論研究》（南京藝術學院碩士論文，2009年），頁31。

習非勝是，爲後學之害不淺矣，故舉其尤刺謬者十餘條正之。〔註6〕

《四庫全書總目提要》云：

> 明趙宧光撰。宧光有《說文長箋》，……所撰《說文長箋》中亦析出
> 《別行長箋》，穿鑿附會，且引據疏舛，頗爲小學家所譏。〔註7〕

顧炎武以考據學爲本，以穿鑿附會評趙宧光小學不精，乃基於時代背景因素。然而，顧炎武對於趙宧光之《說文長箋》仍有正面評價，其雖批評趙宧光「好行小惠」、「求異」，但另方面亦稱讚趙宧光「不無管窺」；一方面趙宧光之特殊見解雖不全然正確，但另方面卻又能跳脫格局思考，提出前人未有之見解，此爲趙宧光論述之優點亦爲缺點。而《四庫全書》亦言「穿鑿附會」、「引據疏舛」，可知趙宧光於字學上之成就確實有所爭議〔註8〕。

相對於文字學之批評聲浪，趙宧光之書學理論、書篆風格則較爲人所接受，如明代夏樹芳（1551～1635）《寒山趙凡夫誄》：

> 最所得意，尤工篆「籀」、「獵碣」、「之罘」，縱橫馳驟，玉柱銀鉤，
> 劃然天授，匪今斯。今造化在手，翻空摘奇，見者狂走，乃至博古
> 爛熳，《長箋》亦有字學。〔註9〕

夏樹芳所作誄文或許有溢美之問題，但觀其稱趙宧光篆書「玉柱銀鉤，劃然天授」，可知即便是溢美之辭，趙宧光之篆書仍有一定水平。若誄文有溢美問題，以後世研究並觀則較爲公正，日本學者中田勇次郎（1905～1998）《中國書法理論史》云：

> 作者精通文字學，因而此書特別在古文、篆隸方面有很精彩的論述。
> 他可以說是所謂『帖學派』書法理論的先驅。……此書在書法的各

〔註6〕 清·顧炎武著，陳垣校著：《日知錄》下冊（合肥：安徽大學出版社，2009年），頁1236。

〔註7〕 明·趙宧光：《寒山帚談》，收入《文津閣四庫全書》第819冊（北京：商務印書館，2006年），頁1。

〔註8〕 大致而言，針對趙宧光文字學之批評大多因其特殊的看法，但另方面，此種不畏懼他人批評的看法卻也是趙宧光易受稱讚的優點。而此種情形亦反映在《寒山帚談》上，接受者稱其書論創新、補古人未發，反對者則視其爲異端邪說。若欲更進一步了解趙宧光之文字學，可參考周敏華《趙宧光《六書長箋》研究》（銘傳大學應用語文研究所碩士論文，2004），此爲台灣目前少有研究趙宧光文字學的專著。

〔註9〕 明·夏樹芳《寒山趙凡夫誄》并序，摘自明·黃宗羲（1610～1695）：《明文海》，收入《景印文淵閣四庫全書》第1458冊（台北：台灣商務出版，1983年），頁759。

方面論述都頗詳。……凡此等等，都是遠在清代『帖學派』之前對書法的時代性所作的精闢論述。〔註10〕

以中田勇次郎之客觀角度觀之，趙宧光於書法理論層面確實是有所貢獻的，特別是對於帖學、臨古、二王之提倡，趙宧光可謂集晚明之大成。且《寒山帚談》之言論多爲前人所未發，此點於王鎮遠《中國書法理論史》〔註11〕、黃惇《中國書法史·元明卷》〔註12〕、余紹宋《書畫書錄解題》〔註13〕、楊仁愷主編之《中國書畫》〔註14〕均有提及，單以「獨創性」一點而言趙宧光即具有不可抹煞之地位。

筆者在選擇趙宧光爲研究課題後，於閱讀文本的過程中發現《寒山帚談》所論「格調說」是將詩歌論「格調說」引入書論，並獨創「書法格調論」，此可謂創舉。陳亦純《中國明代藝術史》云：

> 趙宧光論書中的創新之處，在於以用筆結體爲主的格調論……趙氏從用筆和結構兩方面來說明書法的格調，表現出較明顯的尚古重法之傾向，與文學批評中的格調論相彷彿。〔註15〕

其「格調」分別對應書法中之體法、鋒勢，再依此「書法格調論」貫穿自身書學思想，此種借格調倡導復古之說前所未見。而「書法格調論」建立起《寒山帚談》之脈絡，將「格調」成爲理解趙宧光書論的關鍵詞，此亦是筆者撰寫本文之因。

除書論外，趙宧光之「草篆」亦堪稱一絕，誠如黃惇所言：「趙凡夫的草

〔註10〕〔日〕中田勇次郎：《中國書法理論史》（天津：天津古籍出版社，1987年），頁117。

〔註11〕王鎮遠《中國書法理論史》：「《寒山帚談》是一部系統的論書著作，其中所論大多本於趙氏自己對書法的認識，而不依傍前人，也不受時人影響。」（合肥：黃山書社，1990年），頁401。

〔註12〕黃惇《中國書法史·元明卷》：「《寒山帚談》亦是一部較爲獨立的論書著作，所述大體爲他自己關於書法的見解，所謂「補古人未發」……就許多具體的關於臨摹、創作、鑑賞、品評的論述來看，均可看到他的獨立見解，充滿著睿智和洞察力，精闢之處多見辯證思維，這是應該給予充分肯定的。」（南京：江蘇教育出版社，2011年），頁440。

〔註13〕余紹宋《書畫書錄解題》評：「持論頗爲精到詳盡，自抒心得，不甚依傍前人，誠臨池家所當一讀也。」（北京：北京圖書館出版社，2003年），頁260。

〔註14〕楊仁愷《中國書畫》：「在書法用筆、結體、格調、學習古人、品評鑑賞、工具器用等各方面，抒發各人見解，持論頗爲精到評正。」（上海：上海古籍出版社，1990），頁499。

〔註15〕陳亦純：《中國明代藝術史》（北京：人民出版社，1994年），頁99。

篆大膽突破傳統的規範程式，在篆書的歷史上及晚明都有其特殊的歷史價值。」〔註16〕其於篆書內融入飛白、草法等技巧，並依此開創出獨樹一格之「草篆」，此確也是趙宧光書法之一大特色。趙宧光之草篆書風一方面影響傅山篆書之形成〔註17〕，一方面亦影響朱簡（1570～1631）之篆刻技法，如清代秦爨公（生卒不詳）指出：「朱修能以趙凡夫草篆為宗，別立門户，自成一家，雖未必百發百中，一種豪邁過人之氣不可磨滅，奇而不離乎正，印章之一變也，敬服。」〔註18〕朱簡以趙宧光草篆入印，並針對筆意提出篆刻之「筆意説」，此對於清代篆刻之風氣改變亦有極大影響。

　　以此觀之，趙宧光不論在書論、書學技法上均有一定之貢獻，實為明清交際書學變革核心人物之一，其影響不可抹滅。

第二節　前行研究的回顧

　　《寒山帚談》其理論以遵古為基礎，並談及本身對於書學之想法，理論多為前人所未發，於書論中獨樹一格。目前關於趙宧光《寒山帚談》的研究面向，可分「《寒山帚談》版本與流傳」、「趙宧光其人與書法成就」、「《寒山帚談》研究成果」三點加以說明：

〔註16〕黃惇《中國書法史・元明卷》（南京：江蘇教育出版社，2011年），頁440

〔註17〕傅申〈從陳淳到趙宧光的草篆〉：「（趙宧光草篆）只是這樣的風格，除了他的兒子趙均寫得形神俱似，明末清初沈顥和稍後以草書自喜的傅山頗能發揚，以及清人俞樾偶然學步外，以就無能為繼了。」收入於華人德主編：《明清書法史國際學術研討會論文集》（上海：上海古籍出版社，2008年），頁11。傅申依書風之類似斷定趙均、沈顥（1586～1661）、傅山、俞樾（1821～1907）等人受趙宧光草篆影響，但至於如何影響則未加説明。趙均為趙宧光之子，兩者間必然有交流及上下繼承，而傅山受影響之方式如何，白謙慎於《傅山的世界：十七世紀中國書法的嬗變》已提出解答：「韓霖對傅山的書法也可能有所影響……韓霖可能和趙宧光有直接的往來。因為趙宧光是朱簡的友人，朱簡曾與趙宧光論印，其印學著作《印品》曾請趙宧光作序，朱的印章也受趙宧光草篆影響。韓霖隨其兄遊江南時，趙宧光尚在世。即使兩者沒有直接的交往，間接的交往則一定存在。作為朱簡好友的韓霖，不可能不知道趙宧光。若趙宧光草篆對傅山有所影響，很可能是以韓霖為中介。」（北京：三聯書店，2013年），頁93。白謙慎指出關鍵人物為朱簡、韓霖（1596～1649），而此種交遊脈絡也可印證趙宧光對於明末清初之影響，特別於篆刻、篆書方面，雖然後學者少，但其思想、技法之影響已於他人身上表現。

〔註18〕收錄於韓天衡：《歷代印學論文選》（浙江：西泠印社出版社，1999年），頁169。

一、有關《寒山帚談》版本與流傳

　　《寒山帚談》研究者並不多，因此關於版本流傳問題探討者亦僅有幾篇。趙彥輝《趙宧光寒山帚談研究》、崔祖菁《趙宧光書法及其書論研究》均有談及版本問題，但趙彥輝對於版本研究較淺，以崔祖菁研究較為專精。趙彥輝直言：「盡管趙宧光《寒山帚談》之不同版本間有或多或少的差異，但都不能影響其作為書論的整體性，加之歷史短，校勘價值意義不大，故本文略去不校。」〔註19〕《寒山帚談》雖為明末書論，但其「歷史短」亦橫跨四百年，在未校勘之情況下直言「意義不大」略顯草率。此問題於崔祖菁《趙宧光書法及其書論研究》中已有提及：「《寒山帚談》存世幾個版本的內容多有出入，因此對於版本校勘有一定的意義。」〔註20〕根據崔祖菁之研究，《寒山帚談》共有文淵閣《四庫全書》本、《美術叢書》本、《說文長箋》附刊本、趙均小宛堂刻本、文瀾閣《四庫全書》本、八千卷樓抄本。其言：「其中《說文長箋》附刊本最早，國家圖書館所藏明崇禎四年（1631）趙均小宛堂刻本為其父刊刻，也是最能夠保持原貌者。崔爾平《明清書法論文選》錄入了《寒山帚談》，但未署其所選版本，據內容判斷，當出自黃賓虹《美術叢書》版本；華人德《歷代筆記書論匯編》也未署其所選版本，經文字內容判斷當出自文瀾閣《四庫全書》版本」〔註21〕由崔祖菁研究可知，目前最早的版本當為趙均（1591～1640）小宛堂刻本。趙均為趙宧光之子，故此版本精準度最高，但目前藏於北京圖書館，由於尚未印行，筆者目前無法參閱。二為黃賓虹（1865～1955）《美術叢書》版，後出的《明清書法論文選》採用此一版本，但刪掉了小引。而崔祖菁之研究中未提到的是，另有一套盧輔聖主編之《中國書畫全書》版，此版本則保留了小引，內容亦較完善。至於八千卷樓版本為清代丁丙（1832～1899）私藏，1907年其私藏全售予南京圖書館，亦不可得。

　　此外，台灣圖書館目前尚存一本珍藏古籍《寒山帚談》，時代未明確斷定，僅於版本一欄言「明刊本」〔註22〕。趙宧光為明末人，生卒年為1559年至1625

〔註19〕　趙彥輝：《趙宧光寒山帚談研究》（吉林大學碩士學位論文，2004年），頁15。
〔註20〕　崔祖菁：《趙宧光書法及其書論研究》（南京藝術學院碩士論文，2009年），頁3。
〔註21〕　崔祖菁：《趙宧光書法及其書論研究》（南京藝術學院碩士論文，2009年），頁3。
〔註22〕　參照國家圖書館——古籍與特藏文獻資源（http://rbook2.ncl.edu.tw/Search/SearchDetail?item=0f7811f4718f4f618e07a49b45589a06fDc1MDk20&page=&whereString=IEBUaXRsZV9NYWluICLlr5LlsbHluJroq4ciIA2&sourceWhereString=ICYgQHNvdXJjZV9zb3VyY2UgICLlj6TnsY3lvbHlg4_mqqLntKLos4fmlpnluqsi0&SourceID=1&HasImage=true），2015年8月。

年，而小宛堂刻本成於 1631 年；若按照明代 1368 年至 1644 年來推估，那此版本範圍界定爲 1631 年至 1644 年，比之小宛堂刻本年代極近。而據筆者所見，台灣國圖版《寒山帚談中》之「玄」字均不作「![玄]」，如「貴婉而玄」直接寫作「玄」〔註23〕，不似《四庫全書》版須避清聖祖愛新覺羅玄燁（1654～1722）之名諱，此可證明此版本乃成於康熙之前。又，台灣國圖版《寒山帚談》〈評鑑〉云：「□國朝獨鍾於吾吳，又同起於□武、□世二廟，如祝、文、王、陳四君子。」〔註24〕趙宧光爲晚明人，故其國朝即爲「明朝」，而「武、世廟」即爲明朝皇祠之武廟、世廟。而此版本於國朝、武廟、世廟前均加挪抬，以表對朝廷之尊敬，此亦可推斷此版本刻於明朝。苟若成於清朝，以清初文字獄風氣之盛行，萬無於「國朝」前加挪抬之理。此外，台灣國圖版《寒山帚談》大量使用冷僻之異體字，亦與目前所見之《四庫全書》版不同。種種跡象觀之，此版本爲明刻本機率大，故此版本極富有價值。

　　崔爾平《明清書法論文選》一版本出自《美術叢書》版，點校精良，爲本文主要參考版本。但考慮到此版並無〈寒山帚談・小引〉，因此〈小引〉部分參考盧輔聖《中國書畫全書》版，《四庫全書總目提要》的部分則有賴於《四庫全書版》，而〈金石林甲乙表〉之部分，以台灣國圖版最爲完善，此部份則自此參考。

二、「趙宧光其人」與「書法成就」之研究

　　目前就筆者所見，研究趙宧光之學位論文共有五篇，其中周敏華《趙宧光六書長箋研究》爲文字學研究，因此針對其書法研究僅有四篇：楊亮《篆學指南辨僞》〔註25〕、洪薇《趙宧光篆書研究》〔註26〕、趙彥輝《趙宧光寒山帚談研究》、崔祖菁《趙宧光書法及其書論研究》。而《篆學指南辨僞》、《趙宧光篆書研究》爲針對趙宧光書風及理論研究，故筆者於下談及。而《趙宧光寒山帚談研究》、《趙宧光書法及其書論研究》二篇則涉及《寒山帚談》之研究，故於之後提及。

〔註23〕台灣國立圖書館藏《寒山帚談》上卷〈權輿〉，頁 1。此版本目前未付刊印，爲筆者於台灣國家圖書館——古籍與特藏文獻資源內列印而來，取得時間 2014 年 5 月。之後引用此版本暫稱爲「台灣國圖版《寒山帚談》」。

〔註24〕台灣國立圖書館藏《寒山帚談》下卷〈法書〉，（台灣國家圖書館——古籍與特藏文獻資源，取得時間 2014 年 5 月），頁 27。

〔註25〕楊亮：《篆學指南辨僞》（南京藝術學院碩士論文，2009 年）。

〔註26〕洪薇：《趙宧光篆書研究》（南京師範大學碩士論文，2008 年）。

　　《篆學指南辨僞》針對趙宧光所著《篆學指南》一說提出質疑。其指出《篆學指南》爲剽竊楊士修（生卒不詳）《周公僅〈印說〉刪》之作品，至於託名趙宧光乃因當時趙氏於書畫圈具一定知名度。而此書雖爲剽竊作品，但於周應願《印說》、楊士修《周公僅〈印說〉刪》資料未廣泛保留之情況下，此《篆學指南》反而適時的保留了《印說》之菁華〔註27〕，可謂無心插柳柳成蔭。本篇論文篇幅雖短，但釐清了《篆學指南》之問題，可謂承先啓後；此外其資料來源亦有獨到之處，點出了《印經》、《印書》、《印指》等之前未出現之文獻，亦對於趙宧光之篆刻理論開啓新的研究面向。

　　而洪薇《趙宧光篆書研究》旨在針對趙宧光篆書書風，其提出了趙宧光篆書形成之原因及書風分析，並對趙宧光採取肯定態度。其將趙宧光書風整理爲五大特點：鋒芒直露的甩筆、不拘一格的體態、變化出新的用墨、率性寫意的氣息奇崛的氣勢、破體的取法，大體來說對於趙宧光之書風分析已近趨完整。而其對於趙宧光書風於明末清初之影響、於印壇之影響亦有做探討，對於了解趙宧光書風有一定之功勞。

　　此外蔡介騰亦有兩篇趙宧光草篆研究之期刊論文：《別具一格——趙宧光草篆書風》、《從趙宧光草篆書風——論晚明文人書寫的情意》。此二篇之重點均於趙宧光之草篆，並指出草篆爲一種篆書書寫的風格，揉合草書的意態注入與篆書的書寫，造成率性的意態表現。〔註28〕其也從各種金石碑帖中作比較，指出趙宧光草篆之由來、變化及對傅山的影響〔註29〕，對於趙宧光草篆之評析可謂懇切。

　　除蔡介騰外，傅申亦有一篇《從陳淳到趙宧光的草篆》一文，其旨在於指出趙宧光之草篆並非獨創，上可追朔到戰國、宋代米芾（1051～1107），以至於明代陳淳（1521～1593），而其亦指出草篆至陳淳已近成熟，趙宧光僅爲替其定名爾〔註30〕。但筆者以爲傅申之說法有待討論，崔祖菁《趙宧光書法及其書論研究》言：「草篆的最大特點是草法融入，至於隸意與飛白的採用，

〔註27〕　楊亮：《篆學指南辨僞》（南京藝術學院碩士論文，2009年），頁13。

〔註28〕　蔡介騰：《從趙宧光草篆書風——論晚明文人書寫的情意》，《書畫藝術學刊》第十三期（2012年12月），頁100。

〔註29〕　蔡介騰：《別具一格——趙宧光草篆書風》，《藝術欣賞》七卷一期（2011年2月），頁61。

〔註30〕　傅申：〈從陳淳到趙宧光的草篆〉，收入華人德主編：《明清明清書法史國際學術研討會論文集》（上海：上海古籍出版社，2008年）。

則不是草篆的主要特徵。……在由篆到隸的書體演變過程中，出現過篆書的草寫，有人稱之為草篆。但是，這應當看成是書體演變過程中的不自覺現象，並非是風格的刻意形成，而趙宦光的『草篆』卻是其自覺追求的結果。」〔註31〕傅申著重「飛白、速度」等現象，並以為此種風格之出現即為草篆，並依此提出趙宦光並非首創。而崔祖菁則掌握「草法融入」、「刻意」等二點，並主張草篆為趙宦光所創。筆者以為，一書風至完備並非偶然，如秦簡雖具有草篆特徵，但並非書家刻意融入草法，此僅為無心插柳。而趙宦光之草篆為刻意融入草法，如緩急、簡化等技法，書風之形成為其內心有所預期，一為無心一為刻意，兩者間天差地遠。若以此觀，則趙宦光之「草篆」為有目的、固定技法之書風，並非偶然出現飛白、急速書寫能比，故筆者認為崔祖菁所言為是。

三、《寒山帚談》研究成果

　　《寒山帚談》之研究並不多，主要見於書學論著和學位論文的部分章節，故底下以「書學論著、「學位論文」分而論之：

（一）書學論著關於趙宦光的相關研究

　　目前提及寒山帚談之專書主要有三：黃惇《中國書法史・元明卷》〔註32〕、王鎮遠《中國書法理論史》〔註33〕、陳亦純《中國明代藝術史》〔註34〕。黃惇於《中國書法史・元明卷》第九章〈晚明的書法理論〉第六節中提及《寒山帚談》，但因篇幅所限故僅以四頁帶過；而陳亦純《中國明代藝術史》情形亦相同。王鎮遠《中國書法理論史》篇幅較長，但其中大多為引文，扣除後，研究成果亦與前二者相近。此三書之研究重點有：一、均承認《寒山帚談》以復古為主張、以篆書為本。二、學古求變。三、「書法格調論」為趙宦光所創。此三書因為通史性質，因此於單篇之研究難以完整，崔祖菁於其論文中推崇其指導老師黃惇之研究成果，而對於王鎮遠提出了部分批評，至於陳亦純之研究成果則無人提及。就筆者觀之，其實三書之研究成果相去不遠，對

〔註31〕崔祖菁：《趙宦光書法及其書論研究》（南京藝術學院碩士論文，2009年），頁32〜36。。
〔註32〕黃惇：《中國書法史・元明卷》（南京：江蘇教育出版社，2011年），頁426〜430。
〔註33〕王鎮遠：《中國書法理論史》（合肥：黃山書社，1990年），401〜413。
〔註34〕陳亦純：《中國明代藝術史》（北京：人民出版社，1994年），頁98〜100。

《寒山帚談》只有概說而未深入探討，但其率先研究之功亦不可沒。

除此三書法史專書外，尚有一本徐卓人《趙宧光傳》〔註35〕。此書爲小說性質附上大量實地拍攝圖景，雖爲小說筆法，但對於了解趙宧光生平亦有助益，由於其書中並未引注資料來源，眞假難辨，因此作爲參考可耳。

（二）學位論文關於《寒山帚談》的相關研究

研究《寒山帚談》之學位論文目前有趙彥輝《趙宧光寒山帚談研究》、崔祖菁《趙宧光書法及其書論研究》，以下分而論之：

1、趙彥輝《趙宧光寒山帚談研究》

此書爲目前最早針對趙宧光《寒山帚談》做研究之學位論文，但其具體的成就並不高。崔祖菁言：「實際上，其第二至四章對於《寒山帚談》的具體研究，大體採用王鎭遠《中國書法理論史》中對《寒山帚談》的研究方法，其主要的觀點多來自黃惇先生的研究成果。」〔註36〕其二至四章於《寒山帚談》中之書法理論並未全面了解，多爲泛論。且其第二章並未探析《寒山帚談》中之書學思想，旨在探析趙宧光之「寫作風格」，而三、四章則著重於「遵古論」、「鑑賞論」，且其研究成果並未超越黃惇、王鎭遠二人，充其量僅能言其替前二位補充得更清楚。

《寒山帚談》共八章，此篇《趙宧光寒山帚談研究》三、四章主要針對〈權輿〉、〈格調〉、〈力學〉、〈評鑑〉、〈法書〉等做研究，而對於〈臨仿〉、〈用材〉並未清楚的提及，而其自言：「本文是首次對《寒山帚談》進行全面的書法理論研究。」〔註37〕則顯得有些缺失。〈寒山帚談‧用材〉雖在探論用材之取捨，但其取捨之思想仍來自於其「遵古」、「對於當代書風之反動」，趙彥輝完全忽略了此點。而〈寒山帚談‧臨仿〉更是表明了趙氏對於書學之看法、態度，而趙彥輝於論文中卻將此些部分忽略，僅僅併入「遵古論」、「鑑賞論」泛論而過，實爲可惜。

此外趙彥輝對於《寒山帚談》採取貶大於褒之態度，其第五章專門探討《寒山帚談》之侷限，筆者認爲此章有失偏頗。其對趙宧光之褒僅在於「創新」，但又針對「創新」此點抨擊，評其學識不足見識淺短，此部分顯得自相矛盾。關於此篇論文可以崔祖菁之言做結：「趙文中多次指出趙宧光「人云亦

〔註35〕徐卓人：《趙宧光傳》（北京：高等教育出版社，2006）。
〔註36〕崔祖菁：《趙宧光書法及其書論研究》（南京藝術學院碩士論文，2009年），頁2。
〔註37〕趙彥輝：《趙宧光寒山帚談研究》（吉林大學碩士學位論文，2004年），頁1。

云」、「自以爲是」、「一派胡言」等等，細讀趙宧光《寒山帚談》不難發現，所謂趙宧光的「錯誤」，大多屬作者對晚明書法史理解的偏差。」〔註38〕趙彥輝於批評上確實過於情緒，以至於有「自以爲是」、「一派胡言」等言論，又如上述所言缺失，趙彥輝於《寒山帚談》並未深入，而「作者對晚明書法史理解的偏差」一句亦不爲過。縱然如此，其拋磚引玉之功仍不可沒。

2、崔祖菁《趙宧光書法及其書論研究》

此論文爲目前趙宧光生平收錄最完整之論文，對於趙宧光之書風、書論研究亦有一定成就。其第一章對於趙宧光之生平交遊考略做了詳細整理，並指出「凡夫」爲趙宧光之號，其籍貫爲璜涇，替長久以來之爭論問題下了定論。此外其對於趙宧光之家世、生平也做了詳細研究，並整理出趙宧光之交遊圖表，爲後人研究趙宧光定下了一定基礎。

第二章則針對趙宧光書法進行全面探析，於趙宧光書風研究亦有一定成果。特別其中於草篆之名實辨別得十分清楚，其言：

> 草篆的最大特點是草法的融入，至於隸意與飛白的採用，則不是草篆的主要特徵，篆書中加入隸意與飛白之筆，可能會使得篆書變得或厚重或靈動，但此皆不是草篆得名的眞正緣由，因爲，隸書筆法、飛白運筆皆非是草法的主要特徵。……有了這樣的認識，在研究草篆之時，只要抓『草』的特徵，問題就迎刃而解了。〔註39〕

此說可謂一針見血。此外，文中亦有提到趙宧光之楷、行、草諸體，雖篇幅甚短，但亦給趙宧光極高之評價。第三章旨在探討《寒山帚談》，其言：

> 《寒山帚談》提倡『格調』，提出結構核心論，遵古而不媚時俗，尚奇而反對『野狐』。在書學的具體方法上，兼顧『專』與『博』，取法遠古，參照近今，講究執筆。對於天賦、功用與方法，作者更強調功用與方法。〔註40〕

大體而言，其對於《寒山帚談》之理解是正確的，亦點出了其中精隨所在。

〔註38〕崔祖菁：《趙宧光書法及其書論研究》（南京藝術學院碩士論文，2009 年），頁 4。

〔註39〕崔祖菁：《趙宧光書法及其書論研究》（南京藝術學院碩士論文，2009 年），頁 33。

〔註40〕崔祖菁：《趙宧光書法及其書論研究》（南京藝術學院碩士論文，2009 年），頁 59。其中崔祖菁所言之「結構核心論」可說是趙宧光「書學格調論」之精髓，亦是趙宧光不同於前人之最大特點，筆者於之後會再詳談。

雖然，此篇著力於「書家研究」因此無暇於《寒山帚談》做更細微之討論，如〈寒山帚談・用材〉之思想僅在「執筆論」簡單敘述，亦爲可惜。尤其，此書理論研究基礎亦是建立在黃惇《中國書法史・元明卷》之上，並未有太大突破。

趙彥輝、崔祖菁二人均著重於〈格調〉、〈力學〉、〈評鑑〉、〈法書〉四章，雖致力於詮釋理論，但筆者以爲此亦有缺失。原因有二：

其一，《寒山帚談》之關鍵應於《格調》一章，趙宧光雖未明言，但其於《格調》章中的確提出了「書法格調論」。此「書法格調論」爲《寒山帚談》之核心思想，若不釐清此點則覽《寒山帚談》尤如見樹不見林，非能眞正體悟趙宧光之書學，唯有釐清此點，方能以一之道貫徹《寒山帚談》。而「格調論」既爲核心思想，故筆者再以「格」、「調」分開說明，務必使此部分豁然開朗而後方可進行。

其二，趙、崔二人均忽略〈用材〉一章。此章雖在探討文房四寶之選取，但誠如前言，其取捨之思想仍來自於其「遵古」、「對於當代書風之反動」，惟有以趙宧光之「書學格調說」觀之，方能眞正理解趙宧光之說。若以此觀，則此章不可不談。

其三，趙宧光雖未設〈篆刻〉一章，但其篆刻理論零星散落於各章之中，前言朱簡受趙宧光影響甚大，因此筆者擬將散落之理論整合，重新釐清趙宧光之篆刻觀。

綜合以上，本文之研究方向著重於《寒山帚談》文本，而其草篆成就之高低則非本文之主旨。雖注重於《寒山帚談》但本文又特重〈格調〉一章，待釐清「書學格調說」後再將他章立於「格調說」之下，而爲補前人未發，亦特設「用材之選取」、「篆刻論」二節。

第三節　研究範圍與方法

近年研究趙宧光者多聚焦於草篆之創作，學位論文、期刊均有數篇，而著力於其《寒山帚談》者較少。雖有趙彥輝《趙宧光寒山帚談研究》、崔祖菁《趙宧光書法及其書論研究》兩書，但缺失亦於先前提及，因此，本文之重點著力於《寒山帚談》之書論研究。在研究之前，需先就二點「《寒山帚談》成書問題」、「研究方法」二點探討。

一、《寒山帚談》成書問題

　　《寒山帚談》為明末趙宦光（1559〜1625）之書論專書，為筆記型書論〔註41〕。而華人德則言：

> 筆記自漢魏六朝形成體裁，自唐宋以附庸而蔚為大國，流於明清，其書量之多，無法統計，幾乎文人學者凡有著述，均作筆記，以見聞經歷、隨想心得筆錄而成……其大致類型可分為三：故事小說，歷史所聞和考據辯證。書論、書史等資料主要蘊藏於後二類筆記之中，也有少數專門的論書筆記。〔註42〕

對於筆記型書論一詞華人德已闡釋清楚，而華人德亦將《寒山帚談》收入於書中，並言：「此書為論書筆記，每則獨立，持論頗為精到詳盡，自抒心得，不甚依傍前人。故全部予以收入。」〔註43〕此則可證明《寒山帚談》為筆記型書論。此外，華人德於《歷代筆記書論匯編》中依重要性選擇收錄多寡，不重要、不特別者片段收錄，重要者、特別者則為全部收錄，以此觀則可證前言《寒山帚談》之獨創性。另外，華人德亦言及筆記型書論的缺失：

> 筆記有它存在的缺點：編次往往無系統，零碎駁雜。有些還互相抄襲，鳩集成說，略加改作，以為己有。引用前人書證和語錄，多憑記憶，或任意刪改，或斷章取義，或不注出處，甚至妄指人名、書名，一經查對，實為烏有。加上傳寫刻印的訛誤等，給整理工作帶來不少困難。〔註44〕

其中筆記型書論的優缺點，多少也於《寒山帚談》中顯現。如因隨想心得筆錄，使《寒山帚談》涉及範圍較廣，論述豐富，但卻也因此使章節與內容時而無法對應。《寒山帚談》八章各有其創見：〈權輿〉一章為闡述字體之演變、論述十五種書體，其中又以篆書為主。〈格調〉一章提出趙宦光之「書學格調論」，並以此論體法鋒勢。〈力學〉一章強調字無百日功，著重於學書之心理

〔註41〕毛萬寶、黃君主編《中國古代書論類編》：「歷經魏、晉、南北朝、隋、唐、五代，直至宋、元、明、清，書法理論層出不窮，即便其體裁亦多種多樣——賦體、詩體、筆記體（或隨筆體、語錄體、題跋體）、論文體、散文體、書信體等等，幾乎應有盡有。」（合肥：安徽教育出版社，2009年），頁1。以此觀，則書家隨意所記之書論、口述整理之書論、題跋整理之書論都可視為筆記體。

〔註42〕華人德：《歷代筆記書論匯編》（南京：江蘇教育出版社，2001年），頁2。

〔註43〕華人德：《歷代筆記書論匯編》（南京：江蘇教育出版社，2001年），頁244。

〔註44〕華人德：《歷代筆記書論匯編》（南京：江蘇教育出版社，2001年），頁2。

建設。〈臨仿〉一章著力於臨帖仿書理論，爲實際之學習方法。〈用材〉一章則從文房工具著手，強調工具之挑選。〈評鑑〉、〈法書〉雖爲二章卻可合而觀之，主要闡述碑帖之挑選、眼光之建立。〈了義〉一章寥寥數行，爲趙宧光所提之書學祕要。書後尚附有〈金石林甲乙表及緒論一卷〉一卷，爲補足前八章不足之處，此外尚附有〈拾遺〉。雖看似具有完備之系統，但事實上並不如此。《寒山帚談》雖分章節，但時常出現條列內文與章節標題不符之情形，更或者此一章節此說法，下一章節卻又不同說法，於許多專有名詞亦無一定標準，可稱《寒山帚談》一書有著許多的紊亂及矛盾。

　　筆者以爲，此情形可以〈寒山帚談・拾遺〉解釋，《四庫全書總目提要》言〈寒山帚談・拾遺〉：

　　　　書成後繼出，當割屬前條，以埃他時。〔註45〕

〈寒山帚談・拾遺〉爲獨立一章，其中三十七條論述，此一章節爲《寒山帚談》成書後，趙宧光意識到書中缺漏或者另有心得欲補充，再將論述彙整以條列式單獨成章。爲方便歸類，趙宧光又在每一論述底下補上所屬章節，因此，形成了〈拾遺〉一章有著本該爲其餘八章論述的情形。以此觀，則《寒山帚談》之成書更似趙宧光將學書心得整理成筆記，再將此些筆記做些簡單的分類，又因無系統導致論述不足需補充，如此才產生了〈拾遺〉一章。若此，則《寒山帚談》本身即非刻意有計畫性、有系統的書論。筆者以爲，此又與趙宧光著書之動機有關，其於〈寒山帚談・小引〉中言：

　　　　書法者，小藝道路也。此道不明，視南成北。古今名家不惜筆舌，
　　　　亦云勤矣……如《東觀》、《墨池》、《鈎玄》、《佩觿》、《書苑》、《書
　　　　譜》、《指南》之類，不下數十家，一皆雜附浮淺不急之務，未必專
　　　　論字法。今取其運筆結構之要，錄爲《書法略》一卷，或古人未發，
　　　　則有《寒山帚談》如左。〔註46〕

觀之上述引文，可知趙宧光於書論中應至少有兩本著作《書法略》、《寒山帚談》。趙宧光綜覽各家書論後，察覺有不足之處，因此整理各家書論後彙成一

〔註45〕明・趙宧光：《寒山帚談》，收入《文津閣四庫全書》第 819 冊（北京：商務印書館，2006 年），頁 1。

〔註46〕明・趙宧光：〈寒山帚談・小引〉，收入盧輔聖主編：《中國書畫全書》第 5 冊，頁 491。按：崔爾平選編點校《明清書論集》版刪去〈小引〉一節，而《中國書畫全書》仍有保留，故此處改採《中國書畫全書》版。之後遇及小引時仍同樣處理。

本，是爲《書法略》。但其於整理各家書論後，仍有書學心得未能完全說明，爲補古人未發，又成了一本彙整自己書學觀點的《寒山帚談》。但特別的是，據筆者檢索，關於趙宧光《書法略》一書除了〈寒山帚談‧小引〉外並無其餘相關紀載，後代亦無人提及、研究，可說《書法略》一書名僅存於《寒山帚談》中。此外，〈寒山帚談‧小引〉中又分爲〈書法略小引〉、〈帚談小引〉，而〈書法略小引〉後則言：

> 因《帚談》中時或泛及成案，爲評議故，並錄此引於首簡〔註47〕

《寒山帚談》中時常提及「書法」二字，此二字有時並非指「書法」，而是趙宧光自己彙編的《書法略》。如：「書法云：點不變謂之佈棋，畫不變謂之佈算」〔註48〕大抵而言，《寒山帚談》中凡以「書法云」起頭者，均是摘自趙宧光自己著錄的《書法略》，而因《寒山帚談》中大量引用《書法略》之論述，因此趙宧光於小引之中又放入〈書法略小引〉。既如此，則雖現今已無《書法略》之資料，但《書法略》已然成書應是事實〔註49〕。除《書法略》之外，趙宧光於《趙凡夫自序》中提及自己的著作，其於書法方面如此言：

> 書法則有周《獵碣》、齊鎛鐘、秦石章及《泰山》、《之罘》諸金石補，及《金石林甲乙集二十四種》。字義部爲甲集，篆籀款識二部爲乙集……合三百餘卷。而漢、唐、蜀、宋石經外是《帚談》及〈拾遺〉五卷。〔註50〕

〔註47〕 明‧趙宧光：〈寒山帚談‧小引〉，收入盧輔聖主編：《中國書畫全書》第5冊，頁491。

〔註48〕 明‧趙宧光：《寒山帚談》，收入崔爾平選編點校《明清書論集》上冊（上海：上海辭書出版社，2011年），頁301。後面引用《寒山帚談》中的各篇時，不再加註出版資料，僅引頁數篇名。

〔註49〕 崔爾平所選編點校之《寒山帚談》中，凡提及「書法云」者均有加註書名號，可知崔爾平亦有注意到《書法略》一書之存在問題。而其於趙宧光之介紹中提及了趙宧光的眾多著作，仍未提及《金石林甲乙集二十四種》一書。此外，崔爾平點校版本亦無收錄〈小引〉，筆者以爲，或許是此一問題若要深入鑽研需要大量時間，因此崔爾平刻意避免。然而，此篇論文之焦點在於《寒山帚談》，關於此些《書法略》之問題則有待後人考察。

〔註50〕 明‧趙宧光：《趙凡夫自序》，摘於明‧趙宧光等撰：《寒山誌傳》，收入於清‧趙詒琛、王保謙、王大隆：《乙亥叢編》，收自《四部分類叢書集成三編》（臺北：藝文印書館，1972年），頁13。之後引用《寒山誌傳》之篇目均爲此本，不再加註。另外，趙宧光《寒山帚談》中大量引用《書法略》之論述，《書法略》理當爲趙宧光重要著作，但於此處卻又未見關於《書法略》之敘述，此又增加《書法略》一書之疑點。

可知，趙宧光於書學之著述除《書法略》、《寒山帚談》外尙有《金石林甲乙集二十四種》。而《寒山帚談》中附錄有二，一爲〈金石林緒論〉，二爲〈寒山帚談・拾遺〉，此外國圖版、四庫全書版《寒山帚談》〈金石林緒論〉內更有〈金石林甲乙表〉。此〈金石林甲乙表〉爲目錄形式，一共十集二十四部，正好呼應其於《趙凡夫自序》中提及的《金石林甲乙集二十四種》。趙宧光於自序中並未提及《金石林甲乙集二十四種》爲何種性質之作，僅擺於書法著作之下，據筆者檢閱，目前亦無《金石林甲乙集二十四種》一書，或許與《書法略》一書相同，均已亡佚。雖不知性質，但卻可自〈金石林緒論〉略見一二：

> 虎符文，此爲刻符書之小變……字亦不多，以存一代制度，姑附於
> 此。〈符印部〉〔註51〕

> 徐浩《廣智和尙碑》，似顏而稍時矣。〈眞書部〉〔註52〕

> 王仲英《北嶽》，張仁願《唐憲廟》，蔡卞《曹娥》，皆行楷也。〈行
> 楷部〉〔註53〕

觀第一則引文，則似趙宧光將虎符文碑拓收錄於《金石林甲乙集二十四種》，第二、三則若以評論觀之則太爲膚淺，更似於碑拓之簡單介紹。而趙宧光於〈金石林甲乙表〉附以詳盡之目錄，加之其於自序中稱其爲「合三百餘卷」，筆者推測此《金石林甲乙集二十四種》爲趙宧光將生平所收集碑拓彙整所成之法帖，雖現已無存，但趙宧光確實有此一著作〔註54〕。

　　因《寒山帚談》中大量引用《書法略》之論述，故趙宧光將〈書法略小引〉置於〈寒山帚談・小引〉之中，而《金石林甲乙集二十四種》因有參考作用，因此趙宧光又將〈金石林甲乙集緒論〉、〈金石林甲乙表〉置於《寒山帚談》附錄〔註55〕。因此可知，於趙宧光三種書學著作中《寒山帚談》是成

〔註51〕〈寒山帚談・金石林緒論〉，頁345。

〔註52〕〈寒山帚談・金石林緒論〉，頁348。

〔註53〕〈寒山帚談・金石林緒論〉，頁350。

〔註54〕趙宧光一生所著博學而雜，其於《趙凡夫自序中》僅介紹自己著述即花了兩頁，其將自己著述分爲十類，數量直逼百種。而清・錢謙益則言：「凡夫寡學而好著述，師心杜撰，不遵師匠。」摘於清・錢謙益《列朝詩集小傳》（上海：上海古籍出版社，1983年），頁751。雖然錢謙益對於趙宧光之大量著述不以爲然，但此方面也證明趙宧光之著述眾多。而其著述雖多，但留至今日之著述寥寥凡幾，其餘大多亡佚。若說《書法略》、《金石林甲乙集二十四種》均已亡佚是極有可能的。

〔註55〕筆者以爲，趙宧光將〈金石林甲乙集緒論〉、〈金石林甲乙表〉置於《寒山帚

書最晚的。既如此，則可自《寒山帚談》於趙宦光書學著作中之定位來探討此書之論述紊亂、自相矛盾二問題。筆者以為，於書論方面，趙宦光真正有系統的著作是《書法略》，於鑑賞方面，真正有系統的著作是《金石林甲乙集二十四種》。趙宦光於〈寒山帚談・小引〉中言：「或古人未發，則有《寒山帚談》如左。」此一句話並非虛言，推測其成書目的並非為建立有系統之書論，僅為補充之用，一為補古人所未發，二為補前二書之不足。因此，於最初之定位即不該以「有系統之書論」觀之。

　　觀《寒山帚談》八章，雖看似有結構，但實為簡單之論述整理。《寒山帚談》一書為趙宦光畢生書學經驗，除鑑賞、技法、學力、用材外，更有「書學格調說」一互古未有之理論，綜觀全書，可稱涵蓋書法所有層面。於書中，趙宦光隨興地將自己所體驗過的書學經驗、所過眼的法帖、所用過的器具，乃至於對於時代的不滿一一條列論述，但基於「補充」、「補古人未發」一立場，趙宦光並未有意識的整理，而是將此些條列式的論述依類型簡單的分為八類，而後想到的三十七條論述則全部放進〈拾遺〉一章。也因此，《寒山帚談》時而出現矛盾、前後不一的情形，因其並非同一時間有系統的立論，其僅為趙宦光之「書學心得」。

　　而華人德所言筆記型書論的缺點亦於《寒山帚談》中出現，如無系統、零碎駁雜、引用前人書證和語錄多憑記憶等缺失均存在於《寒山帚談》，加之《書法略》、《金石林甲乙集二十四種》已亡亦，使得《寒山帚談》中之書學理論更無系統、莫一是衷。然而，卻也因《寒山帚談》為筆記型書論，為趙宦光之書學心得，其於此書中更能盡情地表達自己獨特的見解。後人給予此書之評價多為見解精到詳盡、自抒心得、不甚依傍前人，此些又是筆記型書論之最大優點，亦是趙宦光書論之核心價值。雖無完備之系統，但於零散之論述更能無所拘束的表達作者的看法。

　　大致而言，《寒山帚談》之「書學格調論」很能體現上述之情形。「書學格調論」與「詩學格調論」兩者看似，但前者卻不似後者有系統、完備，時而出現理論難以理解之情形，但於條條閱讀，卻又能闡述趙宦光獨特而一針

___

談》之目的在於希望讀者能將此二書搭配著看，而此點，亦是筆者推測《金石林甲乙集二十四種》為法帖原因之一。《寒山帚談》中大量論及「眼力」、「鑑賞」之重要性，趙宦光亦強調：「果不能鑒，必不能書」收於〈寒山帚談・評鑑〉，頁328。此種眼高於手、學書必先學鑒之理論亦為「書學格調論」核心，於第五章會在詳盡解釋。

見血的觀點。欲建立全新理論並非易事，以筆記型書論立論更無法使理論完備，雖未完備，但卻不影響「書學格調論」之價值。基於此，筆者以爲若以完備、條理來研究「書學格調論」並非最好的面向，其理論本有許多矛盾之處，以此些矛盾評價其理論則有失。「書學格調論」之核心在於趙宦光自稱之「補古人所未發」，其價值即爲不隨前人、創新，不受拘束之見解方是趙宦光書學的精髓，此些，才是《寒山帚談》眞正該研究之範圍。

二、研究方法

本文之重點既著力於《寒山帚談》，自然以文本的詮釋爲先。因此筆者之研究方法主要以耙梳文獻、整理趙宦光之論著、再輔以古今文獻的交叉比對爲主。而研究法則採用杜松柏《國學治學方法》所列之研究法，大致可分爲「時代法」、「歸納法」、「比較法」：

（一）時代法

杜松柏《國學治學方法》云：

> 一時代之人有一時代之精神，一代有一代之文章，一代有一代之學
> 術。時代法者，乃以斷代爲史之法，以論一代之學術。凡一代史、
> 一代之學術研究，均係此一方法之應用。〔註56〕

書家之思想、理論必然受時代之影響，或爲時代之潮流亦或爲對時代之反動，惟有以時代脈絡觀之方能建立起一人之完整樣貌。晚明思想、文學、生活條件均有重大之改變，此導致晚明書風變革；而趙宦光身爲晚明之一份子，其理論、格調論均立足於此。而葉至誠、葉立誠《研究方法與論文寫作》則言：「文獻的內涵本質是過去發生的社會事實記錄，並屬於有歷史價值而保留下來的知識。」〔註57〕因此，筆者擬從文本入手，針對晚明背景、風氣加以討論，進而加強理論之完整性。

（二）歸納法

杜松柏《國學治學方法》云：

> 歸納法爲培根所創，近世科學昌明多賴此一方法之力。其法雖爲培

〔註56〕 杜松柏：《國學治學方法》（臺北：五南出版社，2013 年），頁 317。
〔註57〕 葉至誠、葉立誠：《研究方法與論文寫作》（台北：商鼎文化出版社，2002 年），頁 136。

　　根所創，其理則自古已然……歸納法乃由事實中得出道理，事實係
　　特別，道理係一般的或普遍的，所以歸納是由特殊到普遍，由特殊
　　以推之普遍──由特殊之事實以推知普遍之理。〔註58〕

現存對於《寒山帚談》之研究不多，而關於趙宧光之論述亦非大數，但若將
此些零散資料合而觀之，亦能建立趙宧光之理論全貌。而趙宧光之「書法格
調論」為首創，此即具有特殊性，更須仰賴歸納法建立完整之脈絡。然而，
因存留文獻及前人研究不多，此時更需注意資料可信度或前人研究是否客觀
公正，宋楚瑜《如何寫學術論文》對評估資料本身內在條件則云：

　　審查原作者之觀點，是否客觀公正？對於事情的陳述，是否面面兼
　　顧？對各方面的論點，是否給予同等的關注？用詞是否客觀而無偏
　　見？有無採用感情衝動性文字之嫌等。〔註59〕

故本文除參考於前人研究成果外，更需配合其他資料考證，以歸納出客觀之
事實。而「書學格調論」部分，筆者將趙宧光之相關文獻數條列於同節，以
此條之言補足他條之闕，以達「由特殊之事實以推知普遍之理」，如此亦能對
《寒山帚談》下更客觀之評價。

（三）比較法

　　杜松柏《國學治學方法》云：

　　比較法用之於治學，則係取二種以上之學術思想、二種以上之事物
　　比較推量，以求出其共同點，及各具之特點、特質，非僅以見優劣、
　　長短、是非而已。〔註60〕

趙宧光著述繁多但留存者寥寥無幾，扣除偽作之《篆學指南》，《寒山帚談》
可說為研究趙宧光書學思想之僅存一手資料。本文以《寒山帚談》為主要文
獻，並將《寒山帚談》之各條論述交叉比對、相互補證，並從中提煉趙宧光
真正之核心思想。此外《寒山帚談》雖為有系統之分章，但因其為條列式之
書論而顯得紊亂，時常發生內文與章節不合之現象，唯有從文本深入條條剖
析方能明確架構趙宧光之理論。

〔註58〕 杜松柏：《國學治學方法》（臺北：五南出版社，2013年），頁302。
〔註59〕 宋楚瑜：《如何寫學術論文》（臺北：三民書局，2015年），頁13。
〔註60〕 杜松柏：《國學治學方法》（臺北：五南出版社，2013年），頁325。

小結

　　本論文以耙梳文獻、整理趙宧光之論著、再輔以古今文獻的交叉比對爲主，將趙宧光之《寒山帚談》脈絡梳理，並建立「書學格調論」之理論體系。故，本論文掌握以下原則進行論述：

　　其一，前人於趙宧光草篆之研究已著墨甚多，人物生平考略亦已完成，筆者擬以《寒山帚談》作爲主要研究文本，望能由古今文獻整理，梳理《寒山帚談》架構與脈絡。雖以《寒山帚談》爲研究範圍，但核心又集中於趙宧光之「書學格調論」。

　　其二，「書學格調論」爲《寒山帚談》之核心思想，筆者擬於理出「書學格調論」之脈絡後，再以此理論觀《寒山帚談》其餘七章。而《寒山帚談》亦提及趙宧光之篆刻論、用材論，此二點於前人之研究中略顯不足，因此亦納入章節內。整體而言，不論是書學觀、品評觀、篆刻論、用材論，趙宧光之思想均脫離不了時代之影響。故「書學格調論」一方面可詮釋《寒山帚談》，一方面亦可作爲了解趙宧光乃至晚明文藝理論的窗口。

　　據此，本論文將以五個方向展開論述：

　　一、趙宧光生平與時代背景：趙宧光活動於晚明，其書論受時代學術、書學影響。另方面，趙宧光雖爲隱士，但其仍與當時吳中地區之文人雅士有所往來，以此交流網觀，則可知其書學淵源與流傳。此章之重點即在鋪陳趙宧光所處之時代，及梳理其交遊網，並以此架構人物之雛型。

　　二、書學格調論之概說：書學格調論雖爲趙宧光所創，但「格調說」原爲詩學理論之應用。趙宧光以詩學之「格調」對應書學之「體法」、「鋒勢」，而在深探前定須釐清《寒山帚談》之「格調」意涵。此章之重點即分析「詩學格調」與「書學格調」之差別，同時釐清「格」、「調」之指稱、意涵、關係。

　　三、書學格調論之「格」詮解：「格調說」可分爲格與調二層面，此在「書學格調論」中亦同，而趙宧光之「格」直指「體法」，偏向結構，結構下又可再分「結法」、「構法」，此亦爲《寒山帚談》之一大特色。此部分之重點於書學之「格」與詩學之「格」差異，而「格」爲體法，此亦涉及結構法、結構核心論。此外，趙宧光之「破體」論與前人所述多有不同，此亦爲重點。

　　四、書學格調論之「調」詮解：趙宧光之「調」雖爲鋒勢，但其中又可分爲「鋒勢」、「風格」兩層面。「筆法」方面，趙宧光主張潔淨之書風，與中

鋒之用筆，而兩者又與復古相關聯，此與「風格」之主張相同。故筆者以爲，相較於「格」，趙宧光之「調」更能凸顯其復古之主張。因此本章將先釐清書學「調」之名實，再由鋒勢使用、風格兩部分探討之。

　　五、格調說與《寒山帚談》：《寒山帚談》分爲八章，〈格調〉一章可於書學格調論釐清，而〈評鑒〉、〈法書〉二章爲書學風格之探討，此亦可併入「調」之下。於此部分中，筆者將由書學格調論觀〈學力〉、〈臨仿〉二章，以此探討趙宧光之學書觀。另外，若以書學格調論觀〈用材〉一章，則可知趙宧光之用材與復古密不可分。而《寒山帚談》中散落的篆刻思想，筆者亦將在此部分一併整理。

第二章 趙宧光之生平與時代背景

    明朝（1368～1644），自開國皇帝朱元璋（1328～1398）發跡，先後擊敗割據勢力，於 1368 年南京建都，此後擊退蒙古與剩餘割據勢力，一統中國，此後又有明成祖朱棣（1360～1424）遷都於北京，更開創明代之盛世。直至明思宗崇禎（1611～1644）時，面臨闖王李自成（1606～1645）兵破北京於煤山自縊，方結束明代一朝。綜觀明代，共經歷十六位皇帝，二百七十七年，亦是中國最後一個漢人正統王朝政權。

    而趙宧光所處之時代地域為晚明吳中，此吳中地區即是當時蘇州府一帶，而王鏊《姑蘇志》則記載：「今領州一曰：太倉；縣七曰：吳、長洲、崑山、常熟、吳江、嘉定、崇明。」〔註1〕

    此吳中地區也產生了吳門書派。吳門是蘇南大都會蘇州之別稱，也是「吳郡」、「三吳」、「吳中」、「姑蘇」等。關於「吳」的概念，從歷史上看總趨勢是縮小，不是擴大。周朝時他是國名，三國時除蜀國外，長江南部與部分北部均屬東吳，至明代時又縮小範圍，成了蘇州府之管轄代稱。〔註2〕而一書家之思想形成與其時代背景脫離不了關係，此又可從書家之時代、地域、交友等各方面探討，若以此觀，則知欲了解趙宧光之學說勢必從晚明風氣、吳地以至國內書風探起。底下就以「晚明時代背景」、「趙宧光之書學背景」、「趙宧光之生平」、「趙宧光之交遊」四節分別探討之。

〔註1〕明・王鏊：《姑蘇志》卷七，收入於《景印文淵閣四庫全書》493 冊（台北：台灣商務出版，1983 年），頁 203。

〔註2〕黃惇：《中國書法史・元明卷》（南京：江蘇教育出版社，2011 年），頁 243。

第一節　晚明時代背景

　　相較於太平盛世，每逢時代交替之際民生、政治、局勢必然動盪不安。白謙慎《傅山的世界：十七世紀中國書法的嬗變》言：「在晚明日漸不安的政治局勢中，政治腐敗和道德淪喪扮演重要的角色；而政局的不穩定，正是明代衰亡的一個關鍵。」〔註3〕萬曆以後，晚明早不如先前盛世，此時內憂外患接踵而來，外有清兵虎視眈眈，內有流寇四處縱橫。誠如孟森《明史講義》所云：「明之衰，衰於正、嘉以後，至萬曆朝則加甚焉。明亡之徵兆，至萬曆而定。」〔註4〕明朝興起與沒落均快，特別自萬曆之後朝綱不濟、天災人禍接踵而來，明朝之敗勢已無法挽救。此時期社會劇烈動盪，意識形態和文化領域也出現了驟變，理學徹底解體，權威文化失去最後地盤。〔註5〕於此混亂年代當中，晚明思想有了巨大的轉變，亦不能以傳統儒家、書法風氣觀之。而趙宦光卒於1625年，距離明代滅亡亦不過二十年，可說趙宦光經歷了此一思想巨變之年代，欲深究其理論，當自此時代風氣觀之。底下就以「心學之影響」、「尚奇之風氣」二點解析此時代思想：

一、心學之影響

　　欲觀晚明思想轉變首須自明代王陽明觀起。王守仁（1472～1529），字伯安，浙江餘姚人，學者稱之陽明先生。其心學之出現可為明朝思想轉變之濫觴，明代沈德符（1578～1642）《萬曆野獲編》云：「至我明姚江出以良知之說，變動宇內，世人靡然從之……程、朱之學幾於不振。」〔註6〕以此觀，則知王陽明之心學於明代影響之大，相對的，先前所提倡之程朱理學亦走向沒落一途。而王陽明對於心學則主張「心即理」，其云：

　　　　心即理也，天下又有心外之事，心外之理乎？〔註7〕

〔註3〕白謙慎：《傅山的世界：十七世紀中國書法的嬗變》（北京：三聯書店，2013年），頁9。

〔註4〕孟森著：《明史講義》（上海：上海古籍出版社，2002年），頁255。

〔註5〕單國強：〈明代文化概論〉，收入薛永年、羅世平主編：《中國美術史論文集：金維諾教授八十華誕暨從教六十周念紀念文集》（北京：紫禁城出版社，2006年），頁215。

〔註6〕明·沈德符：《萬曆野獲編》卷二十七，收入於《明清筆記史料叢刊》86冊（北京：中國書店，2000年），頁64。

〔註7〕明·王守仁撰，吳光等編校：《王陽明全集》卷一（上海：上海古籍出版社，1992年），頁6。

心雖主乎一身，而實管乎天下之理，理雖散於萬事，而實不外乎一
人之心。〔註8〕

依王陽明所論，其認為「理」即存在人們心中，因此心外無理，亦無須於心
外探索。此說強調於內心之探索，將程朱以來格物致知，對於經書之繁瑣探
究轉為以心為用。陽明心學的探究針對於理學的反動，要求習者自心外求理
轉為「自心內求理」，通過反覆思惟的功夫去得到「理」，並以此獲得對道德
準則的認同。心學由於強調心內求理，而每個人思維方式有所不同，所以每
個人對事物之看法都有不同觀點，這就為跳脫禮教，解放思想開闢了新的通
道。

　　而此種「心內求理」之理論進而影響李贄（1527～1602）之學說。李贄
身為明朝重要思想家，其理論自王派心學而來，加以改變，進而影響至國朝
思想。陳清輝《李贄思想探微》主要認為李贄童心說來自三點：一、源自《老》、
《莊》，二、參悟禪宗，三、體現王學，〔註9〕而此三者無一不與「心」有關，
特別又自於王陽明心學。李贄云：

夫童心者，絕假純真，最初一念之本心也。若失卻童心，便失卻真
心；失卻真心，便失卻真人。人而非真，全不復有初矣。〔註10〕

受王陽明心學影響，此種「絕假純真」之說與儒家禮法相違背，其講求的是
內心的純真。李贄以此「真」對程朱理學以降的官方正統思想進行了質疑和
反擊，其明確的的要求保有原先的人欲，其亦以「童心說」反對自程朱理學
以來的「存天理，去人欲」。其言「失卻真心，便失卻真人」，可知其認為程
朱學說是不可行的。另方面，其亦對歷代的儒家學說提出了質疑，其言：

但戒曰：覽則一任諸君覽，但無以孔夫子之定本行賞罰也則善矣。
〔註11〕

以此觀，則知其認為人本有決斷能力，而不應以儒家孔子學說為依歸，〔註12〕

〔註8〕　明・王守仁撰，吳光等編校：《王陽明全集》卷一（上海：上海古籍出版社，
　　　　1992年），頁42。
〔註9〕　陳清輝撰：《李贄思想探微》（國立高雄師範大學國文系博士論文，1999年），
　　　　頁185～192。
〔註10〕　蔡景康編選：《中國歷代文論選・明代文論選》（北京：人民文學出版社，1993
　　　　年），頁229。
〔註11〕　張建業主編：《李贄全集注》第四冊《藏書注（一）》（上海：社會科學文獻出
　　　　版社，2010年），頁1。
〔註12〕　劉元良〈晚明書法尚奇風格成因〉：「同時他對以孔子為代表的儒家學說提出

而此種說法，當來自於王陽明之「心內求理」。李贄對於傳統儒學反動，此種思惟亦表現於文學上，其言：

> 苟童心常存，則道理不行，聞見不立，無時不文，無人不文，無一樣創制體格文字而非文者。詩何必古選？文何必先秦？……故吾因是而感於童心者之至文也，更說甚麼《六經》，更說甚麼《語》、《孟》乎？〔註13〕

以前述「童心」所觀，凡能符合「童心」者即為天下極美、極正，而李贄認為文本發乎情，此更需由內心所探求。因此，苟若能發自內心所思，即便不需古籍經典之薰陶亦可為文，此種自心內探求之思惟是至始而終的。基於「童心」論，李贄說出無須六經、《論語》、《孟子》等激烈言語，此亦反映了傳統經典逐漸沒落之情形。而思惟與文藝理論本為一體兩面，此種反對之浪潮亦影響了之後的文學走向。其中影響深者當如袁宗道（1560～1600）、袁宏道（1568～1610）、袁中道（1570～1624）為代表之公安派，袁宏道言：

> 泛舟西陵，走馬塞上。窮覽趙、齊、魯、吳、越之地，足跡所至，幾半天下，而詩文亦因之以日進。大都獨抒性靈，不拘格套，非從自己胸臆流出，不肯下筆。〔註14〕

袁宏道以遊覽大江山水為基礎，進而內心有感，形成了文學創作之條件。而此種內心之感發則為其創作之基本，苟若無此感發則寧不書，故言「非從自己胸臆流出，不肯下筆」。而此種強調於內心狀態之說，則當自「心學」而來〔註15〕。此種文學之性靈，與王陽明之心、李贄之真是一脈貫通的，均強調

了質疑，他認為人都有辨別是非的能力，孔子只不過是一個普通人而不是神，不能『以孔夫子之定本行罰賞』。李贄的文藝思想是建立在他叛逆性的思想基礎上，他提出了『童心說』，具有石破天驚，驚世駭俗的影響。」收入《湖南科技學院學報》第33卷第6期（2012年6月），頁191。傳統對於儒家並非全無反動，但亦無如李贄如此驚世駭俗者，而此種現象，亦可印證晚明思想解放、不再拘束於傳統之情形。

〔註13〕 蔡景康編選：《中國歷代文論選·明代文論選》（北京：人民文學出版社，1993年），頁229。

〔註14〕 明·袁宏道：《袁中郎全集》（台北：五洲出版社，1960年），頁5。

〔註15〕 陳清輝：《李卓吾生平及其思想研究》：「（三袁）吸收了卓吾懷疑、浪漫、求真之精神，含蘊停蓄，發而為文，直抒胸臆，遂開啟性靈之大開。」（台北：文津出版，1993年），頁559。郭紹虞《中國文學批評史》：「反對前後七子最有力的中心部隊即是『公安派』」，而公安派的主張之所由形成，其一是思想界的關係，以李贄、焦竑的影響最鉅」（北京：商務印書館，2010），頁672。於近代文學史均承認此種觀點，而李贄對於公安派之影響，亦可作為自王陽

於個人內心最眞實之表現，且不再以文以載道爲用。一方面，此種思維促進晚明小品形式之發展，二方面，此種清新明快的文學風格不同於往，亦形成了新的文學風格。

　　大體而言，晚明之思想轉向於個人之探索，不再尊崇經典、儒家學說，相較於前人繁瑣冗長的苦讀六書，此時期更強調個人思想。此種風氣由思想開始，進而轉向文學，亦轉向藝術風格改變〔註16〕。

　　心學之盛行影響了李贄的童心說，亦影響了公安派之獨抒性靈，此些主張均與個人性情有關，亦產生了強調個人精神之書風。

　　如晚明之徐渭（1521～1593）《書李子微所藏摹本蘭亭》即言：

　　非特字也，世間諸有爲事，凡臨摹直寄興耳，銖而較，寸而合，豈眞我面目哉？臨摹《蘭亭》本者多矣，然時時露己筆意者始稱高手……優孟之似孫叔敖，豈併其鬚眉軀幹而似之耶？亦取其意氣而已矣。〔註17〕

優孟衣冠之所以相像，並非鑑於外貌形似，而爲自手足言行間學起。而徐渭以此爲喻，闡明不求外在形似之書學觀。觀其「時時露己筆意者始稱高手」一句，知徐渭在意於個人精神之表現，而此種說法亦與李贄、公安派學說相近。徐渭反對於外在形似，反對錙銖必較，寸而合之習法，並稱此並非「眞面」。而此種求「眞」、「自我」之表現也在晚明王鐸（1592～1652）身上，其便有不嚼敗肉之說。又或者晚明倪元璐（1593～1644），清代倪後瞻（1608～？）便評其「一筆不肯學古人，只欲自出新意。」〔註18〕此種言論革新意味是相當濃厚的，雖然二人均取師於古，但同時亦強調變古，以至於有個人風格出現，此種現象自與心學盛行脫不了關係。

　　明以來心學大盛之佐證。
〔註16〕謝建華〈論晚明文化轉型時期的書法變革〉：「明人審美趣味的從情到欲及心學的感性主義與自然人性論完全合拍，緊相呼應，共同構成那個時代最突出的文化特徵。晚明書家張瑞圖、黃道周、倪元璐、傅山、王鐸等雖風格各異，但都受追求個性解放，體現自我，反對約束的世風影響，突出地表現出個人的感性審美意識。」收入《東南文化》2012年第4期（2012年8月），頁12。123～126。晚明藝術解放與心學發展密不可分，而書法本爲藝術一環，此亦在影響之內。如謝建華所舉張瑞圖、黃道周、倪元璐、傅山、王鐸等，此些雖學自於古，但同時亦強調於個人面貌，此與獨抒性靈是密不可分的。
〔註17〕明・徐渭：《徐渭集》（北京：中華書局，1983年），頁577。
〔註18〕清・倪後瞻：《倪氏雜著筆法》，收入於崔爾平選編《明清書法論文選》（上海：上海書畫出版社，1994年），頁411。

二、尚奇之風氣

　　明中葉，商業發展達到頂盛，此時不論對國內、外均有大量的商品流通往來，而此時期人民生活富裕。明代王錡（1433～1499）便如此描寫當時的吳中地區：

> 正統，天順間，余嘗入城，咸謂稍復其舊，然猶未盛也。迨成化間，余恒三、四年一入，則見其迥若異境，以至於今，愈益繁盛，閭檐輻輳，萬瓦甃鱗，城隅濠股，亭館布列，略無隙地。輿馬從蓋，壺觴罌盒，交馳於通衢。水巷中，光彩耀目，游山之舫，載妓之舟，魚貫於綠波朱閣之間，絲竹謳舞與市聲相雜。凡上供錦綺、文具、花果、珍羞奇異之物，歲有所增，若刻絲累漆之屬，自浙宋以來，其藝久廢，今皆精妙，人性益巧而物產益多。〔註19〕

明朝正統間為 1436 年至 1449 年，而天順年間為 1457 年至 1464 年，至於成化年間則為 1465 年至 1487 年。以天順初年 1457 觀之，則知短短三十年內吳中地區發展得更加繁榮，此若無龐大商業貿易、金錢流通則無法達成。而又觀文中所言之市集鼎盛、商品眾多、娛樂大興，此若無一定之消費族群亦難以支撐，可知此時期吳中生活是相當富足的。而以吳中之昌盛觀之全國，可推論縱然國內其他地區不如吳中，但亦不至於太過沒落。基於生產技術改變〔註20〕、政策等種種優良條件下，明中葉之經濟達到明朝巔峰，相較於政治上種種問題，此時期的商業不衰反盛。

　　在繁榮經濟下，人們對於商品之購買力增強。另方面，由於生活上無須煩惱，富足人家進而將多餘的金錢投入藝術市場，誠如吳鵬《晚明士人生活中的書法世界》所言：

> 經濟的發展，商業的暴發，使商人們在滿足聲色之歡與口腹之欲的同時，也在尋找另外的精神寄託和釋放形式。尤其文化水平不高的

〔註19〕明・王錡：《寓圃雜記》（北京：中華書局，1984 年），頁 42。

〔註20〕周紀文《中華審美文化通史・明清卷》：「（明中葉）除了新的生產關係已經萌芽之外，生產技術也得到了很大的提高，農業和手工業在明代中葉之後都有超越前代的表現。……經濟政策的傾斜，社會生產力和生產關係的提高與改變，使得明中葉以後的商業經濟出現了蓬勃之勢。」（合肥：安徽教育出版社，2005 年），頁 25～26。此種手工業及勞動技術的改變促進了商品生產速度，進而影響到商業蓬勃，白銀流通量加大。而此時期商品種類、數量之繁盛亦是前所未有的。

商人，他們已經感到社會對於他們的禮尚往來、待人接物、婚喪嫁娶等居家應酬等方面之急需。而最爲便捷的方法，便是直接效仿士人階層的行爲與生活方式，以此作爲有教養的「文化人」的標記，並盡力融入士人的生活與交遊圈中，並期獲取他們對自己文化身份的認可。〔註21〕

此種情形下，士人與商人的關係是密不可分的。一方面，商人欲以文物收藏來抬高自身地位，另方面，士人亦須商人金錢支援。此時期之風氣不再如以往對商人輕視，而是士商階級的交流，藏購古玩亦不再是士人的專屬。〔註22〕又如周暉《二續金陵瑣事》：

> 鳳洲公（王世貞）同詹東圖（詹景鳳）在瓦官寺中，鳳洲公偶云：「新安賈人見蘇州文人如蠅聚一羶。」東圖曰：「蘇州文人見新安賈人亦如蠅聚一羶」。鳳洲公笑而不答。〔註23〕

自兩人對話反應中，亦可知二人均無否認意味，此證明商賈士人間之交流愈加頻繁。此種情形下，帶動了古物、書畫產業的興起，如明代李樂（1568～1655）《見聞雜記》云：

> 今天下諸事慕古，衣尚唐緞、宋錦；巾尚晉巾、唐巾、東坡巾；硯貴銅雀、墨貴李廷珪；字宗王羲之、褚遂良；畫求趙子昂、黃大痴，獨做人不思學古人。且莫說國初洪、永間，只嘉靖初年人也不追思仿效，間有一二欲行古人之道，人便指摘譏貶，此謂不知類也。〔註24〕

洪爲洪武，永爲永樂，均爲明朝初年國號。而具李樂所言，至嘉靖初年時仍無處處學古之風氣，甚至對於古是不正眼的。但以嘉靖初年（1522）觀之，則知至明中葉至多不過三、四十年間，此種風氣之迅速轉換亦爲商人大量投入市場之例證。但人雖好古，卻非眞正好學古而來，此種好僅爲一時性之商

〔註21〕　吳鵬：《晚明士人生活中的書法世界》（南京藝術學院美術學博士論文，2008年），頁15。

〔註22〕　〔加拿大〕卜正民 Timothy James Brook《縱樂的困惑——明代的商業與文化》：「在明朝前期只流傳於極少數的精英人物中間的具有文化意蘊的物品，如古董、字畫，被大量地帶到了道德眞空地帶的金錢世界。這些物品向應邀前來參觀或使用的人們展示著收藏者的獨到鑑賞力和不俗的文化品味。」（北京：三聯書店，2004年），頁256。藏購古玩原爲文人雅士之風雅，而由卜正民之言亦可印證此點。但於明中之變革後，此種情形亦隨之改變。

〔註23〕　明·周暉《金陵瑣事·續金陵瑣事·二續金陵瑣事》（南京：南京出版社，2007年），頁312。

〔註24〕　明·李樂《見聞雜記》卷六（上海：上海古籍出版社，1986年），頁480。

業市場。既爲一時性，則知具有眼光之商人應非大數。如沈德符《萬曆野獲編》：「始於一二雅人賞識摩挲，濫觴於江南好事縉紳，波靡於新安耳食，諸大估曰千曰百，動輒傾囊相酬，眞贗不可復辨。」〔註25〕「耳食者」當爲只聽從他人評論自己不具鑑賞能力者，此又以徽商爲重。

又據李樂所言，凡言「古」者均能有一定商業行情，此種氛圍，也使古物之價格水漲船高。而此種變相的好古之風越演越烈，進而轉成了尚奇，如明代黃省曾（1496～1546）《吳風錄》：

> 至今吳俗權豪家好聚三代銅器、唐宋玉窯器、書畫，至有發掘古墓
> 而求者，若陸完神品畫累至千卷，王延喆三代銅器萬件，數倍於《宣
> 和博古圖》所載。〔註26〕

此處可發現，商人之好古自生活用品、書畫作品等擴大到所有層面，凡爲古、奇者均有人收藏，以至於言「數倍於《宣和博古圖》」〔註27〕。而商人雖然具一擲千金之能力，但對於品評、鑑賞實不在行，此則有賴於熟識之書家品評，此亦造成士人與商人間之交流。而對「古」之要求既轉爲「奇」，則書畫作品亦無法避免，此種需求導致書畫風氣改變。石守謙《從風格到畫意——反思中國美術史》言：「然而，一但將雅俗之辨轉換成『菁英文化——大眾文化』的思考架構，這兩個階層之間的關係，便不只侷限在這兩者之區分，而且包括了更複雜之互動。」〔註28〕書家原本之風格是否須隨著市場需求而轉變成

〔註25〕 明・沈德符《萬曆野獲編》卷二十六，收入於《明清筆記史料叢刊》86 冊（北京：中國書店，2000 年），頁 28。

〔註26〕 明・吳省曾《吳風錄》，收於《吳中小志叢刊》（揚州：廣陵書社，2004 年），頁 177。

〔註27〕 許明主編：《華夏審美風尚史：第八卷・殘陽如血》：「這種傾向一方面促進了工藝品的發展，也說明了人們趣味的擴大，但是另一方面也致使人們對於收藏品標準發生變化，眞僞與審美的標準不免爲價高、奇特、罕有等滿足好奇心的標準所替代。人們的收藏興趣開始向更冷僻、更獨特的方向發展……原來只是少數文人熱中的嗜好，在晚明逐漸成爲富有的縉紳和商人們爭相效尤的對象，競相加入收藏隊伍之人無所不包，既有手握重權、官高財貴得當朝重臣（其中最著名的有張居正、嚴嵩），也有一些附庸風雅的『中涓人』（即太監，如錢能、高隆、王賜等），更有多富商巨賈。」（河南：河南人民出版社，2000 年），頁 127。此種好古尚奇之風已不再是文人的專利，或者說，此種風氣亦不再是雅，而爲一種炫富之手段。此種風氣雖有助於藝術發展，但亦使藝術品評能力低落，形成以「價格」、「奇」取代「雅」之情形。

〔註28〕 石守謙：《從風格到畫意——反思中國美術史》（台北：石頭出版社，2010 年），頁 243。

了問題，商人具備士人所需的資源，但不具備評鑑眼光。相對於優雅、傳統之作品難得青睞，取而代之的是適合擺放於屋中誇耀之書畫。此時，則書家是否須隨著風氣而轉變成了抉擇，劉元良於〈晚明書法尚奇風格成因〉直言：

> 由於晚明時期的經濟的發達，書畫市場日漸成熟和發達，書畫交易
> 日趨頻繁，一大批以賣畫為生的藝人為迎合市場的需要和人們的審
> 美口味，走向以奇取勝的路子。〔註29〕

此種尚奇之風自不可能影響至所有書家，而書家之風格轉變亦不全源於此。如黃道周、傅山等人，我們相信心學之解放、著重於個人精神等學說定有影響，但卻不一定源於市場價值。但不可否認的，此種風氣盛行後，必然對於晚明之解放、強調狂怪之風氣推波助瀾，更使晚明書作風格變化達到高點〔註30〕。一方面雖然與傢俱擺設有關〔註31〕，但一方面亦離不開市場價值。而此種市場價值亦不一定為實質金錢，書家之名譽、地位亦可含括於內。故可說在種種外在條件之組合下，晚明之書風有了不同走向。

第二節　趙宧光之書學背景

　　相較於其他朝代，明初至明末二百七十七年當中，書學自面貌一同至人人不同，此種風氣快速轉換是較為特別的。特別於晚明，在此種環境、文化快速轉型的環境當中，書家的心態與表現也走向更加多元的道路。欲了解晚明的書學面貌，仍須從明初探討起始。明代初年的書法與政治密不可分，因

〔註29〕 劉元良：〈晚明書法尚奇風格成因〉，收入《湖南科技學院學報》第 33 卷第 6 期（2012 年 6 月），頁 191。

〔註30〕 吳鵬《晚明士人生活中的書法世界》：「在藝術家和商人的雙重推動下，藝術經濟蓬勃發展。書畫家與商人互相利用，各取所需，名家的藝術應酬順勢逐漸增多。對書畫家來說，最為便捷的鬻值手段，書法便以行草書體為拿手，繪畫則以潑墨寫意最見長。……晚明的行草書法，在很大程度上是對帖學古法的開闊和創新，然而，由於商業文化的介入和士人風尚的轉向，這一時期的書法風格雖多以個性彰顯，但也多了一絲浮躁，故無論品格與風尚，皆遠遜晉唐；比之宋人，亦難望其項背。因此，清初碑學思潮的風起，不僅是對帖學流弊的反叛，更多的是對晚明書法的反思。」（南京藝術學院美術學博士論文，2008 年），頁 103。晚明狂草之發展與此種環境脫離不了關連，雖一方面為擺設形式改變，但一方面如吳鵬所言有商業影響。此種影響進入文人體系，也使原先的氣質、價值、審美觀有了些許改變，故吳鵬言「多了一絲浮躁」，此種氣質低落與鑑賞低落是相通的。

〔註31〕 此處關聯於下一節會再提及。

帝王需要及高壓統治之政策下，書學發展顯得了無新意。如黃惇於《中國書法史・元明卷》描寫中書舍人：「任此職者必是善書者，他們主要承辦內閣交付的繕寫工作，而所用的書法則必須符合帝王的胃口，於是一種具有程式傾向的書法風氣開始抬頭。」〔註32〕此種「程式傾向」之書風即為「臺閣體」，亦籠罩了明代前葉的書家，而此種臺閣體對於書學之發展有著不良影響。

大致而言，臺閣體以趙孟頫（1254～1322）為學習對象，並將其「熟」、「媚」作為學習標的〔註33〕，此亦導致此時期書學無太大突破性的進展。另外，趙宧光身為吳門書家，與吳門交流密不可分，如此，則亦須探討吳中地區之書畫風格。故以下以「吳中地區」、「晚明書學風氣」、二點討論之：

一、吳中地區

吳中地區自古人文薈萃，能書者不在少數。從歷史上說，早在宋、元時代蘇州就成為士大夫文人藝術發展的重要地區。元代趙孟頫及畫家張雨（1283～1350）、黃公望（1269～1354）、倪瓚（1301～1374）、吳鎮（1280～1354）、王蒙（1308～1385）、楊維楨（1296～1370）、宋克（1327～1387）也多活動在太湖一帶。〔註34〕特別是宋克，其本身即為蘇州人，又是明初臺閣體代表人物之一，這層關係，更證明吳中地區書畫之興盛。如明代王世貞（1526～1590）《弇州四部稿》所言：

> 書盛於希哲、徵仲，而啟之則仲溫。〔註35〕

吳中之全盛當於吳中四子，而王世貞又舉祝允明（1460～1526）、文徵明（1470～1559）二人之名，但此種興盛則起自於宋克。以此觀，則知吳中地區書畫一直維持著興盛之局面。

〔註32〕 黃惇：《中國書法史・元明卷》（南京：江蘇教育出版社，2011年），頁174。
〔註33〕 宋民《中國古代書法美學歷史發展的三個階段》：「在明代，傳統的審美思想也在繼續發展。這便是從宋、元以來崇尚陰柔之美的思潮。這裡又出現兩種型態，一種崇尚、學習趙孟頫，以趙之妍媚柔婉書風為典範。趙於婉麗風格，追求外在形態上的感觀愉悅。明初『三宋』，一熟二媚，代表了這種書風。」收入上海書畫出版社編：《二十世紀書法研究叢書・審美語境篇》（上海：上海書畫出版社，2008年），頁273。此處之傳統則以趙孟頫為準，而此種一熟二媚之觀點也導致書風趨於一致，直至明中吳門興起方逐漸消除。而此種熟、媚亦為趙宧光所反對，此於之後會再提及。
〔註34〕 黃惇：《中國書法史・元明卷》（南京：江蘇教育出版社，2011年），頁244。
〔註35〕 明・王世貞：《弇州四部稿》卷一百六十四，收入《景印文淵閣四庫全書》第1284冊（台北：台灣商務出版，1983年），頁371。

　　而吳中書派最大之貢獻，當在於一掃明初臺閣體書風，使書法邁入重新
汲古創新之局面。如明代謝肇淛（1567～1642）所言：

> 國初能手多黏俗筆，如詹孟舉、宋仲溫、沈民則、劉廷美、李昌祺
> 輩，遞相模倣，而氣格愈下，自祝希哲、王履吉二君出，始存晉唐
> 法度。〔註36〕

此處所舉詹希原（約1368在世）、宋克、沈度（1357～1343）、劉珏（1410～
1472）、李禎（1376～1452）等人均為明初時臺閣體之代表，而「遞相模倣，
而氣格愈下」亦是臺閣體之弊病。而祝允明、王寵（1471～1533）等四家之
貢獻，正是在於重新主張擬古創新，使書法風格再次開闊。王大智《中國藝
術欣賞》言：「吳門三家之所以成為明中期書壇代表，主要是他們多受吳門前
輩影響而努力革除臺閣書體。雖具復古傾向，但三家書風個各性鮮明。」〔註
37〕雖然同樣以復古為主，但卻能自擬古中求取不同精神，致使書風大開，也
洗去臺閣體「遞相模倣」之風氣。如吳中之祝允明，其便曾言：

> 僕學書苦無積累功，所幸獨蒙先人之教，自髫丱以來，絕其令學近
> 時人書，目所接皆晉、唐帖也。〔註38〕

此處可觀祝允明之書學淵源，與明初之風氣別有一段差異。觀其所述，此種
以晉唐為師之方式亦是祝允明面貌有別於前人之因。而「絕其令學近時人書」
當來自於李應禎（1431～1493）之影響。李應禎為祝允明之岳父，祝允明書
風形成亦與其有極大關係〔註39〕。何炎泉〈祝允明的書法、書論與鑑賞〉言：
「他對於當時書壇上趨節逢迎的風氣頗不以為然，儘管身處當時迂腐保守的
環境中，仍能勇於獨闢蹊徑，提倡創新與改革的重要，提出所謂『奴書論』

〔註36〕 摘自清‧孫岳頒《御定佩文齋書畫譜》卷十，收入《景印文淵閣四庫全書》
　　　　第819冊（台北：台灣商務出版，1983年），頁337。

〔註37〕 王大智：《中國藝術欣賞》（臺北：國立空中大學，2003年），頁126。

〔註38〕 明‧祝允明：《祝氏集略》卷三〈寫各體書與顧司勳後係〉，收於《祝氏詩文
　　　　集》（台北：國立中央圖書館，1971年6月），頁1633。

〔註39〕 張飛〈兼二父之美——論徐有貞、李應禎對祝允明書學思想的影響〉：「祝允
　　　　明一生最為主要的書學思想總體可歸為反『臺閣』論、『書歸晉唐』論、『奴
　　　　書訂』論三種。其中反『臺閣』論是對二父的繼承，『書歸晉唐』論是對二父
　　　　繼承中有所發展，『奴書訂』論是對岳父李應禎批判性繼承，可見二父對祝允
　　　　明的影響之深、影響之大。」收入自《藝術品》2014年第7期（2014年7月），
　　　　頁84。72～85。二父所指為徐有貞、李應禎，一為祝允明之祖父，一為其岳
　　　　父。特別是李應禎反臺閣、奴書等觀念，對於祝允明有深刻的影響，也奠定
　　　　其發展路線。

〔註40〕，李應禎對於「奴書」、「臺閣」二者相當反對，並認爲書家須有個人面貌，而此種個人面貌當又來自學古，文徵明曾云：「（李應禎）公既多閲古帖，又深詣三昧，遂自成家，而古法不亡。」〔註41〕深閲古帖爲李應禎成家之因，亦能不趨於時人，故言古法不亡，而祝允明所言不學近人書也出於此。

受李應禎書學影響的除祝允明外，文徵明亦是其中之一，其書學亦是自古而來，其子文嘉（1501～1583）言：

> 先君少以書法不及人，遂刻意臨學。篆師李陽冰；隸法鍾元常；草
> 書兼撫眾體，而稍含晉度。小楷則本於《黃庭》、《樂毅》，而溫淳典
> 雅，自成一家，虞、褚而下弗論也。〔註42〕

文徵明對於古帖下過一番苦工，而其所師亦自古而來，如其言所學李陽冰、鍾繇、《黃庭》、《樂毅》無一不是古法，師古形成其書風面貌。而文徵明之子文彭（1498～1573）雖籠罩於父親威名，但亦能自古求新，明代許穀（1573年在世）《文國博墓誌銘》云：

> 字學鍾、王，後效懷素，晚年則全學過庭，而尤精於篆隸。〔註43〕

此種自鍾、王爲師之路線與文徵明相同，而其雖後學孫過庭，但仍不脫離古法。以文徵明名氣之大，但其子仍以古爲師，可知此時期擬古自新爲吳中共同路線。又或者同爲吳中四家之王寵，邢侗（1551～1612）評其小楷曰：

> 王履吉書，元自獻之出，疏拓秀媚，亭亭天拔，即祝之奇崛、文之
> 和雅，尚難議雁行，矧餘子乎？〔註44〕

王寵與文嘉交善，其亦曾受文徵明指導〔註45〕。觀王寵之小楷不在於祝、文二人之下，雖然，其亦未以模倣爲歸，乃上溯至晉人，並以此形成獨自面貌。此時期吳門雖互有交流影響，但同以「上溯」爲學書方法。以此觀，則知吳

〔註40〕 收入何炎泉：《毫端萬象：祝允明書法特展》（臺北市：國立故宮博物院，2013），
　　　　頁14。

〔註41〕 清・倪濤：《六藝之一錄》卷三百六十六，收錄於《景印文淵閣四庫全書・第
　　　　837冊》（台北：台灣商務出版，1983年），頁767。

〔註42〕 明・文嘉跋〈文徵明四體千字文〉，收入於國立故宮博物院：《故宮歷代法書
　　　　全集・第六冊》（臺北：故宮博物院，1973年），頁81。

〔註43〕 清・褚亨奭：《姑蘇名賢後記》，收錄於收錄於周駿富編：《明代傳記叢刊》148
　　　　冊（臺北：明文書局，1991年），頁279

〔註44〕 清・孫岳頒：《御定佩文齋書畫譜》卷八十，收錄於《景印文淵閣四庫全書》
　　　　822冊（台北：台灣商務出版，1983年），頁475。

〔註45〕 黃惇：《中國書法史・元明卷》（南京：江蘇教育出版社，2011年），頁275。

門之鼎盛時期對於「師古」是極爲在意的，而此種「師古」之風亦是吳門能洗刷自臺閣體以來風氣之因。

　　但吳門興於師古，卻也沒落於不知師古。王軍平〈吳門書派述評〉言：「由於有些吳門後輩只知學習先人的筆法，卻沒有學習先人的方法，離晉唐越來越遠，離古法也越來越遠，最後，吳門書派的統治地位被後來居上的華亭書派取代，吳門書派在書壇上的統治地位逐漸喪失，最後變得越加衰微。」〔註46〕此說可謂一針見血，吳門書派發展愈後期，由於門派越來越加壯大，而出名者亦越來越多。此導致吳門後學反以近人爲師，而不再如吳門前期師法古人。莫是龍（1537～1587）便言：

　　　　數公而下，吳中皆文氏一筆書，初未嘗經目古帖，意在傭作，而以

　　筆札爲市道，豈復能振其神理、托之豪翰圖不朽之業乎！〔註47〕

莫世龍於此點出吳門後期弊病，而病因當鑒於「吳中皆文氏一筆書」，其言吳中「初未嘗經目古帖」，亦能反應吳中沒落之原因。於趙宦光交好之王穉登（1535～1632）爲文徵明最小弟子，亦爲吳門最後的代表，《六藝之一錄》如此形容：

　　　　伯穀振華啓秀，嘘枯吹生，擅詞翰之席者三十餘年。閩粵之人過吳

　　門者，雖賈胡窮子，必踵門求一見，乞其片縑尺素，然後去。〔註48〕

觀「乞其片縑尺素」一句，知吳門雖然沒落，但於當時仍有著一定之影響力，但「振華啓秀，嘘枯吹生」卻也反應著吳門之沒落情形。至吳中四家之後，吳門後繼者多不能擬古創新，僅能限於師承學習。黃惇如此解釋「振華啓秀，嘘枯吹生」一句：「王穉登所處時代，吳門一帶書家，大抵承襲文、祝，拋棄了開創者『絕去學今人書』『直溯本源』的藝術主張，書風日趨靡弱，只能在本派門牆中打轉。故雖有王穉登『振華啓秀，嘘枯吹生』，企圖重振門風，但論其書法之才能已遠不能與文、祝、陳、王輩相比。」〔註49〕黃惇之說客觀的反應了吳門沒落之情景，而在本派門牆中打轉亦是王穉登難以改變沒落局面之原因。

〔註46〕王軍平：〈吳門書派述評〉，收入於《藝術探索》第 22 卷第 2 期（2008 年 4月），頁 33。

〔註47〕清·倪濤：《六藝之一錄》卷二百八十六，收錄於《景印文淵閣四庫全書·第836 冊》（台北：台灣商務出版，1983 年），頁 225。

〔註48〕清·倪濤：《六藝之一錄》卷三百七十，收錄於《景印文淵閣四庫全書·第 837冊》（台北：台灣商務出版，1983 年），頁 833。

〔註49〕黃惇：《中國書法史·元明卷》（南京：江蘇教育出版社，2011 年），頁 290。

大抵而言，吳門興於能擬古自新，開創全新面貌，並以此一掃臺閣體之風氣，但沒落卻也因不能擬古自新。雖然不同於臺閣體之面貌，但與臺閣體所走路線是相同的。雖然能學自文、祝等改變後的書風，但卻難以繼續開創全新局面，最後亦與臺閣體之下場相近。而此種吳門興起與沒落，亦影響了趙宧光之書學觀，以至於其重新提倡擬古路線。

二、晚明書學風氣

相較於明中葉先後以吳門、雲間兩大派別先後盛行，至於晚明此種影響已削弱。而此種改變一方面來自前述之心學盛行、書畫市場大開，另方面亦與書寫材料改變有關。除了此種思想與市場上的變化，更直接的影響就是材料的改變。晚明之書寫格式已不如傳統以手卷為主，而改以直立式條幅為大宗。明代文震亨（1585～1645）《長物志》云：

> 懸畫宜高，齋中僅可置一軸於上，若懸兩壁及左右對列，最俗。長
> 畫可掛高壁，不可用挨畫竹曲掛，畫桌可置奇石，或時花盆景之屬，
> 忌置朱紅漆等架。堂中宜掛大幅橫披，齋中宜小景花鳥。若單條扇
> 面斗方掛屏之類，俱不雅觀。畫不對景，其言亦謬。〔註50〕

以「懸畫宜高」「長畫可掛高壁」兩者並觀，則知當時房屋必有足夠高度，又以「堂中宜掛大幅橫披」觀，則知屋寬亦有足夠擺設空間。而前言及明中後商賈於此種書畫極喜收藏，以能收藏書畫觀之，則知當時商賈之資產定能建此大宅。商賈之房屋增大，室內擺飾亦須隨之增加，最適合者莫過於大幅書畫，此種情形亦導致大幅書作於市場盛行。除擺設空間以外，造紙技術快速進步亦是原因之一。明以前即能造出大幅紙張，但並非為懸掛所用，而此時期配合書作、室內擺設需要，亦大量生產大幅紙張〔註51〕。

既然形式有變，則配合書寫形式，書風亦然有所改變。相較於傳統以潔

〔註50〕明·文震亨著，陳植校：《長物志》卷一（江蘇：江蘇科學技術出版社，1984年），頁351。

〔註51〕歐陽中石等著《書法與中國文化》：「掛軸的天地頭、隔水尺寸，較之宋元明顯加長。宋元時期的輻寬大畫天頭一尺七寸左右，地頭七寸五分左右；而明代『小畫天一尺八寸，地九寸，上玉池六寸，下四寸』。其他用料和尺寸亦有所不同。掛軸裝在明代較宋元有較大的發展，這種變化與當時居室環境變化有關。高堂廣宇式的居室，且家具多高腳高背，與之相適應，便出現了書畫裝潢上的『大』和『高』的變化。」（北京：人民出版社，2000年），頁475。此種造紙變化當反應擺設需要而來。

淨用筆爲主的小幅作品，此時更好於大開大闔之書風；相較於精巧俐落之行書，較爲狂放之狂草更受歡迎；相較於筆法精細，於書寫大作時更注重於整體之章法、黑白變化〔註52〕。在思潮改變與物質環境使然下，書法風格逐漸不再以傳統二王面貌爲主，而以狂放浪漫爲主流，傳統亦不需一昧遵守，而有了更多個人面貌。誠如白謙愼《傅山的世界：十七世紀中國書法的嬗變》言：

> 經典權威的式微帶來兩個結果：第一，書法家開始在更大的程度上偏離自古以來爲書家所信奉的經典。他們不甘被動地接受偉大而且深厚的傳統，而是更爲積極地去從事創造性的詮釋。第二，古代名家經典的衰微還意味著，書法家的創作不再拘泥於經典，還可能對以二王爲中心的名家譜系以外的書法資源予以關注。〔註53〕

此種對於經典的式微爲歷代前所未有，而組合的原因又並非單一。不論是外在條件的市場價格或是書寫材料，或是心學盛興、獨抒性靈的主流思潮，種種變化都要求書家須重新開啓一條新的道路。在此種風氣下，書家不再以傳統的標準審視自身的書作，相較於傳統，此時期更相信革新帶來的優勢。〔註54〕

〔註52〕 張愛國〈高堂大軸與明人行草〉：「他們在對傳統書學及自我的『二度超越』的共性表現中，自然而然地將眼光投注於前無古人的巨軸書這一全新的創作式樣……在書體的選擇上，也就偏好於表現力較大和具有較多創意空間的行書和草書。甚而至於將古人原本是以通訊爲主的書札，特別是草書體的，借用來作爲再創造的素材。例如王鐸常將二王和晉人的書札加以放大，兼改變成長軸的形式，將原來是私人間的信札，變成大廳高牆上公眾觀賞的藝術。因此，內容不再是主體，筆墨、線條和全篇的佈白，才是視覺欣賞的中心。比較難以解讀的草書，也成爲常用的書體。」收入自《浙江藝術職業學院學報》2003年第3期（2003年9月），頁84。「二度超越」者當如前所言，雖欲學古但卻不欲似古人面目，此亦與思潮之變化有關。而材料之改變，勢必影響書風之形成，面對此種大幅畫的作品，自不能以傳統之風格表現。種種原因下，形成了全新的面貌。

〔註53〕 白謙愼：《傅山的世界：十七世紀中國書法的嬗變》（北京：三聯書店，2013年），頁59。

〔註54〕 吳鵬〈論晚明書法的文化轉向〉言：「晚明書家在盡情享樂快活光影、經營藝術經濟的同時，也有意無意地思考著對書法傳統的新變。作爲當時變革主力的行草書風，不是對二王經典的摒棄，而是對書法傳統進行新的解構和闡釋……晚明時代士人對於傳統和自我的藝術理解，也爲書法文化的傳承和創新，提供了一種自覺的藝術創造的可能。」收入華人德主編：《明清明清書法史國際學術研討會論文集》（上海：上海古籍出版社，2008年），頁288～289。此時期並非不學古，而是學古於求變，此種自覺的創新精神也導致傳統面貌

而此種經典衰微，喜好大幅搶眼書作之風氣，也造就了趙宧光《寒山帚談》對於時代的反動。

第三節　趙宧光之家世與生平

關於趙宧光之字、號、籍貫等記錄是較為混亂的，於不同史料中常有不同記載，導致讀者莫衷一是。如清代施若霖（不詳）《璜涇志稿》云：「趙宧光，字水臣，一字凡夫。」〔註55〕但清代文秉（1609～1669）《姑蘇名賢續記》則言：「先生名宧光，凡夫其號。」〔註56〕此處則產生問題，宧光為其名，但「凡夫」究竟為字或號，此則產生爭議。而本節之目的即在釐清趙宧光之字、號、籍貫、生平等資料，望能還與最客觀的事實。底下即以「趙宧光之家世」和「趙宧光之生平」兩部分論之：

一、趙宧光之家世

趙宧光之字號、生卒年記載較為混亂，因此需要更多資料並觀，而其家世記載大多存於《寒山帚談》、《璜涇志稿》、《璜涇志略》，故此處可再分「趙宧光之字、號、籍貫、生卒年」、「趙宧光之家族」談之。

（一）趙宧光之字、號、籍貫、生卒年

相較於趙宧光之字、號、籍貫爭議，其生卒年記載則較為容易整理，此又可以先自其誄文觀之。夏樹芳（1551～1635）《寒山趙凡夫誄》：

> 天啓五年十月初三戊寅，凡夫趙先生卒。〔註57〕

天啓五年為西元 1625 年，乙丑年，若按此記錄，則知趙宧光卒於西元 1625 年十月三日。但其子趙均所撰《先考凡夫府君行實》則云：

> 先君生於嘉靖己未八月十月十有八日，卒於天啓乙丑九月三日，享

的變化。此時期學自二王，但卻不要求與二王同面貌，書風亦不再如傳統要求。此時所遵守的，僅有「革新」、「變化」二點。

〔註55〕清·施若霖：《璜涇志稿》卷二，收入於清·時寶臣纂修《雙鳳里志》（南京：江蘇古籍出版社，1992 年），頁 144。

〔註56〕明·文秉《姑蘇名賢續紀》，收入顏一萍輯選《叢書集成三編·甲戌叢編》一冊（台北：藝文印書館，1971 年），頁 6。

〔註57〕明·夏樹芳：《寒山趙凡夫誄》，摘自明·黃宗羲《明文海》卷一千四百五十八，收入於《景印文淵閣四庫全書》1458 冊（台北：臺灣商務出版社，1983 年），頁 758。

年六十又七。〔註58〕

嘉靖己未爲西元 1559，故知趙宦光之生年爲 1559 年十月十八日，但趙均言其
父卒於「天啓乙丑九月三日」，此則產生疑問。依年份而言與《寒山趙凡夫誄》
是相符的，同爲 1625 年，但於卒日則有出入。依誄文正式程度觀之，出錯機
率應該不大，但與其子之敘述相比，則其子所言可信度又更高。且趙均既以
「行實」二字名文，則應更加謹慎。再者，觀夏樹芳與趙均所言之日期，相
差正好一個月，筆者以爲，此有可能爲夏樹芳於抄寫時出錯，故於月份記載
有誤，但日期正確。由此，則斷定趙宦光之生年爲 1559 年十月十八日，卒年
爲 1625 年九月三日。

　　趙宦光之生卒年問題解決，但其字與號歷來說法仍紛紜，而筆者以爲欲
探其實，則須自與趙宦光有交遊之人入手。明代張世偉（1569～1641）《自廣
齋集》中有篇《趙凡夫小傳》，其言：

　　　　趙宦光，字凡夫，長余十歲，其蔚成聞，人在歲中，辟寒山後，余
　　　　已先交之。〔註59〕

張世偉言趙宦光「長余十歲」，以 1569 與 1559 之差，亦可印證趙均與夏樹芳
之言。又，張世偉言其與趙宦光爲舊識，且爲其作小傳觀之，則張世偉所言
可信度高，其稱趙宦光字「凡夫」。但，此又與趙均所言不同，趙均於《先君
凡夫府君行實》言：

　　　　先君名頤光，考之字書，以頤字有合於聲，未合於義，遂更頤爲宦。
　　　　字水臣，號廣平，別號凡夫。〔註60〕

具趙均所言，則趙宦光初名「趙頤光」，但後因字義問題而改作「宦」。而對
其父則稱爲「凡夫」爲號，或者「廣平」，而字爲「水臣」。趙均與張世偉所
言不同，但兩者相較下，則趙均所言應更接近眞實。而趙宦光後人清代趙耀
〈辭價程辭〉亦云：

　　　　松五世祖宦光，號凡夫，原籍太倉人。〔註61〕

〔註58〕　明・趙均：《先考凡夫府君行實》，摘於明・趙宦光等撰：《寒山誌傳》，頁 17。
〔註59〕　明・張世偉：《自廣齋集》卷十五，收入於《四庫燼燼書叢刊》162 冊（北京：
　　　　　北京出版社，2000 年），頁 442。
〔註60〕　明・趙均：《先考凡夫府君行實》，摘於明・趙宦光等撰：《寒山誌傳》，頁 14。
〔註61〕　清・趙耀：〈辭價程辭〉，摘自清・趙耀輯：《寒山留緒》，收入《叢書集成續
　　　　　編》史部第 39 冊（上海：上海書店，1994），頁 324。按：「五世祖宦光」前
　　　　　之「松」爲趙曜之父趙松，故對趙曜而言趙宦光爲六世祖。

趙耀之說法與趙均相同，可知「別號凡夫」乃趙氏家族認可的。此外，〈辭價程辭〉摘自趙耀《寒山留緒》，而此書為趙曜整修寒山後為緬懷先祖趙宧光所編而成，理應不該於字號混淆。另外，王大隆（1900～1966）於《寒山誌傳》跋曰：

> 宧光，字水臣，號廣平，別號凡夫，太倉人，隱居蘇之寒山，世稱高世。〔註62〕

此本《寒山誌傳》為王大隆與趙詒琛（1869～1941）合編，為八年叢編系列乙亥年完成，故書末趙詒琛自跋：「乙亥清明，崑山趙詒琛識。」〔註63〕而上文所言為王大隆於《寒山誌傳》編成後，於書末自跋之整理〔註64〕。以其連編書中趙宧光《寒山誌》、馮時可（1546～1619）《趙凡夫先生傳》、趙宧光《趙凡夫自序》、趙均《先考凡夫府君行實》、趙元復（1679年在世）《寒山展墓記》幾篇，可知其對於趙氏家族之發展有一定了解，故其言可信。

此外，趙宧光亦曾對「凡夫」二字提出解釋：

> 嘗字考云：趙凡夫，鹵人也，小丈夫哉。志大而學小，識多而材少，卒不能佐物成務，字之曰凡夫，是自呼其名，不知者為我竊比於釋氏。〔註65〕

趙宧光此段文字之目的在於闡明「凡夫」二字意涵。金剛經有言：「須菩提，凡夫者，如來說即非凡夫，是名凡夫。」〔註66〕菩提為凡夫，而凡夫者亦可為菩提。趙宧光取「凡夫」之義當為自謙之詞，故言「志大而學小，識多而

〔註62〕 明·趙宧光等撰：《寒山誌傳》，頁20。

〔註63〕 明·趙宧光等撰：《寒山誌傳》，頁21。

〔註64〕 崔祖菁《趙宧光書法及其書論研究》言：「趙宧光的後人也皆以『凡夫』為趙宧光之號……趙元復《寒山展墓記》云：……」後接此段引言，此有誤，此段引言當為王大隆所敘。以常理觀之，趙宧光之後人提及他時，理應具有恭敬性用辭，如趙耀言「（松）五世祖宧光」，而非直稱「宧光」，此大不敬。而筆者以為，崔祖菁之誤應與書中格式有關。《寒山展墓記》標題下並無屬名，其屬名在文末後平抬，平抬言「康熙巳未三月上巳日姪孫元復謹識」（書中寫為「巳未」，但並無此年，實則應為「己未」），依此作為《寒山展墓記》為趙元復所作之證據。但王大隆之跋亦無標題，其直接寫於「康熙巳未三月上巳日姪孫元復謹識」後，故使崔祖菁誤以為此段引言為趙元復所作，此有誤。而《寒山誌傳》此段引言最後有「吳縣王大隆跋」，崔祖菁未見此段，故有此誤會。明·趙宧光等撰：《寒山誌傳》，頁20。

〔註65〕 趙宧光：《趙凡夫自敘》，明·趙宧光等撰：《寒山誌傳》，頁10。

〔註66〕 東晉·鳩摩羅什譯：《金剛般若波羅蜜經》（台北：圓覺文教基金會，2007），頁28。

材少」，此「凡夫」者純爲自謙稱爲凡夫俗子，並無佛語意涵。但此處趙宧光言「字凡夫」，則與其子孫所言不同。而凡夫是否爲其字？筆者以爲崔祖菁之言可以解釋：

> 趙宧光的「字之曰凡夫」，很容易被理解爲「字凡夫」，使別人誤以爲趙宧光的「字」爲凡夫。「字凡夫」中的「字」是名詞，「字之曰凡夫」中的「字」則是動詞，有「取」之意。那麼趙宧光的「字之曰凡夫」，其本意究竟是取「凡夫」爲字，還是爲號呢？在古代，名是階段性的稱呼，出生時，多由父母起名，小時後稱小名，等長大後有了字，名與字在多述情況下共同構成一個人的代號，二者之間也有著密切的關係。而號又稱別號，多是使用者本人所起，不像姓名要受家族、行輩的限制，因而可以更自由地抒發或標榜使用者的某種意趣。〔註67〕

趙均言其父之字爲「水臣」，若此，則「凡夫」爲趙宧光興起所取之號則說得通。以動詞解釋「字凡夫」，確實能與趙均、趙耀之言相印證。且趙均、趙耀爲趙宧光後人，對於趙宧光之名實亦無造假之理，產生失誤情形亦低。而馮時可於《凡夫先生傳》亦言：「寒山者，吾友凡夫居士結廬處也，凡夫姓趙氏，名宧光。」〔註68〕以「居士」二字觀，則凡夫爲號之可能性較大。可知，凡夫確爲趙宧光之號。

　　既若趙均所言無誤，則趙宧光之字爲水臣，號廣平、凡夫。此外，趙宧光於《寒山誌》又自署「青山長孤子趙宧光述」〔註69〕，趙宧光之父母葬於寒山，故「青山長孤子」亦爲趙宧光別號，但其僅於此處使用。而明代朱謀垔（不詳）《書史會要續編》言：

> 趙宧光，字凡夫，姑蘇人。〔註70〕

《續書史會要》成書於明，趙宧光爲晚明之人，若以接近時代記載有誤，則知趙宧光之字、名、號記載產生混亂極早。而後世成書者多以前人所言爲據，而以書家身分觀，則《續書史會要》爲最易入手之材料，故「趙宧光，字凡夫」一句便盛行於世。如崔爾平選編《明清書論集》云：

〔註67〕崔祖菁：《趙宧光書法及其書論研究》（南京藝術學院碩士論文，2009年），頁6。
〔註68〕明・馮時可：《凡夫先生傳》，收於明・趙宧光等撰：《寒山誌傳》，頁9。
〔註69〕明・趙宧光等撰：《寒山誌傳》，頁1。
〔註70〕明・朱謀垔《書史會要續編》，收入盧輔聖主編《中國書畫全書》第6冊，頁107。

趙宧光（一五五九～一六二五，明嘉靖三十八年～明天啓五年），書
法家、文字學家。字凡夫，又字水臣，號廣平。〔註71〕

其所錄之生卒年均正確，但「凡夫」卻訂爲字，此與先前記錄錯誤脫離不了
關係，此亦爲研究者所需注意。

而趙耀《辭價程辭》中有提及「原籍太倉人」，而王大隆亦言趙宧光爲「太
倉人」，觀王鏊《姑蘇志》曰「今領州一曰：太倉」〔註72〕一句，則知《續書
史會要》稱其爲「姑蘇」人亦無誤。

（二）趙宧光之家族

趙用賢（1535～1596）《含玄先生墓誌銘》記載了趙宧光家族發展過程：

趙氏自宋南渡後，散處江左，其居璜涇者最大。璜涇諸趙皆世田孝
悌，至憲副震洋先生汧……含玄子即震洋先生子也，初名廷梧，後
以學道，故更名樞生，字彥材，含玄其所自號也。……子男三，長
雲蒸，太學生，配袁氏；次日熹，太倉衛鎮撫，配王氏；次宧光，
亦太學生，配陸氏，並有文行，能世其學。〔註73〕

趙汧之子爲趙廷梧，而趙廷梧三子則爲趙宧光。此處一方面可觀趙氏家
族顯赫，亦知趙宧光爲三子中最能繼承其父學者。而「其居璜涇者最大」則
可表明趙宧光之籍貫，明代李杰（1331～1369）《趙市碑文》曰：

今太倉州之趙市，舊爲常熟縣之璜涇鎮，宏治間增立太倉州，始割
隸焉。〔註74〕

據其言，璜涇原屬常熟，宏治年間歸太倉管。如此，則趙宧光之正確籍貫應
爲璜涇，但若言太倉、常熟、姑蘇亦無不可，而此地方均屬吳地，故亦可稱
其爲吳人。另方面，此《趙市碑》之「趙」即爲趙宧光家族，清代施若霖《璜
涇志稿》言：

〔註71〕 崔爾平選編點校：《明清書論集》上冊（上海：上海辭書出版社，2011 年），
頁 289。

〔註72〕 明・王鏊：《姑蘇志》卷七，收入於《景印文淵閣四庫全書》493 冊（台北：
台灣商務出版，1983 年），頁 203。

〔註73〕 明・趙用賢：《含玄先生墓誌銘》，收於明・趙宧光等撰：《寒山誌傳》，頁 6
～8。

〔註74〕 清・施若霖：《璜涇志稿》卷七，收入於清・時寶臣纂修《雙鳳里志》（南京：
江蘇古籍出版社，1992 年），頁 181。

> 趙璧，字仲輝，號有懷。其先宋熙陵第八子，周恭肅王元儼後，十
> 五傳至安，始遷璜涇，璧高大父也。璧治農賦致富，嘗納粟授承事
> 郎，勇於爲義……。璜涇在元故通邑，遭罹兵燹，室廬童楮，遂爲
> 虛。璧架屋數百楹，勸徠商賈，閭里復盛。父老感其義，名曰趙市。
> 璧沒，請於有司，立碑紀事。常熟李文安公傑文之。子天錫、祖錫、
> 原錫、宗錫〔註75〕

熙陵爲宋太宗趙光義（939～997）所葬之永熙陵，而周恭肅王趙元儼（985～
1044）爲其第八子，故稱「宋熙陵第八子」。據此，則知趙璧爲宋太宗趙光義
之後。而引文言趙璧個性好義，於兵燹之後出資重新修建璜涇，深得當地人
心，故鄉民於感激之際將此命爲「趙市」。而趙璧亡後，鄉民上請於朝廷，於
此處立《趙市碑》。而施若霖言趙璧具四子「天錫、祖錫、原錫、宗錫」，其
中趙原錫即爲趙汸之父。清代施若霖《璜涇志稿》：

> 趙原錫，汸父，嘉靖年封文林郎、大理寺評事。〔註76〕

依此，則知趙璧爲趙原錫之父，趙原錫爲趙汸之父，趙汸爲趙廷梧之父，趙
廷梧爲趙宧光之父。如此一脈相承，則知趙宧光爲宋太宗趙光義後代，於璜
涇地區世代顯赫。而《趙市碑》言趙璧「治農賦致富」，以至於能於兵燹後重
建璜涇，且趙原錫、趙汸〔註77〕均爲官，亦使趙氏家族名望越來越高。

　　而趙氏家族曾經於璜涇富甲一方，但資產之高峰爲趙璧、趙原錫所處之
時，其後慢慢走低。明代黃姬水（1509～1574）《高素齋集》言趙汸：

> 公三仕，一介不苟取，及居鄉，不肯廢著鬻財，以與時逐。爲農畝
>
> 所入，歲以輸官而無羨余。〔註78〕

雖爲官但不善於置產是趙氏資產衰退原因，相對於趙汸仍有做官，趙廷

〔註75〕　清・施若霖：《璜涇志稿》卷三，收入於清・時寶臣纂修《雙鳳里志》（南京：
　　　　江蘇古籍出版社，1992年），頁150。

〔註76〕　清・施若霖：《璜涇志稿》卷二，收入於清・時寶臣纂修《雙鳳里志》（南京：
　　　　江蘇古籍出版社，1992年），頁138。

〔註77〕　清・施若霖：《璜涇志稿》卷二云：「趙汸，字伯京，號震洋，少有令質，嘉
　　　　靖辛卯鄉試第一，戊戌進士，任浙江蘭溪令，正尚簡要，民便之，改大理寺
　　　　評事，獄多平反。歷右寺正，升江西按察檢事。」（南京：江蘇古籍出版社，
　　　　1992年），頁140。據文獻，趙汸承擔任過浙江蘭溪令、大理寺評事、江西按
　　　　察檢事。

〔註78〕　明・黃姬水《高素齋集》卷二十五，收入《四庫全書存目叢書》186冊（台南：
　　　　莊嚴文化，1997年），頁271。

梧則不願爲官〔註79〕。在此種收入漸減之情形下，所靠均是自趙壁時所留下龐大資產。然而趙汸並非無處取財，而爲堅守讀書人之風骨不願與官爲貪，以至於不「以與時逐」。趙汸此種急公好義之精神來自於其父趙原錫，此亦傳及其子趙廷梧身上，三人均曾爲抵抗倭寇而大耗資產，或者爲鄉里造福出資〔註80〕。觀趙氏幾代，均是爲鄉里大耗金錢，出資出力。如趙耀《璜涇志略》即紀載，璜涇地區之東洪橋、萬石橋、永通橋、歸元橋、迎春橋均爲趙氏家族所建〔註81〕，其餘開挖義井、疏通水道、修葺寺廟等善施亦有數筆。急公好義之作風爲趙氏一脈相承，觀其家族對於璜涇地區所資即可略見一二。然而，趙汸、趙廷梧並無其父輩那般優越的理財能力，在收入不穩卻又大耗資產之情形下，亦使趙壁留下的資產不斷消耗〔註82〕。至趙汸之後，可謂均靠前人祖產蔽蔭。雖然，此種不惜家產之作風也使趙氏名望不減反增，令趙氏於璜涇始終維持著名門地位。而趙廷梧雖未作官，但其隱士之風與好義精神亦爲人所津津樂道，而其另外二子趙雲蒸、趙日熹亦是當時名士。此種璜涇名門、好義之家之名氣，也奠定了趙宧光於吳中交遊之基礎。

〔註79〕 明·王穉登〈彥材先生敍〉：「先生以諸生應都試，見干撤之士呵辱諸生，乃太息曰：『秦之士賤恐不及此，吾寧裂冠毀冕，被髮入山耳。安能希一第而坐受有司塗炭耶？』遂謝去博士家言。」趙廷梧之士人風骨十分強烈，亦不堪自尊受辱，此亦爲其不願爲官之原因。收入清·趙耀輯：《寒山留緒》，收入《叢書集成續編》史部第39冊（上海：上海書店，1994），頁316。

〔註80〕 清·施若霖《璜涇志稿》云趙汸：「三風堂，趙汸所居。倭寇入，汸同弟瀚准輸粟百石、金百兩，助守城費，上官韙之，貽書存問，顏其堂曰：『三風』。」（南京：江蘇古籍出版社，1992年），頁146。又云趙廷梧：「時倭奴入寇，所過縱火，廷梧條陳八策，願自募五千人爲揭。」（南京：江蘇古籍出版社，1992年），頁149。而清·趙耀《璜涇志略》言趙原錫：「任恤肖其父，邑有河浸，曰漕塘、曰陳大港，歲久淤塞，原錫出粟募千指浚之，決旬事峻，賴之至今。」（南京：江蘇古籍出版社，1992年），頁234。此種自願募軍、出資，或傾囊爲鄉里造福之精神與趙壁是相同，自趙壁而下，趙原錫、趙汸、趙廷梧均世代爲鄉里出力，此亦使趙氏之名望不與時遞減。

〔註81〕 清·趙耀：《璜涇志略》，收入於清·時寶臣纂修《雙鳳里志》（南京：江蘇古籍出版社，1992年），頁215。

〔註82〕 謝湜於〈十五至十六世紀江南糧長的動向與高鄉市鎮的興起——以太倉璜涇趙市爲例〉中有提及，趙氏家族的沒落除子孫經營不善外，與嘉靖年間之倭亂、蘇州地區賦役改革亦有關連。雖以子孫經營不善爲主因，但凡種種江南沿海動亂、經濟市場改變、政策改變均對趙氏家族有衝擊，多方面的影響下，亦使家族不斷沒落，最後於明清交替之際「家業大破」。收入《歷史研究》2008年第5期（2008年10月），參照頁52～55。

二、趙宧光之生平

趙宧光一生並未留心於官場，乃隱居於寒山之間，而前言王大隆跋《寒山帚談》「隱居蘇之寒山，世稱高世」可謂最佳註解。而趙宧光之隱除與本身個性外，亦與其髮妻陸卿子相伴、其父過世有莫大關係，故底下分「求學」、「髮妻」、「冢人」三部分簡述其生平：

（一）求學

趙氏家族財力雖不如以往雄厚，但於累世之學問、名氣卻不曾衰退。自趙原錫有功名後，其後趙汧亦有「嘉靖辛卯鄉試第一，戊戌進士」等成績，而其父趙廷梧雖不喜爲官，但仍窮首於學問〔註83〕。此種飽讀詩書詩書之風氣，也使趙宧光有良好之啓蒙教育。馮時可《趙凡夫先生傳》云：

> 童時就學父，輒教以四史六義、古文奇字，既氾濫百氏，使授專經。
> 家庭問難，盡析異同。入淵徹天，綱總目舉，有漢、宋諸儒所不能
> 得之傳述者。〔註84〕

據馮時可所言，則知趙宧光學問源自於其父，而除經史典籍外，其父亦教其「古文奇字」，此皆替趙宧光之後研究文字學、篆學奠定一定基礎。在趙廷梧嚴格要求下，趙宧光幼時皆在學問中度過〔註85〕，而自「盡析異同」、「漢、宋諸儒所不能得之傳述者」觀之，亦知趙宧光天資聰穎早慧。此種聰慧，也使趙宧光得到進入太學的機會。前言《含玄先生墓誌銘》中有提及「次宧光，亦太學生」，但趙宧光於太學中並未長待，《書史會要續編》言其：「早爲經生，棄去，隱寒山。」〔註86〕而馮時可《趙凡夫先生傳》亦言：

> （趙宧光）學成而後，策名上庠。深鄙俗詁累心，干進累德，卷懷

〔註83〕 明‧趙用賢《含玄先生墓誌銘》：「隱閴闇中，不窺戶外者三十餘年。其學主六經，旁及子史。搜獵古奇文秘事，矻矻不休。閉門下鍵，時至經旬，或遇風月晴明，僅出徜徉，才一瞬復入讀如故。」收於明‧趙宧光等撰：《寒山誌傳》，頁6。趙廷梧之學除六經子史等傳統典籍外，亦旁微博引於古文物，此亦對於趙宧光研究文字學奠定一定基礎。

〔註84〕 明‧馮時可：《趙凡夫先生傳》，收於明‧趙宧光等撰：《寒山誌傳》，頁9。

〔註85〕 趙宧光《趙凡夫自敘》：「先處士含玄先生，生平無世俗交，研究文史之暇，時呼兒子侍聽，千古可喜可愕可師可懲諸節目，自相鼓吹，不知夜漏之殘。庭訊止此，何有於他！」收於明‧趙宧光等撰：《寒山誌傳》，頁11。據趙宧光自言「夜漏之殘」，則知趙廷梧對子要求甚嚴，「時呼兒子侍聽」也成了趙宧光家學之由來。

〔註86〕 明‧朱謀垔《書史會要續編》，收入盧輔聖主編《中國書畫全書》第6冊，頁107。

而歸，一志娛侍。〔註87〕

趙宧光於太學並未久留〔註88〕，而棄太學生離去之原因亦與其父相近，均為不願受世俗雜務管轄，以至於「卷懷而歸」。而與其父相同的，趙宧光離開太學之後終身亦未作官，過著讀書卜地、侍奉雙親的生活。

（二）髮妻

而趙宧光有一正妻陸卿子，為吳門陸師道（1510～1573）之女。明代徐

〔註87〕 明・馮時可：《趙凡夫先生傳》，收於明・趙宧光等撰：《寒山誌傳》，頁9。

〔註88〕 趙均《先考凡夫府君行實》：「弱冠遊成均，無何，卷懷而歸，實鄙俗詁累心，干進累德，人以此言先君，深得先君矣。歸而一意娛侍，至二人終天。而後奉先亡父遺言，歸葬青山。」收於明・趙宧光等撰：《寒山誌傳》，頁15。觀「卷懷而歸」、「俗詁累心」、「干進累德」、「一意娛侍」等句，可推測趙均此篇《先考凡夫府君行實》乃有參考馮時可所撰《趙凡夫先生傳》。而崔祖菁於《趙宧光書法及其書論研究》則對這段文字提出看法：「此處的『成均』指的是趙均的出生。趙均云趙宧光弱冠遊，是指趙宧光二十多歲開始出門求學，於『成均』不久便回了家。據錢謙益所撰的《趙靈均墓誌銘》知：趙均生於1591年，由此看來，趙宧光在外求學的年代可以大致限定在1580～1591年前後之間，其中也包括在南京國子監求學的時日。」（南京藝術學院碩士論文，2009年），頁14。按：錢謙益《趙靈均墓誌銘》云：「庚辰五月，靈均亦卒，年五十。」收於明・趙宧光等撰：《寒山誌傳》，頁18。與趙宧光所處時代相對，此庚辰年當為崇禎十三年（1640），而錢謙益所言「年五十」當為虛歲，實為四十九歲。與崇禎十三年相減，則知趙靈均生於萬曆十九年（1591）～崇禎十三年（1640）間，而趙宧光生年為嘉靖三十八年（1559），故崔祖菁以弱冠推斷趙宧光萬曆八年（1580）出遊無誤。而其後言「一意娛侍，至二人終天」，可知趙宧光於趙廷梧死前仍在侍奉他，據趙用賢《含玄先生墓誌銘》言：「（趙廷梧）生嘉靖癸巳十月五日巳時，卒於萬曆（二）十一載十月二十有三日，蓋年亦癸巳，月亦癸亥，日亦癸卯，時亦丁巳巳也，可不謂奇哉？」收於明・趙宧光等撰：《寒山誌傳》，頁7。嘉靖癸巳為嘉靖十二年（1533），萬曆十一年為1583，如此則趙廷梧卒年無法與趙均《先考凡夫府君行實》相對。但其後趙用賢又言「蓋年亦癸巳」，萬曆之癸巳為1593，此則符合《先考凡夫府君行實》。且《含玄先生墓誌銘》有：「癸巳為六十初度，家人咸欲舉觥為壽時，並脾下瀉……幾一月乃卒。」收於明・趙宧光等撰：《寒山誌傳》，頁7。此癸巳為萬曆二十一年（1593），且「六十初度」當為六十壽，與嘉靖十二年（1533）相吻合。又與「幾一月乃卒」相對，可知為「六十初度」後近一月過世，趙廷梧生於十月，則與前言卒於「十月二十有三日」可相對。故知趙廷梧卒於「萬曆十一載」為漏字，實為「萬曆（二）十一載」（原文為萬曆十一載，筆者於上述引言中已補上（二））。而以趙宧光於趙廷梧去世前（1593）仍在身旁侍奉，則知崔祖菁推斷之萬曆十九年（1591）年即便有誤，至多為一、二年之差。以趙宧光生於1559觀之，則趙宧光在三十歲初時便返家，從此不問功名。

熀《徐氏筆精》云：

> 吳友趙凡夫，博雅士也，室人陸氏爲尚寶公師道女，博極群書，所
> 著詩賦雜文、連珠諸作可方古人，眞徐淑之流亞也。〔註89〕

陸卿子爲陸師道三女，博學有才〔註90〕，能詩能文，著有《雲臥閣稿》、《考
槃集》、《玄芝集》與《寒巖剩草》〔註91〕行世。而徐熀稱其所作詩賦雜文可
堪比古人，此亦是陸卿子才學證明。另外：

> 卿子又工於詞章，翰墨流布一時，名聲籍甚，……賦誄之作，步趨
> 六朝。嘗爲祖母汴太夫人作誄，典雅可誦。〔註92〕

趙氏家族爲書香世家，且至趙汴以來均與四處有交遊，特別爲其父趙廷梧並
未當官，醉心於山水之間，所交者皆非俗夫。而在此種情形中，仍能讓陸卿
子爲趙宦光祖母作誄文，可知陸卿子才學並不亞於趙氏諸人。而陸卿子有才
學，其個性亦與趙宦光接近，清代周銘《林下詞選》曰：

> 陸卿子，長洲人，趙頤（宦）光妻，名媛。集稱其性秉玄澹，不喜
> 繁飾，長齋繡佛，超然有遺俗之志。著《考槃》、《玄芝》二集行於
> 世。頤光，字凡夫，寒山隱士也，工篆書，至今名重，或曰卿子能
> 詩實佐成之。〔註93〕

趙宦光與陸卿子結縭甚早〔註94〕，而其「性秉玄澹，不喜繁飾」正巧與趙宦

〔註89〕明·徐熀輯：《徐氏筆精》卷5，收入《叢書集成續編》第17冊（臺北：新文豐出版公司，1985），頁13。

〔註90〕胡文楷編著《歷代婦女著作考》明代二：「（陸卿子）規橅古人，未是伐毛洗髓，然遇其神到，於謝、李以還，亦往往得其琴韻。隆、萬間閨流能文者，亦未見其匹也。」（上海：上海古籍出版社，1985），頁171。稱其「閨流能文者」未可匹敵，又自「謝、李以還」觀之，則陸卿子之才學確實有極好水平。

〔註91〕據胡文楷編著：《歷代婦女著作考》明代二整理，（上海：上海古籍出版社，1985），頁169～172。

〔註92〕清·錢謙益：《列朝詩集》閏四，收入《四庫禁燬書叢刊》集部97冊（北京：北京出版社，1995），頁43。

〔註93〕清·周銘：《林下詞選》卷六，收入《續修四庫全書》第1729冊（上海：上海古籍出版社，2002），頁9。

〔註94〕明·陸卿子《考槃集》〈目錄〉中有趙宦光做序，言：「內子十五歸我。」（東京都：國立公文書館，2013，於台大電子資料庫取得），可知陸卿子嫁趙宦光時年爲十五。但觀記載，並未有趙宦光與陸卿子結縭之年，而陸卿子之生卒年不詳，黃仲韻《陸卿子及其作品研究》云：「有關陸卿子的生卒年在各典籍資料中並無記載，輔以陸卿子丈夫趙宦光（1559—1625），與同卿子並列「吳門二大家」的徐媛（1560—1619）之生卒年推敲，陸卿子年紀應與二人相近。」（東海大學中國文學系碩士論文，2010年），頁22。黃仲韻以此將陸卿子之

光「深鄙俗詁累心，干進累德」相合，且陸卿子又爲名門之後，頗具才學，亦具高人之風，而其「超然有遺俗之志」更與趙宧光隱居之意相契。此種契合，使二人一生隱居於寒山，以詩書相佐，時而唱和。可說趙宧光得到了其妻的支持，更加強了隱居的條件，而周銘言趙宧光之名爲「或曰卿子能詩實佐成之」，亦有一定道理。

（三）冢人

趙宧光自太學歸後傾心於侍奉雙親，除志向外，爲完成父親遺願亦爲一因。趙宧光於曾《寒山誌》自署「青山長孤子趙宧光述」，而趙均《先考凡夫府君行實》則云：「而後奉先亡父遺言，歸葬青山。」〔註95〕，另外馮時可《趙凡夫先生傳》言：「（趙廷梧）未化前語及歸骨，輒以謝家青山爲志。」〔註96〕此處可知，趙廷梧之墓地爲自己挑選，而其則指定「謝家青山」。又以歸葬青

生年定爲嘉靖三十九年（1560），與趙宧光相差一歲，但筆者以爲此仍不足以爲證。而崔祖菁《趙宧光及其書法研究》則云：「1580年趙宧光二十二歲，據本人『趙宧光與陸師道家的婚姻考證』，趙宧光與陸卿子於1580前成婚。」（南京藝術學院碩士學位論文，2009年），頁14。按：筆者於崔祖菁文中亦未見其他相關資料。而筆者以爲，陸卿子十五歲出嫁是趙宧光親言的，苟若以崔祖菁言萬曆八年（1580）左右成婚，則實年趙宧光二十一歲，陸卿子十五歲，二人實差六歲。依黃仲韻所稱相差一歲觀則不合趙宧光言：「内子十五歸我。」若以陸卿子15歲出嫁而相差一歲而言，則至少於萬曆三年（1575）年趙宧光16歲即該成婚。而趙宧光《趙凡夫自敘》中有：「外舅陸符卿先生弱息歸我，爲益友四十餘年，未必謝女，堪作山妻。」收於明・趙宧光等撰：《寒山誌傳》，頁14。外舅爲岳父，則陸符卿爲陸師道，弱息（女兒）爲陸卿子。此自敘爲答覆馮時可於萬曆戊午春（1618）年所作之《趙凡夫先生傳》，則是年應爲萬曆四十六年（1618）春後不久。以萬曆四十六年（1618）算，「四十餘年」以四十算，相扣爲萬曆六年（1578）年，與上述數字接近。則知二人大約結褵於萬曆三年（1575）～萬曆八年（1580），以此，則黃仲韻所言「年紀應與二人相近」正確，但是否相差一歲則僅爲推測；而崔祖菁所言萬曆八年（1580）前成婚應無誤。另外，趙均曾於《先考凡夫府君行實》云：「（趙宧光）配陸氏，子三人，二俱下殤。均生母何氏出，取文氏，孫女一人。」收於明・趙宧光等撰：《寒山誌傳》，頁17。則知趙均並非陸卿子所生，其生母爲何氏。而黃仲韻《陸卿子及其作品研究》則根據〈含玄先生墓誌銘〉、《考槃集》整理出另外二子分別爲趙文墀（連城）、趙無疆，趙文墀之生母爲陸卿子，而趙無疆之生母爲胡氏，但皆早天，故最後傳得家學者僅爲趙均。此處亦可反應趙宧光早年及經歷二次喪子之痛。參見黃仲韻《陸卿子及其作品研究》（東海大學中國文學系碩士論文，2010年），頁26～28。

〔註95〕明・趙均：《先考凡夫府君行實》收於明・趙宧光等撰：《寒山誌傳》，頁15。
〔註96〕明・馮時可：《趙凡夫先生傳》收於明・趙宧光等撰：《寒山誌傳》，頁9。

山觀之，此青山似爲寒山，而趙用賢《含玄先生墓誌銘》則言：

> 含玄子墓在吳縣至德鄉寒山之陽……與夫人楊同窆焉。〔註97〕

據此，可知此青山即爲寒山。而將父親葬於寒山乃爲趙廷梧之要求，妻楊氏（趙宧光之母）亦葬於此處。趙宧光於葬父前並未來過此地，據其《寒山誌》言：

> 甲午春，奉先甫含玄先生遺言，卜地爲幽宅。於是披蓁歷莽，望隴
> 尋原，或言不從心，或形難協兆，最後得塊扎之間，空然大谷，似
> 重有合焉。時病，嘔血傴僂而返。〔註98〕

萬曆甲午爲 1594 年，而據「奉先甫含玄先生遺言」，可知趙宧光於其父萬曆癸巳（1593）過世後方出來尋找「青山」。而其「披蓁歷莽，望隴尋原」、「似重有合焉」亦反應了趙宧光未來過此地，以至於尋找困難。趙廷梧於去世前僅言「歸葬青山」，未言明「寒山」，此增加趙宧光尋找「青山」之困難。而其於《寒山誌》中又言：「山本無名，郡至涅槃嶺在其左，又見寒山詩有：『時陟涅槃山』句……因命之曰寒山焉。」〔註99〕可知，寒山之名實爲趙宧光所取。而地雖尋及，但下葬趙廷梧仍有二點困難。

自趙璧以來，趙氏世代爲官爲士，於璜涇地區有著極大之影響力，可謂璜涇之名門大族。而趙廷梧欲將身後葬於寒山，卻不願與先人同葬於趙氏宗祠，此種要求則令家族不解，其子趙雲蒸、趙日熹亦反對，唯一支持者僅有趙宧光。趙宧光曾發三封與兄長之信函：《請葬事與諸尊行書》、《與長兄書》〔註100〕，均在請求兄長同意趙廷梧葬於寒山，但均無下文。而第三封於戊戌秋所發之信函甚至言：

> 禮未葬，不易服，則不敢去哀，送死可以當大事，夫人而知者矣。
> 自失怙以來，五易寒暑，爲寧厥兆，此身搖搖不知所之。〔註101〕

「五易寒暑」當爲五年，而趙均《先考凡夫府君行實》言：「至己亥歲四之日，始克葬。」〔註102〕時年爲萬曆二十七年（1599），距趙廷梧萬曆二十一年（1593）

〔註97〕 明・趙用賢：《含玄先生墓誌銘》，收於明・趙宧光等撰：《寒山誌傳》，頁8。

〔註98〕 明・趙宧光：《寒山誌》，收於明・趙宧光等撰：《寒山誌傳》，頁1。

〔註99〕 明・趙宧光《寒山誌》，收於明・趙宧光等撰：《寒山誌傳》，頁1。

〔註100〕 清・趙耀輯：《寒山留緒》，收入《叢書集成續編》史部第39冊（上海：上海書店，1994），頁319。

〔註101〕 清・趙耀輯：《寒山留緒》，收入《叢書集成續編》史部第39冊（上海：上海書店，1994），頁319。按，第三封信函未有標提，僅有年份「戊戌秋」。

〔註102〕 明・趙均：《先考凡夫府君行實》，收於明・趙宧光等撰：《寒山誌傳》，頁15。

年過世相差六年，而此書爲萬曆戊戌秋所發（1598），兩者相符。而趙廷梧遲遲未下葬原因即爲家族間之糾紛，趙宧光主張尊崇父命，但趙氏諸人則認爲不可，特別是趙雲蒸、趙日熹二人，而此糾紛長達五年。最後在趙宧光的堅持下，趙廷梧於萬曆己亥年下葬，但所有喪葬、購地、開闢費用均由趙宧光承擔，而此亦導致手足之情破裂。趙宧光於《議葬山靈異附長兄命立議墳山議單》言：

> 內外親知，莫不以二親在天之靈，不可踰越，葬議遂定，伯兄因命立議單如左：……今長兄以爲我則不聞，父命是汝獨承，營造是汝獨任，糧差是汝獨任，不言可知，理順言證。不肖無辭……皆不肖宧光置造，不敢煩兄一文一力，恐日後役備葺，有累兄之後人，請到諸伯叔父輩，眼同命弟宧光立議，永爲定規。不肖一一承當，凡所築造，自備工食，凡所糧差，自行管理，與兄無涉，亦與兄後氏子子孫孫永無干涉。〔註103〕

觀其中激動語氣，知趙宧光爲葬父與兄長間產生極大嫌隙，以至於有「亦與兄後氏子子孫孫永無干涉」一句。而「請到諸伯叔父輩」一句，亦反應了此件事驚動全家族〔註104〕，以至於在族長前立誓。而寒山開闢、葬復等費用均由趙宧光承擔，此則爲第二個困難。觀趙宧光於戊戌秋所修之書有：「不肖弟何能，今且破產。」〔註105〕一句，可知趙宧光於萬曆戊戌已將財產用盡。而《議葬山靈異附長兄命立議墳山議單》亦有「皆不肖宧光置造，不敢煩兄一文一力」一句，此則證明趙宧光事後並未自趙氏多取錢財。如此情形，亦導致趙宧光錢財散盡。

　　馮時可《趙凡夫先生傳》中有：「含玄翁晚歲好道，縱心塵外，一以家務委託諸子，凡夫慨然任修五世祖墓。」〔註106〕一言。其五世祖之墓當爲趙璧之墓，以趙宧光於趙廷梧生前已助於打理家產，則趙廷梧逝後趙宧光理應分

〔註103〕清・趙耀輯：《寒山留緒》，收入《叢書集成續編》史部第39冊（上海：上海書店，1994），頁319。

〔註104〕趙均於《先考凡夫府君行實》中有言及趙廷梧下葬之情形，其言：「掩壙臨穴，雖伯仲子孫支滿於堂階，而時無一人相送，相送者惟不肖父子及親戚故友而已。」收於明・趙宧光等撰：《寒山誌傳》，頁15。此種落寞之葬禮，亦反應出了爲下葬之事而與親友間起衝突之情形。

〔註105〕清・趙耀輯：《寒山留緒》，收入《叢書集成續編》史部第39冊（上海：上海書店，1994），頁319。

〔註106〕明・馮時可：《趙凡夫先生傳》，收於明・趙宧光等撰：《寒山誌傳》，9。

有部分家產。而趙氏資產雖已沒落，但自趙廷梧能不爲官而悠遊觀之，則趙廷梧之資產亦不容小覷。但自趙廷梧過世不久，趙宧光即因開闢寒山而大耗資產，馮時可《趙凡夫先生傳》亦有「悉遵治命，破家營葬」〔註107〕一句。種種跡象，均證明趙宧光爲求葬父而耗盡心力。

　　觀趙宧光畢生心血，除詩書外，其餘均在寒山之間。其曾言初到寒山時「瓦礫充贏，潢汙氾濫」〔註108〕，又言「比鄰無不願以山歸我，不逾年，而前後左右、目中諸峰皆爲我有矣。收戶三十連山，五百以內二傾，繚以周垣一千餘丈，始可以任意縱橫，措其布置。」〔註109〕趙廷梧之葬地僅爲寒山一部分，趙宧光於葬父後亦繼續開拓寒山，觀寒山之面積，則知趙宧光最初「破家營葬」並非虛語。而寒山之修建營造幾全爲趙宧光所置，此地本爲荒蕪。趙宧光於此處修建水利、灌溉農田〔註110〕，使此地居民富足，亦以文人之素養影響此處原居者〔註111〕，其行頗有趙氏先祖之風。而寒山自趙宧光修葺後，終而成爲遊覽名勝〔註112〕。趙宧光本無功名之念，於寒山成後，此地即成爲最佳隱居之所。其《趙凡夫自敘》云：

　　古稱家徒四壁，並亡之矣，而猶自視豫如人，亦遂不以竇者目之，

〔註107〕明·馮時可：《趙凡夫先生傳》，收於明·趙宧光等撰：《寒山誌傳》，9。
〔註108〕明·趙宧光：《寒山誌》，收於明·趙宧光等撰：《寒山誌傳》，頁1。
〔註109〕明·趙宧光：《寒山誌》，收於明·趙宧光等撰：《寒山誌傳》，頁1。
〔註110〕明·趙宧光《寒山誌》有言開闢情形：「亦欲其塞者，除蓁而石見。亦欲其通者，疏脈而泉流。稍加力役，百倍其功。」收於明·趙宧光等撰：《寒山誌傳》，頁2。自文中序述，可知趙宧光於此地處修建名勝景點外，亦對當地開發有功。
〔註111〕趙宧光於《寒山誌》言：「山中土著，素以狠戾稱。乃余入山以還，所倩立役皆信相孚，知我乏也，不大責報，知我直也，經時徒役……待我舉火者，不下數百家。營築三四年，而荊臻瓦礫之場，皆成名勝矣。」收於明·趙宧光等撰：《寒山誌傳》，頁2。馮時可《趙凡夫先生傳》言：「自凡夫治山，山中數十百家，待以舉火，久而化其醇信，窮村鄙儌，皆習弦歌。」又云：「著書閒暇，亦策杖迎門，樵夫樵童，可呼偶語」收於明·趙宧光等撰：《寒山誌傳》，頁9。觀趙宧光之言仍有文人之優越感，故言「山中土著」，但觀最後結果，則知趙宧光最終得當地居民之信賴，以至於能成眾人之志成名勝。而弦歌之典故當自於孔子，馮時可此言除點出趙宧光於寒山之影響外，亦反應趙宧光與當地相處融洽。
〔註112〕清·乾隆〈再遊寒山別墅〉云：「……凡夫果不凡，即境知神仙。中心以藏之，句留蒼巖間。」收入清·趙耀輯：《寒山留緒》，收入《叢書集成續編》史部第39冊（上海：上海書店，1994），頁8。乾隆曾多次遊覽寒山，並對寒山別墅讚嘆，其「即境知神仙」爲證明。此外，清·徐崧、張大純著，薛正興點校：《百城烟水》亦有寒山景緻之描述，觀第一章註釋3。

而余亦不問明日之有無也。但念園廬日涉成趣，守塋室，作家人，

矢志益堅，裹足亦錮，不自覺犬馬齒之。〔註113〕

「家徒四壁」當因於其大力開闢寒山，此寒山可謂蔽生心血，「亦不問明日之有無也」更顯現隱居山林之瀟灑。而趙宦光本有隱居之心，亦不喜與世俗交遊，加之其生性至孝，故當「家人」是其最佳選擇，陸卿子亦與他同念。因此，趙宦光對守於寒山之墓言「矢志益堅」，以至於最後「不自覺犬馬齒之」，留予時人隱者高士之名。

第四節　趙宦光之交遊

趙宦光隱居寒山後雖然未仕，但仰其父輩之名氣、隱士高名，使得趙宦光之交遊不斷擴大。如《江南通志》記載：「……與婦陸卿子隱於寒山。足不入城市，當事慕其名多造門求見者，宦光亦不下山報謁。」〔註114〕觀其「多造門求見」，可知趙宦光一時間名滿天下，以至於其能「不下山報謁」，更顯隱士之風。清代朱彝尊（1629～1709）《靜志居詩話・下》亦言：「凡夫以篆書名，略用草書體書之，號曰『草篆』。紺園琳觀，精舍名園，咸乞其書題匾。」〔註115〕可知，趙宦光除隱士之名外亦有書名，故有「咸乞其書題匾」句。與時人之往來交遊據此可見一斑，本節以「趙宦光與吳門」和「趙宦光之交遊」兩點分述之。

一、趙宦光與吳門之關係

欲探趙宦光與吳門之關係，當自趙宦光之婚姻觀起。趙宦光之妻陸卿子為陸師道（1510～1573）之女，而江南通志云：「陸師道，字子傳，長洲人，嘉靖戊戌進士。」〔註116〕此與趙宦光之祖父趙汴「嘉靖辛卯鄉試第一，戊戌進士」同一年。又，錢鏡塘（1907～1983）《錢鏡塘藏明代名人尺牘》中有《陸師道至趙汴函》〔註117〕，則知自趙汴開始即與陸師道有交流〔註118〕，與陸師

〔註113〕明・趙宦光《趙凡夫自敍》，收於明・趙宦光等撰：《寒山誌傳》，頁 12。
〔註114〕清・黃之雋等撰：《江南通志》168 卷（臺北：京華書局，1967），頁 10。
〔註115〕清・朱彝尊：《靜志居詩話・下》（北京：人民文學出版社，2006 年），頁 566。
〔註116〕清・黃之雋等撰：《江南通志》165 卷，收入於《景印文淵閣四庫全書》511 冊（台北：臺灣商務出版社，1983），頁 741。
〔註117〕錢鏡塘：《錢鏡塘藏明代名人尺牘》第三冊（上海市：上海古籍出版社，2002 年），頁 11。

道之交流至趙宧光時已有五十年。而馮時可《趙凡夫先生傳》云：

　　陸固符卿子傳先生，諱師道，所自出其於凡夫，則畏友。〔註119〕

以資料觀，則趙宧光與陸師道有過直接交流，而陸師道（1510～1573）卒年
爲萬曆元年（1573），苟若以先前推論趙宧光與陸卿子結縭於萬曆三年（1575）
～萬曆八年（1580）間，則知趙宧光於結縭前即認識陸師道。又觀「所自出
其於凡夫」、「畏友」二點，則知趙宧光受過陸師道指導，而二人來往密切。

　　除陸師道外，趙宧光家族亦與文徵明家族有所往來。趙氏家族自何時開
始與文家往來則不可得知，而崔祖菁《趙宧光書法及其書論研究》認爲可能
與陸師道之介紹有關連。〔註120〕而錢謙益《趙靈均墓誌銘》云：

　　靈均娶於文諱俶，字端容。其高祖父衡山公徵明，曾祖父文水公嘉，
　　祖父虎邱公原善，父爲貢士從簡，字彥可。彥可以名行世家，靈均
　　少而受學，遂以其女妻焉。〔註121〕

趙均之妻爲文俶（1595～1634），字端容，而其高祖爲文徵明，曾祖文嘉（1501
～1583），祖父文元善（1554～1589），父文從簡（1574～1646）。而據錢謙益
所言，則趙均娶文俶並非偶然，乃爲其年輕時從學於文從簡，進而得到文從
簡之認可，娶得文俶。而趙均與文從簡之關係亦可以從《停雲館》法帖觀之。
《停雲館》法帖爲文徵明、文彭、文嘉三人共同摹寫上石，所用石材、刻工
亦經良，歷來評價亦高。而據周道振考證〔註122〕，停雲館法帖原石於文俶出
嫁時一同進入趙家，以此種關係觀，則知兩家交流非淺。而明代汪砢玉《珊
瑚網》所收〈陸宅之文〉亦記載：

　　崇禎癸未重九日，寒山趙子惠來吾禾訪女史黃，皆令攜其先凡夫所
　　遺物欲售。余因得觀此卷并衡山手錄《甫田全集》、李北海墨蹟、宋

〔註118〕崔祖菁《趙宧光書法及其書論研究》：「據筆者考證，此函當寫在 1593 年四月
　　　　廿五日……陸師道請諸葛紫崖給趙汧帶去信封時，趙汧當在浙江蘭溪令任
　　　　上。陸師道初入京城爲官，對趙汧的狀況十分關心，不是致密好友恐難爲此。」
　　　　（南京藝術學院碩士論文，2009 年），頁 17。
〔註119〕明・馮時可：《趙凡夫先生傳》，收於明・趙宧光等撰：《寒山誌傳》，頁 10。
〔註120〕崔祖菁：《趙宧光書法及其書論研究》（南京藝術學院碩士論文，2009 年），
　　　　頁 17。
〔註121〕清・錢謙益：《趙靈均墓誌銘》，收於明・趙宧光等撰：《寒山誌傳》，頁 17。
〔註122〕據周道振考證，《停雲館法帖》原刻石後歸文嘉所有，文嘉曾孫女文俶後嫁於
　　　　趙宧光之子趙均，以帖石爲贈。詳參周道振、張月尊纂：《文徵明年譜》（上
　　　　海：百家出版社，1998），頁 737。

元人畫及古澄泥研。〔註123〕〈樂卿筆記〉

趙昭（？～1679），字子惠，趙均與文俶之女。據文獻言，趙宧光收藏文徵明手錄《甫田全集》，而後傳至趙均、趙昭手中。而文徵明手抄《甫田全集》亦可謂珍寶，或許是與《停雲館》法帖原石同時進入趙家。此外，據《端文先生》墓誌銘言，文從簡與其子文柟（1596～1667）亦曾於寒山上隱居〔註124〕。自各方面看，趙均而後文氏與趙氏之交流可謂越來越密切。

趙宧光與吳門之交遊，亦可從《寒山蔓草》中略見一二。《寒山蔓草》中有姚希孟（1573～1636）

〈雪後由寒山登天池，抵凡夫一雲山莊，用謝康樂體〉〔註125〕

陳以聞（1610 在世）

〈辛亥季秋，同欽愚公、文啓美、王伯徵諸子，訪趙凡夫山中分賦，好山多是，帶忙看得看字〉〔註126〕、

顧中行（生卒不詳）

〈秋日同陳無異明府，欽耒子、姚孟長、王伯徵、周杲之、顧孟鳴、文啓美諸文學，訪凡夫趙隱君山中得帶字〉〔註127〕

文震亨（1585～1645），字啓美，爲文元發之子，文彭（1498～1573）之孫，文徵明曾孫，文從簡之堂兄。從上述記載中，可知文震亨曾多次上寒山與趙宧光有直接往來。其所著之《長物志》爲考據明代器物不可或缺之資料，而第七卷〈器具〉爲趙宧光所校訂〔註128〕，其中筆硯、鎭紙、筆、研、墨、紙等篇章均於第七章內，此亦可視爲二人於書學一事之交流。除文震亨外，姚希孟亦與值得注意，明史言其：「生十月而孤，母文氏勵志鞠之，稍長，與舅文震孟同學，並負時名。」〔註129〕具「舅父」觀，則其母「文氏」確爲文徵

〔註123〕 明·汪珂玉《珊瑚網》卷九，收入盧輔聖主編《中國書畫全書》第 8 冊，頁 88。

〔註124〕 明·鄭敷教：《重編桐庵文稿》〈端文先生墓誌銘〉，收入《叢書集成三編》第 53 冊（臺北：新文豐出版公司，1997），頁 50。

〔註125〕 明·趙宧光：《寒山蔓草》，收於《四庫全書存目叢書》第 348 冊（台南：莊嚴文化，1997），頁 809。之後引《寒山蔓草》均出自於此本，不再加詳細出版資料。

〔註126〕 明·趙宧光：《寒山蔓草》，收於《四庫全書存目叢書》第 348 冊，頁 811。

〔註127〕 明·趙宧光：《寒山蔓草》，收於《四庫全書存目叢書》第 348 冊，頁 811。

〔註128〕 崔祖菁：《趙宧光書法及其書論研究》（南京藝術學院碩士論文，2009 年），頁 18。崔祖菁並以此推測或許趙宧光之思想也影響文震亨之造園、書學方面。

〔註129〕 清·張廷玉等撰：《明史》，楊家駱主編：《新校本明史》卷二百十六（臺北：鼎文書局，1975 年），頁 5718。

明家族，此亦可證趙宧光之交遊有部分乃自文氏而來。其中特別者還有陳無異。陳以聞，字無異，非文氏家族，但袁中道曾撰有〈陳無異寄生篇序〉〔註130〕，且二人為好友，趙宧光或許與三袁有過間接交流。

除《寒山蔓草》外，清代卞永譽（1645～1712）《式古堂書畫彙考》亦有趙宧光與文氏交遊之資料。文肇祉（1519～1587），文彭之子，文徵明之孫。其〈文開雲與凡夫札〉中有：「昨又叨擾，不負佳期。」〔註131〕一句，此可說明文肇祉與趙宧光具有一定友誼。前提趙宧光與文震亨有直接交流，而《式古堂書畫彙考》則收錄文震孟（1574～1636）〈文湛持與凡夫二札〉〔註132〕，文震孟為文震亨之兄，此可說明趙宧光與文元發（1529～1605）一脈亦交流甚密。此外，趙靈均亦與文虹光、文謙光二人有交流，此二人均為文從先子，文肇祉孫。《式古堂書畫彙考》中有〈文虹光與靈均札〉，其言：「友人俞養甫，托弟轉懇尊君大筆三紙，幸即揮付，愧無籠鵝之報。」〔註133〕而〈文謙光與靈均札〉則言：「郡廟建文昌閣，家叔已作疏矣。求尊公題前乞致意，即揮之若無暇，即求尊書落尊公款可也。」〔註134〕此二封之主旨均為求字，而文虹光、文謙光雖為趙均之晚輩，但以文氏家族能書者觀之，此種求書亦可證明文氏對趙家之重視。

而吳門中陸師道、文從簡與趙宧光有直接姻親關係，此外吳門中與趙宧光至交者當屬王穉登（1535～1612）。王穉登為文徵明最小弟子，與趙宧光年齡相差二十四歲，但二人交誼甚篤，時有詩歌唱和往來，清代沈季友（約1692在世）《檇李詩繫》即有二人往來之紀錄〔註135〕。而趙宧光曾收藏過元代鮮于樞（1246～1302）《韓愈送李愿歸盤古序》，上即有王穉登之長跋〔註136〕。此

〔註130〕明・袁中道：《珂雪齋文集》卷二，收於《續修四庫全書》1375 冊（上海：上海古籍出版社，2002 年），頁 580。

〔註131〕清・卞永譽：《式古堂書畫彙考》卷二十四，收入盧輔聖主編《中國書畫全書》第 9 冊，頁 300。

〔註132〕清・卞永譽《式古堂書畫彙考》卷二十四，收入盧輔聖主編《中國書畫全書》第 9 冊，頁 301。

〔註133〕清・卞永譽《式古堂書畫彙考》卷二十四，收入盧輔聖主編《中國書畫全書》第 9 冊，頁 300。

〔註134〕清・卞永譽《式古堂書畫彙考》卷二十四，收入盧輔聖主編《中國書畫全書》第 9 冊，頁 300。

〔註135〕清・沈季友：《檇李詩繫》卷三十二，收入於《景印文淵閣四庫全書》1475 冊（台北：臺灣商務出版社，1983 年），頁 760。

〔註136〕元・鮮于樞（1246～1302）：《韓愈送李愿歸盤古序》（上海：上海書畫出版社，

外如《寒山蔓草》亦有：〈春日過趙凡夫山中寄贈二首〉〔註 137〕、〈庚子早春寄懷趙凡夫於山中〉〔註 138〕，均可證明趙、王二人密切往來。此外，當時亦有「天下歇家王百穀，山中驛吏趙凡夫。」〔註 139〕一句俗諺，趙宧光、王稺登均爲一時名流，交於天下文士，兩人性情相似亦爲交好之原因。

　　綜觀趙氏家族，自趙廷梧起即與吳門有交流，至趙宧光、趙均時更是與文家密不可分。文徵明之子文嘉、文彭均有名於天下，而文嘉一脈從趙均與文從簡結姻親可知其交遊，而文彭一脈更有文肇祉、文震亨、文震孟與趙宧光父子之往來。觀二家族間之交流並非個人對個人，乃是家族對家族。加之趙宧光與陸師道家族、王稺登、姚希孟之往來，種種交遊網路使趙宧光與吳門密不可分。

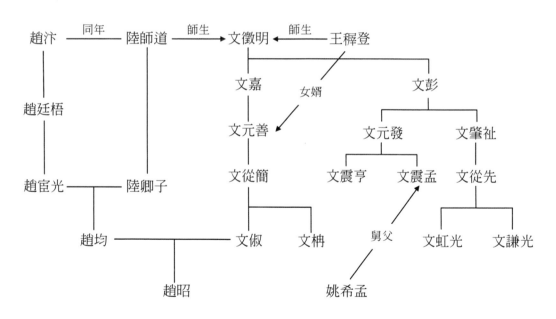

圖 2-1　趙氏與吳門簡易交遊圖〔註 140〕

　　　　　2003 年）。

〔註 137〕明・趙宧光：《寒山蔓草》，收於《四庫全書存目叢書》第 348 冊，頁 812。

〔註 138〕明・趙宧光：《寒山蔓草》，收於《四庫全書存目叢書》第 348 冊，頁 815。

〔註 139〕清・杜文瀾：《古謠諺》卷七十，收於《續修四庫全書》第 1061 冊（上海：上海古籍出版社，2002 年），頁 589。

〔註 140〕本表參考自崔祖菁：《趙宧光書法及其書論研究》所建之圖表，並加以補充修訂。（南京藝術學院碩士論文，2009 年），頁 19。

二、趙宧光與時人之交遊

趙宧光雖絕少出戶仍有著廣交天下的條件,「天下歇家王百穀,山中驛吏趙凡夫。」一句即道出了此情形。然而,在其眾多交遊中仍有幾個友人有著不可抹滅的影響,其中又以趙用賢、馮時可、朱簡最為重要,底下分點敘述之:

(一)趙宧光與趙用賢

趙用賢(1535～1596),字汝師,其於《含玄先生墓誌銘》言:「余於含玄子為同宗。」〔註141〕此同宗表明趙用賢亦為璜涇趙氏一脈。而趙用賢其父為趙承謙,《江西通志》記載:「趙承謙,字德光,常熟人,嘉靖進士。」〔註142〕其進士之年為嘉靖十七年(1538)〔註143〕,與陸師道、趙汴同期。以同宗、同期進士,則可推測自趙汴即與趙承謙有交流,此又影響二家後代。而趙宧光於南京國子監求學時,則拜趙用賢為師。王世貞(1526～1590)《弇州四部稿續稿》中有:〈趙凡夫遊太學,太學師為趙丈汝師,其父少參公,凡夫之王父僉憲公同年也〉二首:

> 少年文采宋王孫,二水三山繞帝閽,攜得通家名刺在,不妨長揖叩龍門。
>
> 其二
>
> 橋門霜色凜崢嶸,凜朴教猶存聖世名,何事書生紛負笈,幾人千載遇陽城。〔註144〕

少參公為趙承謙(1487～1568),而「凡夫之王父僉憲公」即為趙宧光祖父趙汴,而同年者指二人同期進士。此處則可證明,趙宧光於南京求學時與趙用賢有師徒關係。再觀王世貞與趙宧光之詩,可確定二人認識,而趙宧光與王世貞之交流,當源自於趙用賢之牽連。王世貞《弇州四部稿》中有〈續五子篇〉,其中即有〈虞邑趙用賢〉〔註145〕。而《廣東布政司右參議益齋趙公傳》

〔註141〕明・趙用賢:《含玄先生墓誌銘》,收於明・趙宧光等撰:《寒山誌傳》,頁 6。
〔註142〕清・高其倬、謝旻《江西通志》卷六十五,收入於《景印文淵閣四庫全書》515 冊(台北:臺灣商務出版社,1983 年),頁 277。
〔註143〕朱保炯、謝沛霖:《明清進士題名碑錄索引》(上海:上海古籍出版社,1979 年),頁 2522。
〔註144〕明・王世貞《弇州四部稿》續稿卷二十四,收入於《景印文淵閣四庫全書》1282 冊(台北:臺灣商務出版社,1983 年),頁 326。
〔註145〕明・王世貞《弇州四部稿》卷十四,收入於《景印文淵閣四庫全書》1279 冊(台北:臺灣商務出版社,1983 年),頁 175。

爲趙承謙之傳，王世貞所作，內有：「而其子用賢，以何子之狀來請傳。」〔註146〕句，以王世貞答應趙用賢之要求，可知二人亦有一定交情。此外，《弇州四部稿續稿》〈末五子篇〉有：

> 余老矣，蝸處一穴，不能復出友天下士。而乃有五子者，儼然而以
> 文事交於我，則余有深寄焉，自此余不復操觚管矣。〔註147〕

五子乃趙用賢、李維禎、屠隆、魏允中、胡應麟〔註148〕。而王世貞對趙用賢有「深寄」，又言「不復操觚管」，與前者並觀，則知王世貞與趙用賢交好。若此，則趙宧光與王世貞交由當源自於此。再觀王世貞予趙宧光「不妨長揖叩龍門」之句，則知王世貞對於趙宧光極爲嘉許，而自又言「橋門」、「朴教」、「聖世名」觀，則知王世貞肯定於趙宧光向學之意。〔註149〕趙用賢崇拜於王世貞，學說亦受其影響，而趙宧光又學於趙用賢，若受王世貞影響則自此而來。另方面，趙宧光於南京求學大約爲萬曆八年（1580）之時，此時王世貞以年過五十，名滿天下，加之趙宧光於南京求學前後近十年，王世貞又有書信予趙宧光，更增加了趙宧光受王世貞影響的可能性。

（二）趙宧光與馮時可

除趙用賢、王世貞等師輩外，趙宧光亦與同輩馮時可（約 1540～1606）有密切往來，《寒山蔓草》中即有收錄馮時可所作十四首詩，兩人交遊密切由

〔註146〕明・王世貞《弇州四部稿》卷八十一，收入於《景印文淵閣四庫全書》1280冊（台北：臺灣商務出版社，1983 年），頁 349。

〔註147〕明・王世貞《弇州四部稿》續稿卷三，收入於《景印文淵閣四庫全書》1282冊（台北：臺灣商務出版社，1983 年），頁 33。

〔註148〕明・王世貞《弇州四部稿》續稿卷三，收入於《景印文淵閣四庫全書》1282冊（台北：臺灣商務出版社，1983 年），頁 33。

〔註149〕崔祖菁《趙宧光書法及其書論研究》認爲趙宧光深受王世貞影響，其云：「趙宧光與王世貞有過直接的交往，他的老師趙用賢與王世貞也極友善，二人文藝思想也相同，作爲舉世敬仰的前輩，勢必影響著年輕的同鄉學子趙宧光……另外，王世貞晚年逐漸察覺到復古主義的某些弊病，轉而肯定直寫性靈，以爲不求藻飾，富於才情，能達平淡之境。從某種意義上講，王世貞是晚明復古主義的領袖，又是後來公安派性靈說的先驅之一。此時的趙宧光已步入中年，如此之背景，加之與趙宧光交好的年輕一代文人多受新風洗禮，尚異好奇，造成了趙宧光斯想的某種轉變。」（南京藝術學院碩士論文，2009 年），頁 26。筆者以爲趙宧光確實受王世貞思想影響，如其對於復古之主張，對於格調之理解，此些與王世貞均有部分相似。但趙宧光於外遊學時並未太久，且筆者亦未見與王世貞交流的更多證據，苟若說受更大的影響，則以來自趙用賢可能性居大。

此可知。《趙凡夫自敘》中末言:「萬曆戊午春,馮玄成先生爲我作傳,而宧光因自列其蹟及所爲,文以獻焉。」〔註150〕馮玄成即馮時可,由此可知,趙宧光之所以作《趙凡夫自敘》乃是呼應馮時可所作之《趙凡夫先生傳》,此亦證明二人確實爲至交。

然特別的是,與趙宧光交好者除原自師系外,大多爲吳地、璜涇同鄉、吳門書派之人,儘管亦有外地但仍爲少數,馮時可即是其中之一,其爲華亭人。馮時可與當時華亭地區書家大多交好,例如莫如忠家族,兩家早有交遊,莫如忠(1508~1588)便曾作〈馮南江侍御赴雷陽贈別〉予馮時可之父馮恩(約1496~1576)。而莫如忠與馮時可亦有直接交遊,馮時可於莫如忠《崇蘭館集》中有作〈莫中江先生全集序〉,依此便知二人有一定交情。除莫如忠外,馮時可亦與莫是龍(1537~1587)有交遊,莫是龍《石秀齋集》中便有〈出都逢馮元成駕部道上言別〉〔註151〕,而馮時可更爲莫是龍作〈莫雲卿詩草序〉〔註152〕,依此種脈絡觀之,則知莫氏與馮氏爲世交無誤。

馮時可除與華亭莫氏有交流外,其亦與董其昌(1555~1536)有直接交流。如《馮元成選集中》即有〈寄董玄宰〉〔註153〕、〈月夜遲玄宰不至〉〔註154〕、〈與董太史思白〉〔註155〕,其中〈寄董太史思白〉有言:「……重有感於不肖之棲吳市,所謂東飛伯勞西飛燕,不得不然也,知己之感萌於肺腑矣。……」〔註156〕以「知己」之言觀之,加之馮時可對董其昌敘述內心之苦悶,證明馮時可確實將董其昌視爲至交。而董其昌於《邢子愿法帖序》中言:

〔註150〕明・趙宧光:《趙凡夫自敘》,收於明・趙宧光等撰:《寒山誌傳》,頁14。

〔註151〕明・莫是龍:《石秀齋集》卷六〈出都逢馮元成駕部道上言別〉,收入《四庫全書存目叢書》集部第188冊(濟南:齊魯書社,1997年),頁450。

〔註152〕明・馮時可:《馮元成選集》卷十七,收入《四庫禁毀書叢刊補編》第61冊(北京市:北京出版社,2005年),頁458。下引《馮元成選集》均此版本,不再加出版資料。

〔註153〕明・馮時可:《馮元成選集》卷七,收入《四庫禁毀書叢刊補編》第61冊,頁256。

〔註154〕明・馮時可:《馮元成選集》卷十,收入《四庫禁毀書叢刊補編》第61冊,頁362。

〔註155〕明・馮時可:《馮元成選集》卷三十三,收入《四庫禁毀書叢刊補編》第62冊,頁361。

〔註156〕明・馮時可:《馮元成選集》卷十一,收入《四庫禁毀書叢刊補編》第61冊,頁376。

余既久臥山中，而馮元成時以小草往來燕齊，得與子愿談，兩君皆
作五君詠，謂李本寧、王百穀、馮元成、子愿與余也。〔註157〕

依此觀，則知董其昌與馮時可時有書信往來，而其中五君為李維楨（1547～
1626）、王稺登、馮時可、邢侗（1551～1612）、董其昌，時人並稱中興五子。
馮時可與中興五子均有往來，與王稺登之往來或許與趙宧光有關，而與董其
昌則為地緣。特別是邢侗，馮時可與其十分交好，《馮元成選集》中有〈子愿
惠酒甚美詠二律美之〉〔註158〕、〈人日大橫驛懷子愿〉〔註159〕、〈子愿再致酒
更美，余亦唇沾焉，侍者請再詠〉〔註160〕、〈邢子愿少卿自犁丘來訪〉〔註161〕、
〈館子愿南園〉〔註162〕，其中〈懷邢子愿〉更言：「臭味兩相契，肝膽尊前見。
一別萬里餘，何由讀黃絹……」〔註163〕。以馮時可自言臭味相契、肝膽相照
觀，則知兩人確為摯友。

另外據明史《馮恩傳》言：「時可，隆慶五年進士」〔註164〕，則馮時可
與趙宧光之師趙用賢為同為隆慶五年（1571）進士，兩人亦有往來，如《馮
元成選集》中有〈寄趙太史汝師〉〔註165〕、〈答趙侍御〉〔註166〕，以同年進
士加之詩歌唱和，可知二人亦有交遊。與趙用賢、趙宧光相同的，馮時可與
王世貞亦有往來，且王世貞與馮時可家族為世交，如王世貞曾為其父馮恩作
《馮廷尉京兆父子忠孝傳》，中有「皆博學工屬文，而傳其業者，廷尉之子學

〔註157〕 明·董其昌：《容臺集》第一冊（臺北市：中央圖書館，1968 年），頁 125。

〔註158〕 明·馮時可：《馮元成選集》卷九，收入《四庫禁毀書叢刊補編》第 61 冊，頁 328。

〔註159〕 明·馮時可：《馮元成選集》卷五，收入《四庫禁毀書叢刊補編》第 61 冊，頁 223。

〔註160〕 明·馮時可：《馮元成選集》卷八，收入《四庫禁毀書叢刊補編》第 61 冊，頁 312。

〔註161〕 明·馮時可：《馮元成選集》卷八，收入《四庫禁毀書叢刊補編》第 61 冊，頁 311。

〔註162〕 明·馮時可：《馮元成選集》卷八，收入《四庫禁毀書叢刊補編》第 61 冊，頁 313。

〔註163〕 明·馮時可：《馮元成選集》卷四，收入《四庫禁毀書叢刊補編》第 61 冊，頁 210。

〔註164〕 清·張廷玉等撰：《明史》，楊家駱主編：《新校本明史》（台北：鼎文書局，1975 年），頁 5522。

〔註165〕 明·馮時可：《馮元成選集》卷十，收入《四庫禁毀書叢刊補編》第 61 冊，頁 291。

〔註166〕 明·馮時可：《馮元成選集》卷三十三，收入《四庫禁毀書叢刊補編》第 62 冊，頁 370。

憲時可。」〔註167〕一句。觀王世貞對馮時可、馮恩父子倆評價均高，又稱馮時可「傳其業」，對於馮時可不可謂不看重。此外，《弇州四部稿》中尚有〈題馮南江廷尉水西臺〉〔註168〕、〈再用廷尉之子京兆君韻，西臺又曰馮臺〉〔註169〕等詩歌往來，可證明二家之交流。而馮時可亦曾作《上王鳳洲侍郎》三篇，中有：「近牘想已入覽，先生文章醞今茹古，雖間出入，而實非尋常。杼軸所能經緯，牢落四顧，代興者誰？」觀馮時可之語氣，對於王世貞極為推崇〔註170〕，以至於有「實非尋常」、「代興者誰」等語句。

此種脈絡下，雖未有趙宧光與莫如忠、莫是龍、董其昌、邢侗直接往來之紀錄，但經由馮時可受影響是有可能的。趙宧光之交遊雖主要集中於吳門，但其與華亭中人或靠著馮時可牽線，或者有過直接交流〔註171〕，擴大了其於天下書學之認識。如趙宧光對於「奴書」極為反對，此與董其昌相同，雖然同受時代背景之影響，但憑著馮時可之交流亦不無可能。馮時可、王穉登、趙宧光、文震孟〔註172〕四人之間有交遊關係，彼此之間亦有詩歌唱和，又如馮時可、趙宧光、趙用賢與王世貞，此為一個龐大的交遊網路。雖然以討論詩學為主，但其中如王世貞之格調即同時影響三人。此種文人雅士間之往來

〔註167〕明・王世貞：《弇州四部稿續稿》卷七十六，收入《景印文淵閣四庫全書》第1283冊（台北：台灣商務出版，1983年），頁114。

〔註168〕明・王世貞：《弇州四部稿續稿》卷十六，收入《景印文淵閣四庫全書》第1282冊（台北：台灣商務出版，1983年），頁210。

〔註169〕明・王世貞：《弇州四部稿續稿》卷十六，收入《景印文淵閣四庫全書》第1282冊（台北：台灣商務出版，1983年），頁210。

〔註170〕何娟認為馮時可之詩學觀受王世貞影響極大，其於《馮時可研究》言：「徐禎卿、王世貞二人對「格調」的重視，影響著當時文人的詩文創作，導致個人的才性被格所掩蔽……王世貞肯定馮時可「博學」、「工屬文」，在馮時可《馮元成選集》中也有多篇詩文記錄了他與王世貞的交往。王世貞提倡的格調說與其對主體才性的崇尚也在一定程度上影響了馮時可的詩學觀。」（上海：上海師範大學碩士學位論文，2012年），頁66。雖然馮時可晚年不再完全遵守王世貞之詩學，且對於個人性才之抒發重新檢討，但其早年之學說仍與王世貞脫離不了關係。雖然後開創出新的道路，但基礎卻是建立於王世貞之上。

〔註171〕如《寒山蔓草》中有王衡所作〈春末偕陳仲醇遊支硎山，過趙凡夫小宛堂紀事〉五首，收於《四庫全書存目叢書》第348冊（台南：莊嚴文化，1997），頁807。王衡（1561～1609）與趙宧光同鄉，據此詩則知，趙宧光與陳繼儒（1558～1639）有過直接交流。而陳繼儒與董其昌交好，董其昌亦與馮時可交好，此為複雜卻又彼此牽連之交遊網路。

〔註172〕明・馮時可：《馮元成選集》卷八中有〈贈文文啓〉，收入《四庫禁毀書叢刊補編》第61冊，頁315。

爲一個複雜的網路，或隔著一層、兩層，但彼此間互有影響。〔註173〕

（三）趙宧光與朱簡

最後，與趙宧光交好還有朱簡（1570～?）。朱簡與趙宧光相差近二十歲，但彼此之間亦有詩歌往來，如《寒山蔓草》中即有收錄朱簡所作〈過凡夫先生山居〉〔註174〕、〈夜登虎丘有懷凡夫先生〉〔註175〕、〈和凡夫先生歲暮酬贈韓長洲〉〔註176〕等三首。除詩歌往來外，朱簡亦與趙宧光互相切磋篆學，特別是趙宧光之草篆對朱簡有影響。清代秦爨公（清初，生卒不詳）云：

> 朱修能以趙凡夫草篆爲宗，別立門户，自成一家，雖未必百發百中，一種豪邁過人之氣不可磨滅，奇而不離乎正，印章之一變也，敬服。〔註177〕

朱簡亦曾自言：

> 趙宧光是古非今，寫篆入神，而捉刀非任，嘗與商榷上下，互見短長。〔註178〕

觀朱簡之言，其對於趙宧光十分推崇，乃言其「寫篆入神」。而趙宧光雖年紀比朱簡長，但由「商榷上下」，「互見短長」等觀，則知二人爲友人間之切磋，而非師徒之傳授。然而，後世則認爲朱簡受趙宧光影響極大，特別爲草篆對朱簡之影響。而此種草篆之影響，亦經由朱簡之篆刻影響了整個清朝〔註179〕。

小結

晚明爲一變動的年代，不論於經濟、官場、思想等均有了極大的變化，使得晚明文化不再似傳統。市場經濟的發達、百姓的富有、富人的收藏、尚

〔註173〕關於趙宧光與華亭一派之交流仍有許多研究空間，如趙宧光與董其昌書學相同相異處，又或者趙宧光與華亭地區是否有書作交流、競爭，此些比較或許可從書信往來中推敲一二。唯獨本文之目的在於研究《寒山帚談》之書論，此些更爲密切之交流問題則有待後人鑽研。

〔註174〕明·趙宧光：《寒山蔓草》，收於《四庫全書存目叢書》第348冊，頁811。

〔註175〕明·趙宧光：《寒山蔓草》，收於《四庫全書存目叢書》第348冊，頁811。

〔註176〕明·趙宧光：《寒山蔓草》，收於《四庫全書存目叢書》第348冊，頁826。

〔註177〕韓天衡：《歷代印學論文選》（浙江：西泠印社出版，1999年），169頁。

〔註178〕明·朱簡：《印經》，收於《續修四庫全書》第1091冊（上海：上海古籍出版社，1995），頁631。

〔註179〕朱簡繼承趙宧光之草篆，並由篆刻形式表現，進而影響到浙派的興起，此於第六章會再提及。

奇，使得書畫價格水漲船高，市場需求日益擴大。另方面，心學、獨抒性靈的崛起，也使得文人更追求自我表現，不再拘泥於傳統。而晚明建築配合屋內擺設傳統手卷不再受歡迎，取而代之的是四尺、六尺的大條幅。種種原因下，書法轉向更爲狂放、強調視覺表現之走向，也使得晚明草書大盛。而明中期吳門書派崛起，一洗臺閣體了無新意之弊病，一時天下書法以吳中地區爲優。但吳門晚期後繼者追隨前人腳步多學師承，並未能開創新局，步入臺閣體之弊病，導至吳門沒落、華亭崛起。種種情形均影響著趙宧光《寒山帚談》之思想。

趙宧光家世顯赫，自趙壁起即有龐大家產，但卻隨著趙原錫、趙汴、趙廷梧逐漸沒落。至趙宧光時雖然家產大不如前，但靠著父輩傾囊資助地方之佳名，亦使趙宧光有了廣交天下的優勢條件。趙宧光至孝，於父亡後便依先人遺言開闢寒山，建立寒山別業，與其妻陸卿子、其子趙均終身隱居寒山，未仕，此替其贏得高士之名。

而趙家與陸師道、文氏均有姻親關係，特別至趙宧光之後，與文氏之往來十分密切。此外，趙宧光亦與吳門書家多有往來，此亦使趙宧光以吳門自居。除吳門外，趙宧光與趙用賢、王世貞、馮時可等均有往來，此形成了開放的交遊網絡，可擴及華亭書派、南北書風。一方面，趙宧光雖受時代、地域沒落影響，但另方面也靠著友人不斷開闊其見識，形成了有利書學理論建立之條件。

第三章 《寒山帚談》「書學格調說」之發端與釋義

趙宧光於《寒山帚談·格調》開宗明義地言：「夫物有格調，文章以體制爲格，音響爲調；文字以體法爲格，鋒勢爲調。」〔註1〕此成了書學格調說的開端。《寒山帚談》雖設八章，但卻可以「格調說」一而貫之，其思想均不脫離此範疇。此種以詩歌之格調說論書法亦爲《寒山帚談》之一大特色，誠如王鎮遠《中國書法理論史》所言：「以格調論書是趙宧光的創造」〔註2〕，而於他篇學位論文亦注意到此點，如趙彥輝《趙宧光《寒山帚談》研究》云：「趙氏崇尚高格逸調與其以古爲尊、是古非今，取法乎上是相一致的。」〔註3〕又如崔祖菁《趙宧光書法及其書論研究》：「對於結構與筆法的關係，趙宧光還以『格調』加以論述。」〔註4〕綜合以上，可知趙宧光之「書學格調論」確實爲《寒山帚談》之核心。既如此，在探討《寒山帚談》之書學思想前，勢必須釐清趙宧光之「書學格調說」。而「書學格調說」源自於詩學之理論，因此對於詩學之格調亦有必要探究。

底下以趙宧光「書學格調說」爲旨，分「詩學與格調——格調之發端」、「格之釋義」、「調之釋義」三部分，以此歸納出《寒山帚談》「格調」之意涵。

〔註1〕《寒山帚談·格調》，頁301。
〔註2〕王鎮遠：《中國書法理論史》（合肥：黃山書社，1990年），頁404。
〔註3〕趙彥輝：《趙宧光寒山帚談研究》（吉林大學碩士學位論文，2004年），頁19。
〔註4〕崔祖菁：《趙宧光書法及其書論研究》（南京藝術學院碩士論文，2009年），頁45。

第一節 「詩學」與「格調」──格調之發端

以「格調」作爲理論趙宦光並非第一人，但以「格調」喻書則爲趙宦光所創。此種「格調」之說原爲詩學所用，欲了解《寒山帚談》之「格調」意涵，仍須自詩學開始。底下僅分爲「李東陽詩學格調說」與「王世貞詩學格調說」兩部分，並從此概述格調之意涵。

一、李東陽「詩學格調說」

筆者以「格調說」做爲論文論述的主軸，「格」、「調」二字分開運用於文學理論中甚早，如傳爲王昌齡（698～756）所著之《詩格》中便提：

> 凡作詩之體，意是格，聲是律，意高則格高，聲辨則律清，格律全，然後始有調。〔註5〕

此處之格爲內容，調爲音調，已近於明代之格調說。但此處之格與調二字分開，僅能視爲同時討論格與調，非完整之格調說。而此後如南宋姜夔（1155～1221）《白石道人詩說》：「意格欲高，句法欲響，只求工於句、字，亦末矣。……句調欲清、欲古、慾和，是爲作者。」〔註6〕又如宋代嚴羽（生卒不詳）《滄浪詩話》：「詩之法有五：曰體製，曰格力，曰氣象，曰興趣，曰音節。」〔註7〕均爲此情形。雖可看作於格調說之雛形，但卻難說爲完整之格調說。

而「格調」一詞連用最早當起於唐朝，其義偏重於個人風度神采。如：唐代方千（809～888）《玄英集》〈贈美人四首〉：

> 直緣多藝用心勞，心路玲瓏格調高，舞袖低徊眞蛺蝶，朱唇深淺假櫻桃，粉胸半掩凝晴雪，醉眼斜迴小樣刀，纔會雨雲須別去，語懃不及琵琶槽。〔註8〕

此處之格調當指美人之神采風度，與文學意涵較無關，而眞正應用於文學當起自於宋。如宋代蔡正孫（1239～?）《詩林廣記》評李白〈鸚鵡洲〉：

〔註5〕王昌齡：〈論詩境〉，收入陳良運等主編《中國歷代詩學論著選》（南昌：百花洲文藝出版社，1995 年），頁 231。

〔註6〕南宋・姜夔：《白石道人詩說》，收入清・何文煥、丁福保編：《歷代詩話統編》第一冊（北京：北京圖書館，2003 年），頁 440。

〔註7〕宋・嚴羽：《滄浪詩話》，收入清・何文煥、丁福保編：《歷代詩話統編》第一冊（北京：北京圖書館，2003 年），頁 444。

〔註8〕唐・方千《玄英集》卷六，收入王雲五主編：《四庫全書珍本・三集》（台北：臺灣商務，1972 年），頁 11。

愚謂此詩聯聯，與崔顥詩格調同，而語意亦相類。〔註9〕

又如南宋洪邁（1123～1202）《容齋隨筆》：

薛能者，晚唐詩人，格調不能高，而妄自尊大。〔註10〕

但此處之「格調」意涵廣泛，既可指格式亦可指風格，未有明確定義。其更接近於總評之意，亦無特別指稱格律、聲調，且此「格調」隨著各人使用，格調之意涵亦略有所差。

真正爲格調立說並賦予定義的當屬明代之李東陽（1447～1516）〔註11〕。其《懷麓堂詩話》言：

詩必具有眼，亦必有具耳；眼主格，耳主聲，聞琴斷之爲第幾弦，

此具耳也，月下隔窗辯五色線，此具眼也。〔註12〕

詩之格律工整之於眼，聲調和諧之於耳，具眼具耳即其作詩之宗旨。依李東陽觀點，「格」須由眼觀，可知句式之長短、形式之變化爲視覺所掌管，因此

〔註9〕 宋‧蔡正孫：《詩林廣記》（台北：臺灣商務，1983年），頁104。

〔註10〕 南宋‧洪邁《容齋隨筆》，收入上海師範大學古籍整理研究所編：《全宋筆記‧第五編》（鄭州：大象出版社，2012年），頁101。

〔註11〕 清‧張廷玉等撰：《明史》，楊家駱主編：《新校本明史》卷一百八十一：「李東陽，字賓之，茶陵人，以戌籍居京師。四歲能作徑尺書，景帝召試之，甚喜，抱置膝上賜果鈔。後兩召講《尚書》大義，稱旨，命入京學。天順八年，年十八，成進士，選庶吉士，授編修。累遷侍講學士，充東宮講官。」（臺北：鼎文書局，1975年），頁4820。以四歲之能書大字，幼時能言《尚書》大意觀之，可知李東陽早年聰慧、不落人後，其亦以此資質獲得皇帝青睞。又，楊一清（1454～1530）《李公東陽墓誌銘》云：「少入翰林，即富有文學重名。然恒持謙沖，未嘗以才智先人。資望既積，而當道殊不意慊，每阻抑之，士論譁然不平，公裕如也。……（孝宗）屬召內閣臣面議，多公言是用。自是不數日輒召問。因事納忠，每稱意旨。」收入自明‧李東陽：《李東陽集》三（湖南：岳麓書社，2008年），頁1536～1538。此二則並二觀之，可知其雖早入進士，但所爲官職均爲翰林庶吉士、翰林編修、東宮講官等，此些職務均與政務無關，主要負責文學講事，此種情形直維持到晚年。而李東陽晚年時孝宗即位，其重用李東陽，自始李東陽方得以施展抱負。又李東陽《懷麓堂集》卷二十八〈鏡川先生詩集序〉言：「必爲唐，必爲宋，規規焉俯首蹜步，至不敢易一辭出一語，縱使似之，亦不足貴矣，況未必似乎？……豈必模某家、效某代，然後謂之詩哉！」收入《景印摛藻堂四庫全書薈要》411冊（台北：世界書局，1986年），頁316。此種反模擬，主張有個人性格之見解成爲茶陵詩派之主張。而其雖反對模擬，但亦重視聲調格律，並認爲僅有唐詩可師法，此亦爲詩歌「格調說」之理論。

〔註12〕 明‧李東陽著，李慶立校釋：《懷麓堂詩話校釋》（北京：人民文學出版社，2009年），頁24。

言「眼主格」。而「調」則需由耳聽，此為詩之聲調和諧、音調起伏，為聽覺之體悟，故稱「耳主聲」。若由此觀，則其格調當從格與聲兩方面著手。聲，為詩之聲樂，其言：

> 詩在六經中別是一教，蓋六藝中之樂也。樂始於詩，終於律。人聲和則樂聲和，又取其聲之和者以陶寫情性，感發志意，動盪血脈，流通精神，有至於手舞足蹈而不自覺者。後世詩與樂判而為二，雖有格律而無音調，是不過為俳偶之文而已。使徒以文而已也，則詩之教何必以詩律為哉。〔註13〕

李東陽強調，詩為韻文，除朗誦順暢外更有音樂性之蘊含，而此音樂性當具有陶冶性情之功，為詩之美者，亦為詩與文區別關鍵所在。其認為，早世之詩歌聲樂合一，可歌可詠，而後世之詩僅存格律，與樂者劃然而分，使得詩之美僅剩於文字而已，其並以駢文為例。觀其想法，則韻文與文之最大差別在於音樂性，而好的韻文正具備格律與音調。而李東陽強調此音樂性，認為詩不該拘泥於格，又如：

> 今泥古詩之成聲，平側短長，句句字字模倣而不敢失，非為格調有限，亦無以發人之情性。若往復諷詠，久而自有所得，得於心，而發之乎聲，則雖千變萬化，如珠之走盤，自不越乎法度之外矣。〔註14〕

詩之音調當源於自然之聲，而非流於刻板，一但刻板則詩失於僵化，亦喪失詩之真情，故李東陽稱「無以發人之情性」。特別的是，李東陽主張詩之樂音不可限，反對僵化之填字填詞，主張從朗誦名篇著手，經由樂音協調之篇章薰陶久之自然習得。

但其亦提及「如珠之走盤，自不越乎法度之外矣。」音律固得協調自然，卻不可離於「法度」，則又轉向於格之問題：

> 古詩與律不同體，必各用其體乃為合格，然律猶可間出古意，古不可涉律調。〔註15〕

> 漢、魏、六朝、唐、宋、元詩，各自為體，譬之方言，秦、晉、吳、

〔註13〕 明・李東陽著，李慶立校釋：《懷麓堂詩話校釋》（北京：人民文學出版社，2009年），頁1。

〔註14〕 明・李東陽著，李慶立校釋：《懷麓堂詩話校釋》（北京：人民文學出版社，2009年），頁20。

〔註15〕 明・李東陽著，李慶立校釋：《懷麓堂詩話校釋》（北京：人民文學出版社，2009年），頁6。

越、閩、楚之類，分疆畫地，音殊調別，彼此不相入。〔註16〕

觀李東陽之說知詩之體裁本有差異，如古詩與律詩之體裁本有不同，若交雜使用則格律混亂，必得體裁與格律相配合，故言「各用其體乃爲合格」。此格，當包含詩之形式、句式長短、內容之表現，與音調不同需由眼觀欣賞，因此前引文說「眼主格」。而漢、魏、六朝詩之體制不同，樂府、唐詩句式長短不同，古詩、律體亦不同，此些迥異造成風格有所區別，可知李東陽之格亦含風格於內。

而其格包含風格之意，但其調亦包含風格之意，如：

今之歌詩者，其聲調有輕重清濁長短高下緩急之異，聽之者不問而知其爲吳爲越也。漢以上古詩弗論；所謂律者，非獨字數之同，而凡聲之平仄，亦無不同也。然其調之爲唐爲宋爲元者，亦較然明甚，此何故耶？大匠能與人以規矩，不能使人巧，律者，規矩之謂，而其爲調，則有巧存焉。苟非心領神會，自有所得，雖日提耳而教之無益也。〔註17〕

李東陽之調，從「輕重清濁長短高下緩急」著手，可知其並非著重於押韻、平仄等制式化關係。格律爲限制，但其中之調仍不死板，詩家、時代之調不同則風格亦不同。而其又說即使爲同一律而唐、宋、元三者亦能區分，此中關鍵當於用字之問題。如：

詩用實字易，用虛字難。盛唐人善用虛，其開合呼喚，悠揚委曲，
皆在於此；用之不善，則柔弱緩散，不復可振，亦當深戒。〔註18〕

此處探討實字與虛字問題，李東陽認爲，盛唐虛字使用得當，因而使詩歌「開合呼喚」、「悠揚委曲」，反之，假若虛字使用不當則使詩歌柔弱緩散。而此種句式、用字問題看似可歸納於格律中，但亦可歸納於調中，究竟該作爲格或作爲調？此部分，簡錦松在《明代文學批評研究》中有詳細的論述：

樂聲有宮商角徵羽之別，而詩既出於「成章之音、成文之聲」，其音調亦應有和平謾殺種種之異。區別其異者，即格也。格也者，判調

〔註16〕 明・李東陽著，李慶立校釋：《懷麓堂詩話校釋》（北京：人民文學出版社，2009年），頁179。

〔註17〕 明・李東陽著，李慶立校釋：《懷麓堂詩話校釋》（北京：人民文學出版社，2009年），頁134。

〔註18〕 明・李東陽著，李慶立校釋：《懷麓堂詩話校釋》（北京：人民文學出版社，2009年），頁98。

定名者也。調爲格所分，遂有某調之區別。……「格」爲「調」之
名稱，非有實體可指，「調」爲「格」之實體，離「調」則「格」亦
無所依附。猶名實相生，實盡而名滅也。爲格既爲調之名，而行文
之際，亦有以格代調字者。〔註19〕

此處與上述相呼應則明瞭。格爲格律，爲判調定名者；而調除指音調，亦涉
及內容層面。因此說調爲實而格爲虛。格爲一形式之名，爲虛，但形式仍須
則建立於內容上，若無調則格亦無所存，故文中言「猶名實相生，實盡而名
滅也」。格雖爲虛，但調仍須有格，若無格則調亦無法定名。而我們亦可注意，
格與調雖不同，但基於「格爲名」之觀念，後人亦有以「格」稱之「格調」
者，此亦可見格調不可分。至此可知，格與調兩者一體兩面，格爲外在形式，
調爲內在內容。調指風格，但格爲調之名，亦指風格，兩者均有風格之意涵
在。調爲實體，而具簡錦松的研究，調又大致涉及二端：

綜而言之，格乃分類之稱，調爲歌吟之聲，格虛調實也。調之指涉
有二：一、詩由文字組成，字必有音，合數字而成句，又和數句數
十句而成篇；今字音有四聲平仄，故調必在平仄四聲中，離平仄四
聲則無音響也。第二、歌吟者歌其字句篇章，則篇章內容可影響歌
者之情，而變化其聲也！故調爲吟詠，而意所當先。捨意求調則不
可言音節也。至於後世以「格調」爲復古派之專稱，具有「格調派」
之名，疑受嘉靖中葉以後格、調二義分析越密之影響而使然也。〔註20〕

其一，調的第一個意涵爲「詩歌聲韻」之調，即平仄四聲，爲實質之調。其
二，按「故調爲吟詠，而意所當先。」而言，此調即爲「意」，涉及心理層面
活動，爲詩歌之精隨。而「意」爲詩格之精隨，以「調」表現之，故可知若
單求調而不求意，則喪失調之功，即「捨意求調則不可言音節也。」而將此
種形式之格與音韻、意之調混合，則形成詩之獨特風格，若以此風格判斷則
詩歌之差異明顯〔註21〕。李東陽從格與調闡述詩之學習、辨析，言一時代之

〔註19〕 簡錦松：《明代文學批評研究》（台北：台灣學生書局，1989 年），頁 239～240。
〔註20〕 簡錦松：《明代文學批評研究》（台北：台灣學生書局，1989 年），頁 261。
〔註21〕 李東陽云：「費侍郎廷言嘗問作詩，予曰：『試取所未見詩，即能識其時代格
調，十不失一，乃爲有得。』費殊不信。一日與喬編修維翰觀新頒中秘書。
予適至，費卽掩卷問曰：『請問，此何代詩也？』予取讀一篇，輒曰：『唐詩
也。』又問何人，予曰：『須看兩首。』看畢，曰：『非白樂天乎？』於是二
人大笑。啓卷視之，蓋《長慶集》，印本不傳久矣。」明・李東陽著，李慶立
校釋：《懷麓堂詩話校釋》（北京：人民文學出版社，2009 年），頁 24。隨著

風氣定於格調中，唯有格與調相輔相成，方能成爲詩家之獨特風格。此說影響後學甚鉅，亦爲後學詩者開闢條新路〔註22〕。

二、王世貞「詩學格調說」

　　李東陽首開詩學格調說，然而明代以格調論詩歌者非僅李東陽一人，其餘如前後七子之何景明、王世貞諸人亦有以格調論詩歌者，特別爲王世貞，其對於趙宦光之影響於第二章已提及。因此筆者以爲，假若趙宦光「書學格調論」受「詩學格調說」影響，則王世貞對於趙宦光影響定較李東陽大，因此，有必要再觀王世貞之「詩學格調說」。而談及王世貞之格調說當從下段引文起始，其言：

　　　　才生思，思生調，調生格，思即才之用，調即思之境，格即調之界

　　〔註23〕

觀之引文，知此處可自才、思、格、調四部分觀之。才爲思之基礎，有才方能思慮，而思則表現於調。此「才」，所指當爲才華、才情，而「思」則爲以才情爲基礎之思慮，此思慮影響用字遣詞、情感表現，而最後思慮之體現則爲「調」。而王世貞又言「調即思之境」，故可說「調」爲「思」之場域，且此場域不是渺無邊際的。而「調」生「格」，「格」者爲調之「界」，此界具有限制之意涵，如王世貞言：

　　　　余嘗謂詩之所謂格者，若器之有格也，又止也，言物至此而止也。

　　〔註24〕

　　　　余不敏，伏讀先生所爲詩，若五七言、古體……出之自才，止之自

　　　　格。〔註25〕

　　　　時代不同，格式、句式長短有所不同，此爲「格」之不同；而用字風格、押韻方式亦有所不同，此爲「調之不同」，而李東陽則依此判斷詩之時代、地域，而此種格與調之不同也形成了不同風格。

〔註22〕郭紹虞：《中國詩的神韻格調及性靈說》：「由格調說而言，李東陽可說是格調說的先聲……王鐸序謂『其間立論皆先生所獨得，實有發前人之所未發者。』鮑廷博跋亦謂可『與滄浪師法白石師說，鼎事騷壇，爲風雅指南。』這些，並不全屬阿諛之詞。」（台北：莊嚴出版社，1982年），頁35。

〔註23〕明・王世貞：《弇州四部稿》卷一百四十四，收入《景印文淵閣四庫全書》第1281冊（台北：台灣商務出版，1983年），頁351。

〔註24〕明・王世貞：《弇州四部稿》續稿卷四十二，收入《景印文淵閣四庫全書》第1282冊（台北：台灣商務出版，1983年），頁553。

〔註25〕明・王世貞：《弇州四部稿》續稿卷四十五，收入《景印文淵閣四庫全書》第

其言詩之格當如器物之形制，而其中之關鍵當於「止」，「止」者爲限制、疆界，則知王世貞之「詩格」爲詩之疆界、界限。而此「界線」與第二則引言並觀，則此界限當爲詩體之體裁格律，故其言五、七言、古體。此種觀點同於李東陽「格爲判調定名」，皆劃分詩之體裁，古體需有古體之格律，五、七言須有五、七言之格律。又如王世貞曾言：「古樂府、選體歌行有可入律者，有不可入律者，句法字法皆然。惟近體必不可入古耳。〔註 26〕」此處雖未言格，但此種對於格律之既定要求則可視作對於「格」之追求，每一詩體之格均須有相對應之法式。因此王世貞在〈與周元孚〉中稱：

> 足下能抑才以保格，舍象而先意，去色澤而完風骨，大難大難。〔註27〕

「抑才以保格」即在稱讚周元孚能控制才情，使詩歌合於詩歌當有之格律、限制。但若以此觀之，則知王世貞於「才」與「格」之相較中認爲「格」之限制不可打破，才情雖須得以發揮，但仍不能離格。如此，則王世貞之「格」除具有體裁、格律之限制外，更爲個人才情之制衡，才情雖爲詩歌之本體，但仍須有固定之格式表現，並非一昧的任由才情發揮，破壞了原先詩歌的固定格律，關於此種才情之表現與格律之限制關係，又可觀下則引文

> 夫格者，才之御也；調者，氣之規也。子之向者，遇境而必觸，蓄意而必達，夫是以格不能御才，而氣恒溢於調之外……今子能抑才以就格，完氣以成調，幾於純矣。〔註 28〕

「御」與「規」均有限制之意涵，此處明確點出格爲格律、限制。「遇境而必觸」爲作者因外在環境而內心有所感觸，而「蓄意而必達」則爲作者將內心感觸表達於外形成詩文，然而王世貞又批評「格不能御才」，若讓「才」自由縱衡，使得才凌駕於格之外，如此則不能符合格調之要求。也因此王世貞稱沈嘉則能「抑才以就格」故能「幾於純矣」。

「格」爲限制之意涵，而「調」於此處亦爲限制之意涵，前言「調即思之境」時即言「調爲思之限制」，此處亦同，故王世貞言「調者，氣之規也」、

1282 冊（台北：台灣商務出版，1983 年），頁 592。

〔註26〕 明・王世貞：《弇州四部稿》卷一百四十四，收入《景印文淵閣四庫全書》第 1281 冊（台北：台灣商務出版，1983 年），頁 351。

〔註27〕 明・王世貞：《弇州四部稿》續稿卷一百九十一，收入《景印文淵閣四庫全書》第 1284 冊（台北：台灣商務出版，1983 年），頁 723。

〔註28〕 明・王世貞：《弇州四部稿》續稿卷四十，收入《景印文淵閣四庫全書》第 1282 冊（台北：台灣商務出版，1983 年），頁 527。

「完氣以成調」。以此觀之，則王世貞之「調」同時限制「氣」、「思」兩者，若此，則須釐清三者所指意涵。王世貞言：

> 古體用古韻，近體必用沈韻，下字欲妥，使事欲穩，四聲欲調，情實欲稱。〔註29〕

> 孟浩縣城南面之篇，不作奇事麗語，以平調行之，卻足一倡三歎。
〔註30〕

以「古韻」、「沈韻」觀之，則第一則之「調」所指當爲「聲調」，即詩歌之平仄和諧，亦爲李東陽「耳聽」之詩之聲樂，而第二則之「以平調行之」則爲敘述孟浩然之《登安陽城樓》雖平調使用，卻能一倡三歎、不落俗套。若此，則王世貞之「調」所指當爲詩歌之聲調。但除「聲調」外，王世貞之調是否有其他解釋，則可再看二則引文：

> 盛唐七言律，老杜外，王維、李頎、岑參耳。李有風調而不甚麗，岑才甚麗而情不足，王差備美。〔註31〕

> 何水部、柳吳興篇法不足，時時造佳致。何氣清而傷促，柳調短而傷凡。〔註32〕

首則引言在說明王維、李頎、岑參三者之差別，其稱李頎有「風調」而少麗，岑參則「才」麗而「情」不足，「麗」所指當爲文字使用層面，則「風調」應與「情」相同解釋，所指當爲審美上之「風格、情調」。而「才」爲「思」之基底，亦爲詩人之才情、才華。王世貞稱柳惲「調短而傷凡」亦從「情調」面解釋，所指當爲柳惲情調不足而失之於凡，其又提到何惲「氣清而傷促」，則此「氣清」亦當從情調層面理解，其所指爲何遜詩歌風格、情調清雅但卻太過於急促。至此則知，王世貞之調至少具有二層面意函，一爲「詩歌之聲調」，二爲「風格、情調」。

　　若從此二層面觀，則知「調即思之境」所限制者爲何，其與「格」之限制相同，同樣爲以聲律、體裁限制詩人之才思，其具有規範作用在。

〔註29〕明・王世貞：《弇州四部稿》續稿卷一百八十二，收入《景印文淵閣四庫全書》第 1284 冊（台北：台灣商務出版，1983 年），頁 604。

〔註30〕明・王世貞：《弇州四部稿》卷一百四十七，收入《景印文淵閣四庫全書》第 1281 冊（台北：台灣商務出版，1983 年），頁 382。

〔註31〕明・王世貞：《弇州四部稿》卷一百四十七，收入《景印文淵閣四庫全書》第 1281 冊（台北：台灣商務出版，1983 年），頁 383。

〔註32〕明・王世貞：《弇州四部稿》卷一百四十六，收入《景印文淵閣四庫全書》第 1281 冊（台北：台灣商務出版，1983 年），頁 375。

　　前提及「調」除限制「思」之外亦同時限制「氣」，此「氣」亦從「風格、情調」解釋。風格、情調雖須得以發展，但仍須有其限制在，限制之標準則在於聲調和諧。雖要能使文字具有情感，但又不得太過，不得使聲調過於急促氾濫；聲調雖要規範詩家之情感，但又不能使之綁死，使之無味枯燥，一者為「氣清而傷促」，一者為「調短而傷凡」。「調」為「思」所生，為「風格、情調」之表現，但於表現之同時又需有一限制範疇，此限制範疇即為「聲調」，須於兩者間求取平衡點，使「思」之舒展卻又不失於放，故王世貞前言「調者，氣之規也」、「完氣以成調」。

　　而王世貞言「調即思之境，格即調之界」，可知「格」之限制又比「調」來得高，須以格律限制聲調，此點則跟李東陽觀點相類似，「調」為實際文字運用之規範，故「調即思之境」，而格為判調定名，為調之規範方式，故「格即調之界」。

　　但觀王世貞「才生思，思生調」，顯然王世貞是將才情至於格調之前的，

　　　　聲響而不調則不和，格尊而亡情實則不稱，就天下之所爭趨者，亟

　　　　讀之，若可言，徐而覆之，未盡是也。〔註33〕

聲與調不調則不和，而王世貞又點出「格尊而亡情實」一點。按前所言，「調即思之境，格即調之界」，此二者均為規範之意涵，使詩家之才思能於格律、聲調間發展。但王世貞又反對詩家一昧注重於格律、聲調之限制，其認為若因格而失於情則「不稱」，故其曾言：

　　　　此曹子方寸間先有它人，而後有我，是用於格者也，非能用格者

　　　　也……蓋有真我，而後有真詩〔註34〕

此處之「用於格者」、「用格者」為二種相異之情形，前者為限制於格調，為以格抑我，非能體現「格調說」之精隨，故王世貞稱為「用於格者」。而「用格者」當為於格調中將才情完全發展，雖然抒發才情，但又能配合格調而不失之濫，故能「用格」，此亦為其所言之：「才情融美，格意朗暢〔註35〕」。按其「才」、「思」、「調」、「格」之排序，「才」方為詩主體，此種才情定須能充

〔註33〕　明・王世貞：《弇州四部稿》續稿卷四十七，收入《景印文淵閣四庫全書》第1282冊（台北：台灣商務出版，1983年），頁621。

〔註34〕　明・王世貞：《弇州四部稿》續稿卷五十一，收入《景印文淵閣四庫全書》第1282冊（台北：台灣商務出版，1983年），頁663。

〔註35〕　明・王世貞：《弇州四部稿》續稿卷一百七十二，收入《景印文淵閣四庫全書》第1284冊（台北：台灣商務出版，1983年），頁480。

分表現，否則僅爲合格卻不到「格意朗暢」。而此處亦可得知，王世貞之「格調」本含有情實於內，而此種「情實」也使得「格調」具有詩家風格之意涵。〔註36〕

　　大抵而言，前談及之「出之自才，止之自格」很能體現王世貞之「格調說」，「格」自爲限制之所在，但詩之根本仍源於「才」，此種詩家之才情表現於思慮，而思慮又體現於「調」，一方面繼續展現「風格、情調」，一方面又規範於詩歌之聲韻，使之讀來「完氣成調」，最後在規範於「格」中，使之有明確體範而能成章。而「格調」一方面爲「詩歌之規範」，一方面也帶有「風格、情實」之意涵。

　　王世貞之「詩歌格調說」具有規範意涵在，其晚年思想轉變，逐漸轉向獨抒性靈、講求才情，此些思維均與趙宦光之「書學格調說」有謀合之處。如趙宦光之「書學格調說」以格調爲規範，講求復古、摹古，然而於追溯古人的路途上其又講求著個人風格的展現，此些均似於王世貞之「詩歌格調說」。第二章提及，王世貞、趙用賢、趙宦光三人間有著師徒關係，而趙宦光與王世貞亦有過直接交流，以此脈絡觀之，相較於李東陽「詩歌格調說」，自王世貞之「詩歌格調說」觀趙宦光「書學格調說」是更爲合理的。

第二節　「格」與其相關意涵之析義

　　格調說起於李東陽，但始終應用於文學上。「格調」一詞眞正應用於書畫專書內，當始於趙宦光。同屬明末的汪珂玉（1587～?）所著之《珊瑚網》雖亦有提及格調，但爲人品之批評，如〈魯直綠荣贊墨蹟〉：

　　　按此贊末句言史君炎玉，蓋指眉陽望族史氏女，名琰，字炎玉……

〔註36〕事實上，王世貞晚年反思格調模擬之蔽，逐漸轉向性靈說之發展，也愈來愈注重於個人「才」之表現，其言：「剽竊模擬，詩之大病，亦有神與境觸，師心獨造，偶合古語者……不妨俱美，定非竊也。」《弇州四部稿》卷一百四十七，收入《景印文淵閣四庫全書》第 1281 冊（台北：台灣商務出版，1983年），頁 390。此種剽竊模擬之病當源於無法正確使用格調，格與調雖具有限制之意，但應視爲書家輔助之規範，苟若流於模擬剽竊則不如無有。而王世貞明確的指出，綁死於格調之詩作雖偶有「神與境觸」、「師心獨造」、「偶合古語」，但此亦非模擬所能得，既非模擬所能得，則視爲詩家才情偶然之表現。故可知，王世貞雖強調於格調與才情互相制約之關係，但亦強調格調不可抑制了才情。

炎玉日游心於編簡翰墨，平生遊覽之勝，燕笑之適，與子履詩酒酬
唱，格調閒雅。〔註37〕

此處之格調，當指史玟人格高超、姿態美逸，與書學無關。而真正將格調運
用於書論中的，當屬趙宧光：

夫物有格調，文章以體制爲格，音響爲調；文字以體法爲格，鋒勢
爲調。〔註38〕

詩文以句式長短、體裁爲格，而以聲韻爲調。書法則以體法爲格，鋒勢爲調，
若此，則「體法」與「鋒勢」分別指涉著「格」與「調」，若欲釐清「書學格
調論」之「格」，則需自「體法」起始。底下分「格與體」、「格與法」、「格與
體法」三部分，並從此概述「格」之意涵。

一、「格」與「體」

「體」於文學上具有「體裁」之意涵，而各文體間需有各自之規範、作
用，如《文心雕龍‧銘箴》：

故銘者，名也，觀器必也正名，審用貴乎慎德。

箴者，針也，所以攻疾防患，喻針石也。

夫箴誦於官，銘題於器，名目雖異，而警戒實同。箴全禦過，故文
資確切；銘兼褒讚，故體貴弘潤。其取事也必核以辨，其擒文也必
簡而深，此其大要也。〔註39〕

蓋文體與文體間本有不同的功能，而隨著不同的功能亦有不同的形式。如銘
者用於品題器物、歌頌功德，因此劉勰言「銘題於器」。相對於「銘」之功能，
則「箴」具有勸諷之功用，因此又言「箴誦於官」。而隨著功能、形式不同，
不同文體間之文辭使用亦有差異，如劉勰言「箴」爲勸諷故須「文資確切」，
而「銘」爲「頌德」故須「體貴弘潤」，其不可相混。「體」具有「文體」意
涵，而文體與文體間之體裁、用途、文辭用法均不相同，此點也使劉勰於《文
心雕龍》中分篇敘述不同文體之異。而《文心雕龍》中論文體之篇章其下又
可細分，如〈書記〉篇下又再將「書」分爲：「譜」、「籍」、「簿」、「錄」、「方」、

〔註37〕 明‧汪砢玉：《珊瑚網》，收入盧輔聖主編《中國書畫全書》第 8 冊，頁 46。

〔註38〕 《寒山帚談‧格調》，頁 301。

〔註39〕 南朝梁‧劉勰：《文心雕龍》，收入《景印文淵閣四庫全書》第 1478 冊（台北：
台灣商務出版，1983 年），頁 17

「術」、「占」、「式」、「律」、「令」、「法」、「制」、「符」、「契」、「卷」、「疏」、「關」、「刺」、「解」、「牒」、「狀」、「列」、「辭」、「諺」〔註40〕多種，而每種下再言其形制及功能。文辭須把握文體形式鋪陳，而文采之表現又不得離用途、形制，如賦之文法，「誄」與「頌」文辭使用之差，種種差異也顯示了「辨體」之重要。

　　「體」於文學為「文體」，而書學亦有「體」一觀念，「體」字於魏晉時期書論即開始大量運用，如南朝宋虞龢《論書表》：

　　　臣聞爻畫既肇，文字載興。六藝歸其善，八體宣其妙。〔註41〕

此處之八體所指當為「秦八體」，指秦朝統一文字後，廢除不符合秦朝之六國文字所定之書。如此，則此處之體應當作書體解釋，所指為八種書體。又或者：

　　　昔仲尼修書，始自堯舜。……夏殷之世，能者挺生。秦漢之間，諸
　　　體間出。〔註42〕

此處之「諸體間出」，所指的應也是不同的書體，因此，體的基本意涵即具有「書體」的意思。

　　而趙宧光於寒山帚談中大量提及「體」的問題，特別是第一章：

　　　《書法》止言真書須粗知篆體，余則以為豈惟真之取篆，即篆、隸
　　　不得真、草不成名家。〔註43〕

　　　草書中亦曰行楷，如二王諸帖之稍真者十當八九，僧懷仁等所集聖
　　　教、興福、孔廟碑之類，唐人所稱入院體者是也。〔註44〕

　　其言「粗知傳體」，又稱「真之取篆」、「篆、隸不得真、草」，可知其「體」亦為書體，故「篆、隸不得真、草」即為篆書、隸書與楷書、草書均有關連。而「院體」與行楷相對較，可知「院體」亦為一種書體，則「體」亦作為書體解釋。趙宧光於《寒山帚談》中將〈權輿〉擺於第一章，而〈權輿〉則專談

〔註40〕　南朝梁‧劉勰：《文心雕龍》，收入《景印文淵閣四庫全書》第 1478 冊（台北：台灣商務出版，1983 年），頁 137～141。

〔註41〕　南朝宋‧虞龢：《論書表》，收入唐‧張彥遠輯錄，范祥雍點校：《法書要錄》（上海：上海古籍出版社，2013 年），頁 23。本論文引文自《法書要錄》均採此本，故之後不加出版資料。

〔註42〕　子部，藝術類，書畫之屬，法書要錄，卷四

〔註43〕　《寒山帚談‧權輿》，頁 292。

〔註44〕　《寒山帚談‧權輿》，頁 295。

二十五種書體，可知趙宧光對於書體之辨別極爲在意，其於〈權輿〉中曾言：

> 文字原流久矣，名家作法頗多，集美故是書家能事……若渾渾從事，
> 東看則西，南觀成北，不成文矣。俗人之言，不過曰眞、草、篆、
> 隸，自謂盡於此矣。此大可笑。〔註45〕

趙宧光對於書體之名實分判不滿，特別「不過曰眞、草、篆、隸，自謂盡於
此矣」一句，更顯現其對於書體名實判斷之重視。而其自詡《寒山帚談》爲
補古人所未發，又將〈權輿〉擺於第一章，則此可視爲趙宧光對於歷來書體
名實判斷有不同之看法，就筆者所觀，趙宧光對於書體之判別極爲細膩，此
可以表格呈現之：

	篆書類		隸書類（徒隸）	楷書類（真書）	草書類（稿草）
二十五種書體	古文	玉箸篆	飛白	正書	行書
	雕戈文	飛白	分隸	楷書	章草
	籀篆	刻符	漢隸	蠅頭書	稿草
	大篆	摹印	唐隸	署書	狂草
	小篆	奇篆	徒隸	行楷	草書
	蟲繆篆				

〔註46〕

此二十五種書體爲〈權輿〉之重點，亦爲趙宧光將〈權輿〉擺於第一篇之因，
趙宧光特別重視「體」之分判，其曾言：「篆書之名尤爲渾亂。自周太史籀始
立篆名，秦相效作，謂之小篆。因秦書通行，遂但以籀稱大篆，亦已贅矣，
何乃無古無今，概呼作篆？」〔註47〕自「尤爲渾亂」、「無古無今」可視趙宧

〔註45〕《寒山帚談・權輿》，頁295。
〔註46〕本表格整理自《寒山帚談》第一章，而趙宧光除自稱之二十五種書體外，尚
有一種「蟲繆篆」，故實際爲二十六種。此外，二十五種書體中隸書底下有飛
白，而篆書底下亦有飛白，兩者雖名稱相同，但實爲不同書體。對於隸書之
飛白，趙宧光稱「一曰飛白，篆法將變，正側雜出，燥潤相宣，故曰『飛』
曰『白』。後世失傳，飛而不白者似隸，白而不飛者似篆，皆飛白之流別也。」；
而篆書之飛白爲：「一曰飛白，篆貌隸骨，雜用古今之法。勉作草篆，爲器所
使，自我作之，不得不然也。」頁296。觀其言，則其認爲隸書之飛白爲以失
傳之書體，界於篆書與隸書之間，更類似於兩書體之過度、變體，同時含有
二者之筆法、結構，但卻又非二者。而篆書之「飛白」即爲趙宧光自豪之「草
篆」，而其亦稱其草篆由此而來。然而本篇論文目的不在探討趙宧光之草篆，
故不再深入分析，若有興趣研究趙宧光草篆之源由者當於此始。
〔註47〕《寒山帚談・權輿》，頁296。

光之不滿，而自書體分割細膩則知趙宧光之重視，推其想法，則知其認爲書體與書體間須有明確分辨，而隨著書體不同，表現之方式應也不同。而其於分判篆書諸體前亦言：「書體流傳，法非一代，代非一人。然徒擁其名而不見其形者眾也。所可遵者，常取十體，欲著其妙，疏之下方」〔註48〕書體流傳非一人一代，而諸體變化又非一形一體，特別爲先秦篆書名實混亂，有名無實者大而有之。趙宧光自言其整理篆書十體乃出自「可遵者」，此自非易事，然而此種整理工夫更反映趙宧光對於分判諸體之看重，而此欲撥亂反正之想法亦使趙宧光將〈權輿〉置於第一篇。

總而言之，文學須「辨體」，因其形式、功能不同，此些差別又使文辭之鋪陳有異。而書學之「書體」亦同，如篆書之結構與楷書本有差異，因此筆法有別；又書寫形式之差也需使用不同書體，如刻印之於摹印、榜書之於大、小篆。書體與書體間亦須有辨體，《寒山帚談・權輿》之書體細分正基於此，而此種對於書體分判之重視也導向了「格」之「法」的出現。

二、「格」與「法」

「法」一字單獨使用時爲「方法」之意涵，而「法」字於書論中亦時常提及，如：

傳東晉衛夫人《筆陣圖》

用筆結構圓備如篆法，飄颺灑落如章草。〔註49〕

張懷瓘《書斷・中》

索靖字，幼安……或云楷法則過於衛瓘，然窮兵極勢，揚威耀武，觀其雄勇欲陵於張，何怛於衛。〔註50〕

「法」字本爲方法，擺於何字之後則解釋爲何者之法，而此處之「篆法」、「楷法」則爲篆書之法、楷書之法，可知「法」至於書體之後則成爲「書體之法」，而此種書體之法則包含了一書體之相關法式，諸如結構、用筆等。故《筆陣圖》中稱用筆與結構之圓備需如篆法，而書斷中「窮兵極勢」、「揚威耀武」均在敘述索靖之楷書，稱其楷書氣勢過人。而「法」除可擺於書體後，成爲「某書體之法外」，其有時亦非單指某種書體，如：

〔註48〕 《寒山帚談・權輿》，頁298。
〔註49〕 傳東晉・衛夫人《筆陣圖》，收入《法書要錄》卷一，頁6。
〔註50〕 唐・張懷瓘《書斷・中》，收入《法書要錄》卷八，頁186。

後魏江式《論書表》

左中郎將陳留蔡邕采李斯、曹喜之法，爲古今雜形，詔於太學立石碑〔註51〕

張懷瓘《書斷·上》

（行書）雖諸家之法悉殊，而子敬最爲遒拔。〔註52〕

傳王羲之《筆勢論·啓心》

夫欲學書之法，先乾研墨，凝神靜慮，預想字形大小、偃仰、平直、振動，則筋脈相連，意在筆前，然後作字。〔註53〕

「法」字意思多種，如第一則引言中之「李斯、曹喜之法」所指爲「一書家之法」，而此種「書家之法」則不限於書體之內，可指篆指隸，一人之所有書寫方法均涵蓋於中。或者第二則引言，此「諸家之法」又再擴大意涵，此時不單指於一家，而爲所有書家書寫行書之方法。而王羲之《筆勢論·啓心》之「法」則擴大爲「書之法」，此「書之法」意思則與今日所稱之「書法」相同，所指爲「書寫之法」。而此種「書之法」包含面相最廣，不論書體、結構、筆法、布局等相關概念全部囊括於內，故〈筆勢論·啓心〉談及此點時從「字形」、「筋脈」、「意」等層面談之。

「法」可自大方向敘述，亦可從細節切入，如書論中其也常成爲「用筆之法」：

唐代徐浩《古蹟記》

臣長男璹，臣自教授，幼勤學書，在於眞、行，頗知筆法，使定古蹟，亦勝常人〔註54〕

唐代張懷瓘《書議》

（王獻之）……有若風行雨散，潤色開花，筆法體勢之中最爲風流者。〔註55〕

此處之「法」至於「筆」後，則知此「法」爲敘述「筆」所用，故此「法」

〔註51〕後魏·江式《論書表》，收入《法書要錄》卷二，頁53。
〔註52〕唐·張懷瓘《書斷·上》，收入《法書要錄》卷七，頁169。
〔註53〕傳東晉·王羲之《筆勢論》，收入宋·陳思：《書苑菁華》，收入盧輔聖主編《中國書畫全書》第3冊，頁8。
〔註54〕唐·徐浩《古蹟記》，收入《法書要錄》卷三，頁84。
〔註55〕唐·張懷瓘《書議》，收入《法書要錄》卷四，頁105。

爲「用筆之法」。以此觀之，則第一則引言爲徐浩自述其長子善於眞書、行書，且於筆法頗有心得，而第二則引言則爲張懷瓘稱讚王獻之筆法、體勢高妙。「法」可成爲「用筆之法」，然書法不單僅有筆法，其更包含了結構層面在，就筆者所觀，以「法」敍述「結構」者較少，但此亦不代表結構無法。前言「書體之法」即有提到此「法」包含書體內所有技法，既如此，則一書體之法應已涵括結構於內。故知《書斷》中稱王獻之「最爲遒拔」並不單稱讚行書筆法，其同時也稱讚王獻之行書結構得當。又，前言「諸家之法」、「一書家之法」、「書之法」亦相同，此「法」本同時包含結構、筆法於內。可知，「法」之意涵並不侷限於一點，其包涵之意義須看「法」所稱之字，苟若「法」爲敍述「書體」、「書家」、「書寫」，則其幾乎包含了書寫的所有面向。

　　既如此，則趙宧光「格」所指爲何，其稱「文字以體法爲格，鋒勢爲調」，以前言所述觀之，則其「法」所指爲「體」，而其「體」又爲敍述「書體」而來。可知，趙宧光之「體法」所指爲「書體之法」，篆有篆法，草有草法。如孫過庭《書譜》云：「篆尚婉而通，隸欲精而密，草貴流而暢。」〔註56〕篆書之婉轉、圓通，隸書之精勁、茂密，草書之流暢，不同書體則有不同書體之法。既如此，則可自「書體之法」探討其「格」。

三、「格」與「體法」

　　趙宧光之「體法」爲「書體之法」，「體法」一詞於《法書要錄》中已使用，如：

> 陸學士柬之受於虞祕監，虞祕監受於永禪師，皆有體法，今人都不聞師範。〔註57〕

> 蔡邕，字伯喈，陳留圉人……工書絕世，尤得八分之精微。體法百變，窮靈盡妙，獨步今古。〔註58〕

《書品後》之「體法」並未有明確說明，但以師承傳遞觀之，則自不可能僅傳授用筆、結構單一層面，故此處之體法應以「書體之法」解釋較爲合理。而《書斷·中》則直指蔡邕八分精微，而此種精微也使得蔡邕能於八分之結

〔註56〕唐·孫過庭《書譜》，收入《景印文淵閣四庫全書》第812冊（台北：台灣商務出版，1983年），頁32。
〔註57〕唐·李嗣眞《書後品》，收入《法書要錄》卷三，頁69。
〔註58〕唐·張懷瓘《書斷·中》，收入《法書要錄》卷八，頁184、185。

構、用筆有不同變化，故稱其「體法」百變。可知，此處之體法均以「書體之法」解釋較爲恰當。而此用法至宋朝時仍通用，如宋代董逌（1079〜1140）《廣川書跋》評《砥柱銘》：

> 筆力有餘，點畫不失，尚多隸體氣象，奇偉猶有古人體法。〔註59〕

此處評《砥柱銘》氣象雄厚、帶有隸意，可知「體法」亦作爲「書體之法」。而傳唐代虞世南（558〜638）〈勸學篇〉亦有提到「體法」：

> 余中宵之間，遂夢吞筆，既覺之後，若在胸臆。又因假寐，見張芝
> 指「一」，道：「字用筆體法斯也。」足明至誠，感神信有徵矣。〔註60〕

虞世南自言夢見張芝以「一」字傳授書法予他，而此「一」字則當包含結構與筆法於內，故此體法仍以「書體之法」解釋較爲合理。傳唐代虞世南《勸學篇》或全或片段收錄於《書苑菁華》、《墨藪》、《法書考》、《書法離鉤》中，而關於陸柬之、蕭子雲之評論則收於《法書要錄》，據筆者所見，大部分書論中所集之「體法」二字均爲「書體之法」。

而趙宧光之「體法」與先前書論之「體法」相同，同樣爲「書體之法」，然而自「格爲體法」觀之，趙宧光對於「體法」二字又更加重視：

> （篆書）再變而爲徒隸，縱逸爲體，波折爲用，體用相乖，跳躑飛
> 動，以過爲德，而書道衰矣。其法揣摸成體，或得或失。三變而爲
> 眞書，偏側爲體，挑剔爲用，本來形義，蕩然烏有，書道絕矣。其
> 法恣爲妍媚，舉世自好，古今皆是也。〔註61〕

趙宧光對於篆書推崇，其認爲篆書盛行之時爲書法發展之巔峰，而篆書之體法亦爲萬世楷模，其於《寒山帚談》稱篆書：「其法若存若亡，亦非後世可及」〔註62〕而此「非後世可及」也引出了其後體法不斷衰弱之結論。於隸書時，其稱「縱逸爲體」，又稱「體用相乖」，隸書之體扁平，故趙宧光稱之爲「縱逸」。而後其又稱隸書之「法」「揣摸成體，或得或失」，此「法」則爲「書體之法」，隸書之產生爲篆書書寫之隸變，而趙宧光亦根據「隸變」稱隸書之體法爲「揣摩」，而此種揣摩已不如篆書。隸已不如篆，而隸後又再下一層。趙宧光認爲眞書之體「偏側」，而「體法」則以「妍媚」爲準，「體法」者，當

〔註59〕 宋・董逌《廣川書跋》，收入盧輔聖主編《中國書畫全書》第 2 冊，頁 72。

〔註60〕 傳唐・虞世南〈勸學篇〉，收入宋・陳思：《書苑菁華》，收入盧輔聖主編《中國書畫全書》第 3 冊，頁 103。

〔註61〕 《寒山帚談・權輿》，頁 290。

〔註62〕 《寒山帚談・權輿》，頁 290。

包含結構、用筆等一書體所有層面，相較於隸書之結構用筆仍能揣摩於篆書，楷書之體法則已失古人之法。事實上，若以結構、筆法觀之，則隸書、楷書仍有其一套「書體之法」並非無法，而趙宧光則根據書體特性斷定隸書之體法為「揣摩」，楷書之體法為「妍媚」，此為依照篆書為標準之喜好問題。相較於隸、楷，趙宧光對於「行草」則有更多之非議：

> 四變而為稿草書，就勢為體，放逸為用，取影忘真，時露相氏，除是惡俗野狐，名家者流未必無合。道在宇宙，無往不複。書家習一忘多，則大昧小是，未握其機耳。〔註63〕

相較楷、隸，前二者之體仍有一定標準，一為「揣摩」一為「妍媚」，而稿草之「體」卻為「就勢」，此處「就」之意涵應為「依照」〔註64〕。篆、隸、楷、稿草並觀，則能明瞭趙宧光對於書體之判別為依時而下，隸不如篆、楷不如隸、稿草又不如楷。而此處之判別方式應為趙宧光個人喜好居多，其身兼文字學家，又學於書法、篆刻，對於篆書自是情有獨鍾，也因此將篆書抬高自隸、楷、稿草之上。〔註65〕

然而，趙宧光並非真正排斥於隸、楷、稿草，其《寒山帚談‧權輿》中仍費了不少心思敘述此三書體，而前亦整理趙宧光對於此三體之名實辨別，苟若真排斥此三體則自不必費心於整理各體之差別。筆者以為此當與趙宧光排斥時代風氣有關。自「書家習一忘多，則大昧小是，未握其機耳」觀，則可推測趙宧光認為近代書家未能掌握各體之體法，而此處之用意並非著重於批評，其旨在剖析各體之重點，點明學此三體時該留心之面象。「習一忘多」、「未握其機」為其關鍵，書家應能自各體觀之，反覆思考各體之體法該如何表現，故趙宧光敘述隸書之體法時仍有「或得或失」，敘述稿草之體法時仍有「未必無合」。而其亦云：「真書不師篆、古，行草不師章、分，如人食粟衣絲，而不知蠶繭禾苗所出也。」〔註66〕又云：「體法互用，取近斯顯，不得不

〔註63〕 《寒山帚談‧權輿》，頁290。
〔註64〕 「勢」之問題為「調」之關鍵，於之後會再詳提。
〔註65〕 其於寒山帚談中自言：『《書法》每云：學書先學篆隸，而後真草。又云：作字須略知篆勢，能使落筆不庸。是故文字從軌矩準繩中來，不期古而古：不從此來，不期俗而俗。書法所稱蜂腰鶴膝、頭重末輕、左低右昂、中高兩下者，皆俗態也，一皆篆法所不容。由篆造真，此態自遠。』《寒山帚談‧權輿》。頁290。由此可知，趙宧光認為篆書之「體法」為一切書體之根源，苟若不得篆書之法，則其餘書體亦無法寫好。
〔註66〕 《寒山帚談‧權輿》，頁291。

分屬以著其說耳，泥則窮矣。」〔註 67〕書體之互相參照是有必要的，書體之演變有其脈絡，而其中體法亦層層相關，此也導致趙宧光認爲有必要將各體體法之優缺詳細說明。此處其思考是多面向的，一方面崇尙於篆書，故將其體法置之於上，一方面也認爲近代書家不得法，故將各體體法分析說明。

　　而前言趙宧光對於書體判別重視，此種重視亦與「體法」之下降脫離不了關係，於第二章時提過晚明之書風走向，此時期之書風不再以經典爲尊，改爲個人抒發，書風雖有更多元之走向，卻也慢慢的狂放、失去標準。而趙宧光敘述稿草之體法「取影忘眞，時露相氏」更似對於時代批評而來。如其曾云：

> 今之俗人，去眞、草、隸書而外通混稱篆，此爲可笑耳。請別名號，
> 而後可與言實體。不然夢中說夢，何時醒乎！〔註 68〕

此處之批評重點雖言篆書，但此弊病亦可對照其餘書體。其言「請別名號，而後可與言實體」，一體有一體之法式是爲體法，而既不同體則體法須有明確分別，否則結構用筆混亂。故趙宧光強調不可「混稱」，此觀點亦促使其將書體細分爲二十五種。「今之俗人」則爲趙宧光強調「名實」、「體法」之關鍵，其認爲時代風氣流於「混稱」，亦使「體法」蕩然無存。

　　而前言王世貞之「格」具有「規範」意涵，一詩體需有一詩體之規範，若無此規範，則其「調」無所制衡、傷之於濫，故王世貞強調於「格」。而趙宧光「書學格調論」亦有異曲同工之妙，其「書之格」與「詩之格」相似，同爲一體之規範，而此種規範則爲「體法」，其同時包含了一書體之結構、用筆等各種面向。趙宧光處於書風劇變之時期，此時期之行草不論結構、筆法均有了更多的個人思維，但卻也慢慢的失去了標準，如其言：

> 往見學書人，於近代名家無所不學，於古法帖反複茫然。即稍知仿
> 效，不過浮慕幾字幾筆，遂杜撰改作，附名某家體法，大可怪也。
> 〔註 69〕

時代風氣已非擬古，而經典體法亦慢慢消失，「格」之規範亦不復存在。如此情形中，則可視趙宧光之「書學格調論」乃針對時代風氣而來，其所強調之「格」爲書體之體法、規範，而此「格」所針對的則是此時代逐漸狂逸的書風，糾正的爲此時代逐漸失去的體法規範。若以此觀，則趙宧光之「書學格

〔註 67〕《寒山帚談·權輿》，頁 291。
〔註 68〕《寒山帚談·權輿》，頁 292。
〔註 69〕《寒山帚談·臨仿》，頁 321。

調論」、「格爲體法」是十分有見識的。

格爲體法、規範，而趙宧光對於「書學之格」則提出明確之典範：

> 格不古則時俗，調不韻則獷野。故籀鼓、斯碑，鼎彝銘識，若鍾之
> 隸，索之章，張之草，王之行，虞、歐之眞楷，皆上格也。〔註70〕

「格」爲體法，而「格」之要求以古爲優，若要了解「格」之古，則得先看趙宧光所舉之上格。其上格包含《石鼓文》、李斯（B.C280～208）小篆、鐘鼎銘識、鍾繇隸書、索靖與張芝草書、王羲之行書、歐陽詢、虞世南之楷，此些書作於歷來書論中均能得及中上評價〔註71〕，特別是晉人之代表王羲之：

> 王羲之書若壯士拔劍，擁水絕流。頭上安點如高峰墜石，作一橫畫
> 若千裏陣雲，捺一偃波若風雷震駭，作一豎畫如萬歲枯藤，立一倚
> 竿若虎臥鳳闕，自上揭竿如龍躍天門。〔註72〕

《書斷》中，除歐陽詢、虞世南列爲妙品外，其餘均進入神品。而其餘書論雖略有改動，但此些書家仍居前位。而趙宧光所言「鐘鼎銘器」並未給予詳

〔註70〕　《寒山帚談・格調》，頁301。

〔註71〕　張懷瓘《書斷》上：「贊曰：體象卓然，殊今異古，落落珠玉，飄飄纓組。蒼頡之嗣，小篆之祖，以名稱書，遺跡石鼓。」收入《法書要錄》卷七，頁164。張懷瓘《書斷》中：「始皇以和氏之璧，琢而爲璽，令斯書其文。今《泰山》、《嶧山》、《秦望》等碑，並其遺迹，亦謂傳國之偉寶。百代之法式，斯小篆入神。」收入《法書要錄》卷八，頁183。張懷瓘《書斷》中：「元常隸、行入神，八分入妙。」收入《法書要錄》卷八，頁185。張懷瓘《書斷》中：「索靖字幼安，燉煌龍勒人，張伯英之離孫。……幼安善章草書，出於韋誕，峻險過之，有若山形中裂，水勢懸流，雪嶺孤松，冰河危石，其堅勁則古今不逮。」收入《法書要錄》卷八，頁186。張懷瓘《書斷》中：「羊欣云：張芝、皇象、鍾繇、索靖，時並號書聖，然張勁骨豐肌，德冠諸賢之首，斯爲當矣。其行書則二王之亞也，又善隸書，以獻帝初平中卒。伯英章草、草、行入神，隸書入妙。」收入《法書要錄》卷八，頁184。張懷瓘《書斷》中：「皇朝歐陽詢……眞行之書，雖於大令，亦別成一體。森森焉若武庫矛戟，風神嚴於智永，潤色寡於虞世南。」收入《法書要錄》卷八，頁199。張懷瓘《書斷》中：「論其眾體，則虞所不逮。歐若猛將深入，時或不利；虞若行人妙選，罕有失辭。虞則內含剛柔，歐則外露筋骨。君子藏器，以虞爲優。」收入《法書要錄》卷八，頁200

〔註72〕　唐・韋續《墨藪》，收入盧輔聖主編《中國書畫全書》第1冊，頁15。按：此處王羲之之評論不採用《書斷》，因《書斷》雖將王羲之行書列爲神品，但未加詳細說明，僅言：「千變萬化，得之神功。」亦或：「研精體勢，則無所不工。」其中雖有評論者，但是：「然割析張公之草，而濃纖折衷，乃愧其精熟；損益鍾君之隸，雖運用增革，而古雅不逮。」此處評王羲之書法不合處，與文本無關，亦不合趙宧光推崇王羲之，故用《墨藪》。

細範圍，則可視爲秦以前之銘器。趙宧光醉心於古文字，對於古文倍加推崇，按其觀念凡爲古文者皆可學習。如其言：「字必晉、唐，晉、唐必漢、魏，漢、魏必周、秦篆隸，篆隸必籀斯、邕鵠，此數家又須仿之鼎彝銘識，而後不爲野狐惑亂。」〔註73〕此種自脈絡向上學習一直是趙宧光尊古的核心。而趙宧光所舉之例遍及五體，五體中又各舉其中佼佼者，就其所舉之例，可知其格之古所指當爲「高古」，而若欲學良好之體法亦得由此起始。如索靖之「堅勁則古今不逮」，又如《石鼓》之「體象卓然」。而此高古亦不得軟弱無力，如王羲之「壯士拔劍」、張芝「勁骨豐肌」；雖不得無力但亦不可剛強獷野，須如虞世南「君子藏器」。以此觀之，不論何體書，格之高古爲必然——須有力而不曠野，穠纖合度而不鄙俗，方稱得「上格」。而其中之例，年代最晚者當爲唐初之虞世南（558～638），此處亦可見趙宧光之崇古。就其理論，若欲避時俗則求格之高古，欲求格之高古，則當從擬古入手。〔註74〕

　　大體而言，趙宧光之「格爲體法」即將「格」視爲「一書體之法式」，而「書學之格」與「詩學之格」相類似，同爲對一體之規範。而趙宧光所處之時代風氣對於書體之規範逐漸消失，也使得書風逐漸狂逸，於此情形下，也使得趙宧光「書之格」更似爲了抗衡時代風氣而來。

第三節　「調」與其相關意涵之析義

　　「書學格調說」格之指涉已清楚，則可接著再觀趙宧光所言之「調」，而欲談其「調」，「文字以體法爲格，鋒勢爲調」一句仍爲關鍵。相較於其稱「體法爲格」，談及「調」時其則以「鋒勢」言之，既如此，則「調」之意涵亦需自「鋒勢」起始，底下即以「調與鋒」、「調與勢」、「調與鋒勢」、「調與風格」四點分而論之：

一、「調」與「鋒」

　　「鋒」字於書論中使用甚早，如南朝梁武帝《觀鍾繇書法十二意》中即對「鋒」下了明確的定義，其言：「鋒，謂端也。」〔註75〕此「端」所指當爲

〔註73〕《寒山帚談・學力》，頁316。

〔註74〕趙宧光認爲「格」需高古，而此高古則與其尊古賤今有關，此部分可參考第五章『「古人氣象」與「今人俗書」』。

〔註75〕南朝梁・武帝《觀鍾繇書法十二意》，收入《法書要錄》卷二，頁29。

「筆端」，既如此，則「鋒」所指應爲「筆之前端」，即今日所言之「筆尖」、「筆鋒」，而前人言及時或稱爲「筆鋒」：

> 傳唐代顏眞卿〈張長史十二意筆法〉：
>
> 曰：「鋒爲末，子知之乎？」曰：「豈不謂末以成畫，其鋒健之謂乎。」
>
> 〔註76〕

> 南宋姜夔《續書譜》云：
>
> 用筆不欲太肥，肥則形濁……不欲多露鋒芒，露則意不持重〔註77〕

〈張長史十二意筆法〉之對答能完整的解釋「鋒」之意涵，「鋒爲末」與「鋒謂端」相同，同樣指稱筆之末端，而此最末端之筆尖即稱爲「鋒」。而行筆運用時，筆鋒與紙面必然接觸摩擦，因此，決定一字線條好壞之關鍵亦在於此，故引文中稱「末以成畫」；筆毛之長度不等，然而行筆時並非將筆壓死，苟若壓死則觀之窒礙難行，而此種不將筆壓死僅將「筆鋒」貼於紙面之狀況則被稱爲「健」。而姜夔《續書譜》中所言之「鋒芒」亦同指「筆鋒」，「不欲多露鋒芒」則爲「藏鋒」，大抵而言，凡提及「鋒」者大多爲筆鋒之使用狀態，諸如「藏鋒」、「鋒芒」、「出鋒」、「收鋒」、「中鋒」均屬於此一類型。

「鋒爲末」，則可再觀趙宧光之「鋒」是否同屬於「筆鋒」之意涵，其於《寒山帚談》言：

> 收鋒則垂露，縱筆則懸針。〔註78〕

> 管直而鋒自正，鋒正則體不欹〔註79〕

此處趙宧光之「鋒」亦爲「筆鋒」之意涵，而其中所言之「收鋒」即前言之「鋒」之使用狀態，而第二則談及正鋒之問題亦同樣解釋。然而前所言，於行筆運動時主體仍是「鋒」，可謂「筆鋒」之使用爲用筆之關鍵，因此，「鋒」時而具有用筆之意涵，如：

> 評論鑴工，古以不失體爲高手，今以不失筆爲高手。……若夫鋒嫩
> 鮮妍，不過漫然稱賞而已，豈可同年而語哉！〔註80〕

〔註76〕 唐・顏眞卿〈張長史十二意筆法〉，摘自唐・韋續《墨藪》，收入盧輔聖主編《中國書畫全書》第1冊，頁21。
〔註77〕 南宋・姜夔《續書譜》，收入盧輔聖主編《中國書畫全書》第2冊，頁446。
〔註78〕 《寒山帚談・權輿》，頁291。
〔註79〕 《寒山帚談・學力》，頁315。
〔註80〕 《寒山帚談・評鑑》，頁333。

此則引文之目的在於評論，苟若單以「筆鋒」來解釋「嫋」、「鮮妍」則不太合理，加之前以「失體」、「失筆」談論能刻者，則此「鋒」應爲更大層面之問題，故此處之「鋒」所指應爲「用筆」問題，趙宦光亦以此稱今人用筆柔弱而妍麗。而此種以「鋒」爲「用筆」之論法亦非使於趙宦光，如唐代韋續《九品書》：

> 張旭筆鋒詭怪，點畫生意〔註81〕

此處之「筆鋒詭怪」應指張旭筆法千變萬化，進而能「點畫生意」，故知此處之「筆鋒」亦爲用筆。至此，則知趙宦光「鋒」之意涵有二：一爲「筆鋒」，同時也談及筆鋒之使用狀態，如中鋒、藏鋒、引鋒。二爲用筆問題。「鋒」之意涵釐清，接著則可談及「勢」。

二、「調」與「勢」

「勢」之使用於魏晉南北朝興盛，亦爲此時期書論之一大課題。如清代康有爲於《廣藝舟雙楫》言：

> 古人論書，以勢爲先。中郎曰「九勢」，衛恆曰「書勢」，義之曰「筆
> 勢」。蓋書形學也，有形則有勢。兵家重形勢，拳法重撲勢，義固相
> 同，得勢便則已操勝算〔註82〕

「蓋書形學也」點出書法鑑賞之關鍵，書法爲眼觀故爲「形學」，而此種「形」則接著導出「勢」，因此只要能掌握形勢便能掌握此「形學」之要領，故其言「得勢便則已操勝算」。而此「勢」爲形之要領，故古人亦不乏提及，諸如《九勢》、《書勢》、《筆勢》等以「勢」爲名之書論，其重要性可見一斑。而「勢」之意涵非單一指稱，於書論中時可敘述字形結構，如傳王羲之題衛夫人《筆陣圖》後：

> 若欲學草書，又有別法，須緩前急后，字體形勢，狀等龍蛇，相鉤
> 連不斷〔註83〕

唐代竇臮《述書賦‧上》：
> 長茂草勢，既捷而疏。慕王不及，獨斷所如。〔註84〕

〔註81〕 唐‧韋續《墨藪》，收入盧輔聖主編《中國書畫全書》第 1 冊，頁 13。
〔註82〕 清‧康有爲《廣義舟雙輯》（台北：台灣商務印書館，1965 年），頁 84。
〔註83〕 傳王羲之題衛夫人《筆陣圖》，收入《法書要錄》卷一，頁 7。
〔註84〕 唐‧竇臮《述書賦‧上》，收入《法書要錄》卷五，頁 128。

以「狀等龍蛇」形容草書觀之，則此處之「字體形勢」所指應爲一字之字形結構，故其稱「相鉤連不斷」。而《述書賦・上》旨在敘述沈嘉之草書，以「既捷而疏」觀之，則其描述的應爲沈嘉草書開張變化強烈，此同屬於結構範疇。而此種用法時「勢」所敘述對象多爲書體、形，故有「草勢」、「形勢」等稱呼，此「勢」所描述的則較接近於結構外形。而除了結構外形外，勢亦可做爲「用筆之法」，如唐代張懷瓘《書斷・上》：

　　（八分）王愔云：「次仲始以古書方廣少波勢。」〔註85〕

　　唐代徐浩《論書》

　　用筆之勢，特須藏鋒，鋒若不藏，字則有病，病且未去，能何有焉。

〔註86〕

此處「勢」所指爲「筆勢」，所強調乃「用筆之法」，故提及八分時言「波勢」，此波勢爲隸書用筆一波三折之法，而徐浩亦以藏鋒歸爲「用筆之勢」其一。「勢」可指用筆，但有時能更深入的描寫「用筆之力度」，如：南朝宋羊欣《采古來能書人名》：

　　王獻之，晉中書令，善隸薰，骨勢不及父，而媚趣過之〔註87〕

　　南齊王僧虔《論書》：

　　索靖字幼安，敦煌人，散騎常侍張芝姐之孫也，傳芝草而形異，甚

　　矜其書，名其字勢曰『銀鉤薑尾』。〔註88〕

羊欣稱王獻之「骨勢不及父，而媚趣過之」，此處之「勢」所指爲骨，故可知此勢爲「骨之勢」，而前言「格」時提及「骨力」之要求爲魏晉書論之關鍵，此處亦將「骨」納爲評斷標準之一。而第二則之「銀鉤薑尾」所指爲書法點畫筆力雄強，而索靖以此稱己「字勢」具有剛健之力亦爲同一用法。以「筆力之勢」與「用筆之勢」相較，則前者較重於骨力、剛健之表現，而後者較著重於用筆之技法；前者「筆力之勢」較接近抽象之勢，著重於內隱之力度表現，後者「用筆之勢」較接近實質之勢，著重於外顯技法之表現。而「勢」除可自細節觀之，其亦可以自大方向形容一書形，如唐代張懷瓘《書斷・上》：

〔註85〕唐・張懷瓘《書斷・上》，收入《法書要錄》卷七，頁165。

〔註86〕唐・徐浩《論書》，收入《法書要錄》卷三，頁79。

〔註87〕南朝宋・羊欣《采古來能書人名》，收入《法書要錄》卷一，頁11。

〔註88〕南齊・王僧虔《論書》，收入《法書要錄》卷一，頁17。

史游製草，始務急就，婉若迴鸞，攖如舞袖，遲迴縑簡，勢欲飛透，
敷華垂實〔註89〕

南朝梁袁昂《古今書評》：

蕭思話書走墨連綿，字勢屈強，若龍跳天門，虎臥鳳閣。〔註90〕

張懷瓘評斷史游草書自「迴鸞」、「舞袖」等意象形容草書之飛動，而後更以
「勢欲飛透」評斷史游草書開張自若，此些評論均自大方向之「形」而來，
與前三者不同。前三者之「勢」或「結構」或「用筆」、「筆力」，但此處純以
「整體之形」為「勢」之標準，以此觀，則此「勢」應為「整體形象美感」。
而袁昂於敘述蕭思話之書時亦自「整體形象美感」觀之，故其言「龍跳天門」、
「虎臥鳳閣」，此些非自細節評論，而為以意象形容整體形象美感。至此可知，
「勢」於書論中至少具有「字形結構之勢」、「用筆之勢」、「筆力之勢」、「整
體形象美感之勢」等不同面向，「勢」所描述為「形」，而書法之形又不單建
立於結構、用筆，故「勢」所描述之對象亦不局限於單一。

「勢」之意義多種，而趙宧光於《寒山帚談》談及「勢」時亦非單一面
象，其「勢」時可指「筆法」，如：「古人不畏無筆勢而畏無結構，今人惟筆
勢自務。」〔註91〕此處以「結構」、「筆勢」相對應，故知此「筆勢」所指當
為「用筆」之範疇。而除用筆外，其「勢」亦可指「結構之勢」：

平直故是正法，其勢有不得平直者，不可以此拘拘也〔註92〕

凡行草章法筆法，大半借勢成形，巨細短長，方圓流轉，任其所用

〔註93〕

「其勢有不得平直者」與「平直」並觀，則此「勢」之意涵應為結構層面，
為趙宧光敘述結構之平直問題。而第二則之「借勢成形」為說明草書之結構
形式變化，因草書開闔變化強烈，除需筆法變化外，更需於外在結構形狀有
一定幅度之變化，故有「借勢成形」。然而，其談及此問題時又言「筆法」，
則此「勢」究竟為「筆法之勢」或者「結構之勢」，此問題則需與「鋒」並觀
解答。

〔註89〕 唐・張懷瓘《書斷・上》，收入《法書要錄》卷七，頁168。
〔註90〕 南朝梁・袁昂《古今書評》，收入《法書要錄》卷二，頁51。
〔註91〕 《寒山帚談・拾遺》，頁355。
〔註92〕 《寒山帚談・格調》，頁307。
〔註93〕 《寒山帚談・臨仿》，頁320。

三、「調」與「鋒勢」

「調為鋒勢」，而鋒者除可指「筆鋒」外亦可指「用筆問題」，而勢則具有「字形結構之勢」、「用筆之勢」、「筆力之勢」、「整體形象美感之勢」等多種不同面向，兩者並觀，則「鋒勢」可指涉者範圍極廣。觀前述「凡行草章法筆法，大半借勢成形」一句，則此同時涉及用筆、結構二方面問題。「勢」為外在形體，故草書之勢首重於結構，苟若結構不靈動則「勢」亦難以成形；但另方面此「勢」又從用筆而來，若用筆緊縮則勢亦難以展開。筆者以為，此處趙宧光之「勢」為「不同之方向性」，而此方向性又自「體」而來。若以「方向性」觀趙宧光之勢，則「鋒」之意涵更為清楚，其所指為「筆鋒」，故其「書學格調論」之「調」帶有「用筆之不同方向性」意涵，而此種用筆之不同方向性則能解釋「借勢成形」。筆鋒行走則成結構、章法，而筆鋒行走之方向則依靠「勢」。「借勢成形」亦可以文學角度釋之，《文心雕龍·定勢》言：

> 勢者，乘利而為制也。如機發矢直，澗曲湍回，自然之趣也。圓者
> 規體，其勢也自轉；方者矩形，其勢也自安〔註94〕

〈定勢篇〉專談「勢」之使用，而開頭即以「乘利而為制」敘述「勢」，此種「乘利」即為「借勢而行」，故其言弩之矢必然直線而飛，曲澗之水必然因谷而繞行。然而既為「乘利」，則文辭所乘者為何，又言：

> 是以括囊雜體，功在銓別，宮商朱紫，隨勢各配。章表奏議，則准
> 的乎典雅；賦頌歌詩，則羽儀乎清麗；……連珠七辭，則從事於巧
> 豔。此循體而成勢，隨變而立功者也。〔註95〕

前於「格」提及「辨體」之重要，而於「借勢」又再次提即「體」之觀念。依劉勰言，則各體有各體法度，若能遵循各體法度發揮文采則能「循體而成勢」，如賦頌為歌詠，故文辭須端儀而華麗，章表為奏議，故須典正而高雅。各文體皆有各文體之法度、用途，遵循此間規則發揮文采則為「勢」。而此先決條件為「銓別」須先能分判諸體，不單文體，繪畫、音律皆是，書法亦如是。趙宧光言行草章法、筆法大半「借勢成形」，則此「勢」可視為行草體法，如開闊處、緊密處、圓轉、方折，能讓筆鋒之方向隨「勢」而行則可成體。《寒山帚談》中尚有一則能與之並觀：

〔註94〕 南朝梁·劉勰：《文心雕龍》，收入《景印文淵閣四庫全書》第 1478 冊（台北：台灣商務出版，1983 年），頁 147。

〔註95〕 南朝梁·劉勰：《文心雕龍》，收入《景印文淵閣四庫全書》第 1478 冊（台北：台灣商務出版，1983 年），頁 147。

蔡邕夏丞碑。八分正法，尚存篆體，筆勢背分，此分書之始。〔註96〕其言八分「筆勢背分」，所指應爲八分書筆畫相背，形勢主要以背勢爲主。以「背勢」而言屬於結構範疇，然而此種背勢卻由「筆勢」而來，若筆勢不背分，則背勢亦難以成立。故此處之「勢」難言「結構之勢」或「用筆之勢」，其強調的亦爲用筆之方向性。

而此「用筆之方向性」是否與前談及書論之四種勢不同，筆者以爲不然。前言「勢」有「字形結構之勢」、「用筆之勢」、「筆力之勢」、「整體形象美感之勢」等不同面向，然而此些均與「方向性」有關。如結構之變化亦可以用筆方向變化解釋，而用筆之方向本屬於「用筆之勢」範疇，而此些不同方向之改變最後亦影響整體形象美感。而「筆力之勢」較爲特別，其講求的是內蘊之骨力，此則與方向性較無關。然而，趙宦光之「調」並非僅有「勢」，其亦講求「鋒」之運用，而此「鋒之勢」則又可將骨力涵括於內。其曾言：

紛拿非筋也，爪牙耳，筋在鋒勢〔註97〕

可知趙宦光之「鋒勢」本含有筋骨之概念，而趙宦光之「構」所重爲「筋骨」，而「構」爲「結構之外在形狀」〔註98〕，而此種外在形狀之形成又與「鋒勢」密不可分。

而「鋒勢」雖有「用筆之方向性」意涵，仍不脫離前所言四種範疇，此「鋒勢」包含一切用筆之態勢變化，諸如方向、提按、骨力，如：

行書之帶筆，乃其過脈處，鋒勢與本文必有節奏，其字始有骨力。

若其渾去不分者，狂草則可，不然敗筆也。名家作家，但寧念本文，

其鋒勢引帶無意得之。不知者先已寧意引帶，何暇分出本文？〔註99〕

「鋒勢」爲調，然而此處又涉及「骨力」，則此需分層論之。此則引文之重點在描述行書之映帶，而「本文」所指應爲一字之實體，故趙宦光強調「鋒勢」與「節奏」〔註100〕之關係，其強調「鋒勢」之運用需有其節奏，而此節奏一方面指用筆之提按，一方面亦指用筆之方向，需兩者同時配何方能使行草之

〔註96〕《寒山帚談・金石林緒論》，頁346。
〔註97〕《寒山帚談・學力》，頁317。
〔註98〕於下一章會再談及「構法與筋骨」之關係。
〔註99〕《寒山帚談・格調》，頁297。
〔註100〕趙宦光之「節奏」所指意涵較爲複雜，其「節奏」可指爲「結法」，然而此處與「結法」並無關係，此節奏單純爲書寫節奏變化，而「結法」會於下一章提及。

節奏明顯，其言此問題爲「鋒勢引帶」。而「鋒勢引帶」雖爲方向性問題，但此「鋒勢」又具有提按之意涵，故可稱此「鋒勢」爲「一切用筆之態勢變化」。以此「用筆之態勢變化」再觀骨力，則又可映證前言之鋒勢本含有骨力之概念。

以此觀，則「調」涵蓋了書法的許多面向，此點又與「格」類似，「格」爲「一書體之法式」，故其涵蓋廣泛。然而「調」爲「鋒勢」，此「鋒勢」既爲「一切用筆之態勢變化」，則其涵蓋範圍亦不低於格，如：

> 篆勢有轉無折，隸筆有折無轉，分則兼之。〔註101〕

> 《書法》每云：學書先學篆隸，而後眞草。又云：作字須略知篆勢，
> 能使落筆不庸。〔註102〕

此處之「篆勢」爲「篆書之勢」，包含面象極廣。以「篆勢有轉無折」觀，加之「篆勢」與「隸筆」相對照，則「轉折」談的是用筆的方向性，然而，此種轉折卻又無法與結構切割。而至「篆勢」範圍又更爲廣大，其同時涵蓋了用筆、結構等一切面相，而欲達「落筆不庸」，則「筆力之勢」亦須納入考量。依此而言，此種「整體形象美感之勢」包含了「形」的一切範疇，故言趙宧光之「調」涵蓋極廣。調之「書體之勢」概念類似格之「書體法式」，既如此，則是否能區分二者。趙宧光於格提出典範，其以籀鼓、斯碑、鼎彝銘識乃至二王爲規範，而對於調其亦有提出典範，其言：

> 若藏鋒運肘，波折顧盼，畫之平，豎之正，點之活，鉤之和，撇拂
> 之相生，挑剔之相顧，皆逸調也。〔註103〕

此處可分二層面觀之，首先，趙宧光之「調」與「格」同具有規範作用。前言趙宧光「書」之「格」時提及，格爲「一體之法式」，而「法式」爲一體之規範，此又似王世貞「詩學格調論」之格。而趙宧光之「調」亦有異曲同工之妙。王世貞「詩學格調論」之「調」一方面展現「風格、情調」，但一方面也限制二者，不使之浮濫。趙宧光「書學格調論」之「調」爲「一切用筆之態勢變化」，一方面也限制用筆之「正確性」，故其言「畫之平，豎之正，點之活」，其對於「逸調」之定義乃自正確性而來，「正確性」即具有規範之意涵。而此種強調於規範性之「調」則與「格」同，同樣可視爲對於時代之反抗與矯正。

〔註101〕《寒山帚談·權輿》，頁300。
〔註102〕《寒山帚談·權輿》，頁290。
〔註103〕《寒山帚談·格調》，頁301。

相對於「格」有明確之典範，對於「調」其僅舉正確筆法：能運能停、能藏鋒能映帶，橫、豎、點、鉤、撇、捺均備該有之法，觀之則較難理解何謂「正確」。其雖未給明確典範，筆者卻以爲調之典範與格相同。既爲上格，則其調應亦可資學習，斷無具佳格而不具佳調之理。故王羲之可爲格之師法，但其「作一橫畫若千里陣雲，捺一偃波若風雷震駭，作一豎畫如萬歲枯藤，立一倚竿若虎臥鳳闕」亦可作爲佳調，亦爲趙宦光之能運能停。又如虞世南之「君子藏器」雖爲結構，但亦可從之習得筆法，進而不失之於野。

其次，「調」之涵蓋範圍廣泛，如其談及「篆勢」時更涉及結構等所有層面，但觀趙宦光於此提出「調」之典範全爲筆法，故知其仍偏向用筆。實質上，「鋒勢」所指本於用筆之變化、方向性，而此種變化與方向性又影響至結構，雖然「鋒勢」涉及結構層面問題，然而此結構層面問題乃自筆法態勢變化而來，其僅爲後續之影響，非「調」所探討之本質。

大致而言，「調」爲「鋒勢」，而鋒勢則爲「一切用筆之態勢變化」，又因「鋒勢」主管用筆變化，因此也涉及了結構等一切外形變化。然而「調」之本質仍在於用筆，此爲與「格」最大之不同。而趙宦光「書學格調論」之「調」與王世貞「詩學格調論」之「調」相同，同樣具有規範作用在，此點又與「書學之格」類似。

四、「調」與「風格」

趙宦光「書學格調論」爲《寒山帚談》核心，而「書學之調」即爲「鋒勢」，然而就筆者所觀，《寒山帚談》中「調」字應用反少「鋒勢」意涵。單以「調」字而言，其運用於書論中甚早，如唐代孫過庭（646～691）所著《書譜》即出現了三次「調」：

> 且右軍位重才高，調清詞雅，聲塵未泯，翰牘仍存。〔註104〕

> 但右軍之書，代多稱習，良可據爲宗匠，取立指歸。豈惟會古通今，
> 亦乃情深調合〔註105〕

> 窮變態於毫端，合情調於紙上〔註106〕

〔註104〕唐・孫過庭《書譜》，收入《景印文淵閣四庫全書》第812冊（台北：台灣商務出版，1983年），頁33。

〔註105〕唐・孫過庭《書譜》，收入《景印文淵閣四庫全書》第812冊（台北：台灣商務出版，1983年），頁34。

〔註106〕唐・孫過庭《書譜》，收入《景印文淵閣四庫全書》第812冊（台北：台灣商

第一則引文之「調」應從「調清詞雅」四字觀之，若以此觀，則此「調」雖可作爲格調解釋，但卻是針對王羲之人品、神態。而第二、三則之「調」雖直接與書作有關，但所指「調」爲情調，爲稱譽王羲之字中富有情感、字與心可產生連結，雖然是以書法層面出發，但卻與趙宧光之「鋒勢」相去甚遠。而與趙宧光較接近者，當爲唐代竇臮（約742年在世）所著之《述書賦》：

> （王導）有子敬倫，跡存目驗。以古窺今，調涉浮艷。尚期羽翼鴻漸，芝蘭香染。

> 顏氏儒門（顏竣），士遜墨妙，大令典則，中散氣調，薄首孔肩，體格惟肖。

> 呂公（呂向）歐、鍾相雜，自是一調，雖則筋骨乾枯，終是精神嶮峭，其於小楷，尤更巧妙。〔註107〕

於王劭之書（生平不詳），竇臮形容爲「調涉浮艷」，此「調」應當作「風格」解釋〔註108〕。又，顏竣之字爲「大令典則，中散氣調」，大令爲王獻之，中散爲羊欣，以「中散氣調」同看則知竇臮形容顏竣之字具有羊欣之風格。而第三則旨在說明呂向（唐人，生卒不詳）之書風歐、鍾相雜，以至於書風自成一格。三條合而觀之，可知竇臮之「調」所指爲風格，雖與趙宧光格調之「調」已有關，但仍爲不同指稱。而自唐朝後，「調」字多作用爲「風格」、「調和」使用，如唐代張懷瓘《書斷·中》：

> （智永）半得右軍之肉，兼能諸體，於草最優。氣調下於歐、虞，精熟於羊、薄。〔註109〕

此處之「氣調」與竇臮之「中散氣調」相同，同樣作爲對於「風格」之指稱。而據筆者檢閱，最早使用「調」作爲「鋒勢」之人仍是趙宧光，而其「鋒勢爲調」已於先前詳提，然其「調」是否具有其他不同意涵？可先觀下列引文：

〔註107〕　唐·竇臮《述書賦·下》，收入《法書要錄》卷五，頁 125、131，卷六，頁146。

〔註108〕　楊俊梅〈元代書法的演變特點和原因〉：「風格，按通常的解釋有兩個意義：一是氣度和作風，二是一個時代、一個民族、一個流派或一個人的文藝作品所表現的主要思想特點和藝術特點。」收入《河南大學學報（社會科學版）》第 47 卷第 5 期（2007 年 9 月），頁 147。此處之風格所指爲後，爲書家個人思想、經歷總合後所表現的書作面貌。

〔註109〕　唐·張懷瓘《書斷·中》，收入《法書要錄》卷八，頁 198。

> 能學問不能文章，此儒家之學究；能文章不能翰墨，此君子中儉父；
> 能翰墨不能法帖，此名士中野狐；能法帖不能遵古，此好事中俗調，
> 皆所不取。〔註110〕

此處趙宧光以「野狐」與「俗調」相對，並言明不知臨帖、仿古者爲俗調野狐。觀此處，可注意到趙宧光之「調」並非單純指「鋒勢」，其用法時而與竇臮相同，指稱爲「風格」。而就筆者翻閱《寒山帚談》，發現此類指稱爲「風格」之「調」不在少數，以下估舉二例：

> 好整飾家書故是雅調，而意興每爲之塞，永、趙、歐、顏是也。〔註111〕
>
> 三代、漢、唐款識。夏商如符印，周秦而下，始成書冊，文多不及
> 詳論。漢別出一調，在摹印則可取法，比之古文，一段俗氣。〔註112〕

觀此二則發現趙宧光所言之「調」均與鋒勢無關，其「調」所指的亦爲風格。如其批評智永、趙孟頫、歐陽詢、顏眞卿等「整飾」，雖得雅調卻使意難以發揮，又或者其稱讚漢印獨有時代風格，但無論何則，均與先前所提與「格」相對之「調」不同。至此，可注意到趙宧光之「調」至少有二種不同指稱，一爲與「格」相對之「調」（鋒勢），二爲與竇臮等相同之「風格」。

而筆者曾檢閱《寒山帚談》，包含標題在內「調」字共出現三十七次，其中幾條同時出現數次「調」，然特別的是，其中「調」字多作爲「風格」使用，作爲「鋒勢」出現者不過寥寥幾則。而「調」雖指稱爲鋒勢，但趙宧光談及鋒勢時更喜好直接用「筆」。若此可得一結論，趙宧光「調」之使用是「風格」大於「鋒勢」的。

實際上，「格調」二字本具有風格之意涵，如李東陽與王世貞之「詩學格調說」，當「格調」二字並稱時即可指稱一詩家之風格，而「書學格調論」亦同。文學之格爲格律，調爲音調，兩者皆俱風格之意涵，合之爲「格調」則可表現詩家之獨特風格。趙宧光將「格調」帶入書法中，並闡釋爲「體法」與「鋒勢」。體法類似於格律，爲各式書體所分，亦使一字合法；鋒勢則似音調、文采，須能有所變化，但又須正確合法，不使之浮濫。而不論體法、鋒勢，均能表現書家之風格，而兩者亦爲一體兩面斷不可分，此又與文學「格調」之風格不謀而合。其以文學格調闡述書法理念，可謂相輔相成。而台灣

〔註110〕《寒山帚談‧格調》，頁 308。
〔註111〕《寒山帚談‧法書》，頁 337。
〔註112〕《寒山帚談‧金石林緒論》，頁 344。

國圖版《寒山帚談》總目錄上則云：

　　格調二：筆法、結構合爲格調篇。〔註113〕

前於探討版本時，推斷此本《寒山帚談》年代與小宛堂刻本相近，如此，則此目錄以出自於趙宧光或趙均可能爲大。〔註114〕而趙宧光則自言「格爲體法」、「調爲鋒勢」，二者雖同時涉及許多層面，但「體法」仍側重於結構，而「鋒勢」則側重於用筆，故此處之結構、筆法仍可大致說明「格」與「調」。而不論用筆、結構或者鋒勢、體法，「格調」二字合併後均具有風格意涵，此點「詩學格調論」與「書學格調論」是相同的。

　　確立「格調」本有風格之意涵後，我們則可從中把梳些頭緒：

第一層	格調（風格，亦稱爲「調」）	
第二層	格：體法	調：鋒勢

　　第一，先觀「鋒勢」。此「鋒勢」與「體法」相對，故使用此一指稱時是與第二層之「調：鋒勢」相同的，當提及「鋒勢」時即指「書學格調說之調」。

　　第二，再觀「風格」。前言「格調」本具有「風格」之意涵在，但觀趙宧光行文時並未有將「格調」直接作爲「風格」使用，其更喜好簡稱爲「調」。因此調作爲「風格」之指稱時指的即爲「格調」之縮寫，故有「雅調」、「俗調」之稱呼，當與第一層之「書學格調」相呼應。

　　然而，趙宧光於《寒山帚談》中大量提及鋒勢相關概念，但其不以「調」稱呼，反而直稱爲「筆法」、「筆」、「鋒勢」，此則令人不解。事實上，《寒山帚談》於敘述中時而出現一些紊亂，如趙彥輝指出：

　　筆記體書論，隨興記述，不講求章法，內容駁雜，無所不記，無所不談。正因爲如此，在論述中的優勢則顯而易見，它涉及面廣，接近口語式的表達，具有旺盛的生命力，較其他形式的書論有較強的優勢。但也有明顯的缺點，同樣論述一個問題，由於作者的具體論述語境不同，作者認知水平在不同時期的差距，在寫作中存在前後

〔註113〕台灣國圖版《寒山帚談》總目錄上，（台灣國家圖書館——古籍與特藏文獻資源，取得時間 2014 年 5 月）。

〔註114〕《四庫全書》版《寒山帚談》提要云：「曰格調，論筆法結構也。」收入《文津閣四庫全書》第 819 冊（北京：商務印書館，2006 年），頁 1。此段文字亦可證格調爲結構筆法，但此段非趙宧光所言，或爲參考具備目錄版之《寒山帚談》所作。

不連貫甚至前後矛盾的現象也時有發生，我們在閱讀時萬不可人云亦云，應注意仔細分析鑒別。在閱讀《寒山帚談》時同樣需注意這些問題。〔註115〕

趙彥輝對於《寒山帚談》之評價偏低，但此處確實點出了趙宧光之缺失——《寒山帚談》時而出現語意不明之情形，筆者以爲原因有二：

第一：「筆記型書論」體裁影響。前言筆記型書論爲單點條列式，並非連貫的論述，可能每一條所撰寫時間均不相同，因此容易產生兩條互相矛盾、無法搭接之情形。如趙宧光論述鋒勢，可能第一條使用「調」，但他日換寫他條時即改用「筆」。而筆者推測，趙宧光創立「書學格調說」，但於行文時不好以自己的理論帶入亦與體裁有關。筆記型書論較爲自由，條列式撰寫較無拘束，在趙宧光「書學格調論」熟之於心下，其字句間自有「格調論」之觀點，詞語雖不同，但其核心思想卻不變。自由行文的情況下其並未注意到此問題，大量使用「調」字導致讀者對於「書學格調說之調」產生疑惑。

第二：成書目的。第一章談論成書時已提及此問題，趙宧光眞正有系統之著作並非《寒山帚談》，爲《書法略》、《金石林甲乙集二十四種》，其《寒山帚談》之目的在於「補古人爲發」、「補書法略不足」。趙宧光於撰寫《寒山帚談》時可能較爲隨興，因其目的在於闡述自己不同的看法，創新觀點即是《寒山帚談》之主旨。於此主旨下其論述本不嚴謹，嚴謹的是《書法略》。《寒山帚談》可視作趙宧光「書學心得」之總結，其將心得以條列式彙整成書，並以此「補古人之未發」，其著重於闡述心得，反忽略了心得與心得間之連貫性、完整性。更甚者，筆者以爲趙宧光之「書學格調論」僅爲一理論雛形，其並非以完整理論撰寫如《書法略》之《書學格調論》一書，故其〈格調〉僅爲一篇章。然而，此雛型理論卻又涵蓋著趙宧光書學之核心思想，時時顯露於《寒山帚談》之中。

趙宧光「書學格調論」之指稱雖稍嫌紊亂，但此確爲全新理論，亦達成了其自稱「補古人未發」一主旨。雖有缺失，但其「格調論」之核心思想並未受太大影響，對於後學者培養書學思想亦有一定助益，仍是瑕不掩瑜。

〔註115〕趙彥輝：《趙宧光《寒山帚談》研究》（吉林大學碩士學位論文，2004年4月），頁15。

小結

　　格調說最早運用於詩學之中，李東陽以格作爲格律，調作爲音律。而格爲詩之形式、句式長短、內容之表現，故爲「判調定名」者。而調除指音調，亦涉及文字表現、詩歌情感，此爲內涵層面，故爲詩之實體。而王世貞之格調說則能以「出之自才，止之自格」解釋，「格」爲限制之所在，但詩之根本仍源於「才」，此種詩家之才情表現於思慮，而思慮又體現於「調」，一方面繼續展現「風格、情調」，一方面又規範於詩歌之聲韻，使之讀來「完氣成調」，最後再規範於「格」中，使之有明確之體範而能成章。

　　而趙宧光以格調喻書，並以「體法」爲「格」，「鋒勢」爲「調」。「格爲體法」即將「格」視爲「一書體之法式」，此「一書體之法式」雖偏向結構層面，但同時包含了書體之筆法等多層次概念。而「調」爲「鋒勢」，鋒勢則爲「一切用筆之態勢變化」，又因「鋒勢」主管用筆變化，因此也涉及了結構等一切外形變化，然而「調」之本質仍在於用筆，此爲與「格」最大的不同。而趙宧光「書學格調論」與王世貞「詩學之格論」相類似，不論體法之法式、鋒勢之正確性，均具有規範之意涵。蓋趙宧光所處之時代風氣對於書體之規範逐漸消失，於此情形下，也使得趙宧光「書學格調論」更似爲了抗衡時代風氣而來。

　　趙宧光雖以「調」作爲鋒勢，但因《寒山帚談》行文關係，「調」亦可作爲風格，而作爲「風格之調」時乃爲「格調」之縮寫，作爲「鋒勢之調」時方爲與「格」相呼應之「調」。

第四章 《寒山帚談》格調說之「格」論

　　趙宧光以詩學格調說導入書學，並於《寒山帚談》中建立「書學格調說」。
而「格」為「體法」偏向結構層面，「調」為「鋒勢」偏向用筆層面，兩者理
當並重，但據筆者所觀，趙宧光重視「格」更勝於「調」。此種重結構更勝筆
法之理論是較罕見的，與魏晉以來「用筆為上」相違背，可說趙宧光為「結
構為上」者。此點於崔祖菁之研究中已被注意，其言：「趙宧光論書的特點之
一是強調結構的作用，以結構為書法的核心組成部分。」〔註1〕雖然，崔祖菁
於此部分中與「格」、「調」二者並而談之，未能再細究。趙宧光主張尊古，
但其結構核心論卻又與魏晉不同，此為較特別之事。而筆者以為，趙宧光之
結構核心論為對時人之反動，為其「尊古」之另一種表現，故其「格」有深
入研究之必要。

　　此章，即從「『結法』與『構法』之解析」、「『以結構持心』——從結構
到心法」、「『以格為上』之解析」、「從結體到破體」四點探討。

第一節 「結法」與「構法」之解析

　　趙宧光之格偏向結構意涵，而對於結構，其則將「結」與「構」分而論
之：

　　　　結構名義，不可不分。負抱聯絡者，結也；疏密縱橫者，構也。〔註2〕

〔註1〕崔祖菁《趙宧光書法及其書論研究》（南京藝術學院碩士論文，2009 年），頁
　　　43。
〔註2〕《寒山帚談・格調》。頁304。

趙宧光言「結」時即為「結法」，「構」則為「構法」，如「學書從用筆來，先得結法；從措意來，先得構法。」〔註3〕，其慣於以「結法」、「構法」二項討論其書學結構觀，而欲清楚趙宧光之「結構為上」亦得由此開始。故，筆者再以「『結法與構法』之釋義」、「『結法與構法』之關係」二點分而論之。

一、「結法」與「構法」之釋義

趙宧光之結構區分為「結」與「構」，而其稱二者時又稱為「結法」、「構法」，前於敘述「體法」時提及，「法」字之意涵須看其所指為何，而此處「法」直指「結」，既如此，則可自「結」之意涵起始。「結」字使用甚早，如《法書要錄》、《書小史》均有提及：

叔文法鍾，纖薄精練，用筆雖巧，結字未善。〔註4〕

（唐高祖）善行草，工而且疾，結字不拘常體，而筆跡韻美可愛。

〔註5〕

竇臮稱謝藻之書法「用筆雖巧」，又稱「結字未善」，則結字應偏向於結構層面；而《書小史》載唐高祖行草則言「結字不拘常體」，以「常體」觀，則「結」亦屬結構層面。而以此二則並觀，則「結」當為動詞使用，而此動作之結果則影響一字之成形，可稱「結」為「使一字成形」，如傳東漢蔡邕《九勢八訣》：

凡落筆結字，上皆覆下，下以承上，使其形勢遞相映帶，無使勢背。

〔註6〕

與前列引文並觀，則知其「結字」為將自身之技法發揮，進而將一字結合成形。故於《書小史》時敘述唐高祖「結字不拘常體」，即稱其結字成形時不受太多態勢拘束。而於結合時，需注意筆畫該如何布排、空間該如何分布，如此才能結成良好形體。但既為將自身技法發揮使字結合成形，則「結」是否僅含有結構層面意涵，觀其中稱「下以承上」、「無使勢背」，其描述的是間架疏密、向勢背勢之問題，此部分可屬結構，但其中又言「形勢遞相映帶」，則「映帶」應屬於「用筆」層面，此部分則可與《續書斷·下》並觀：

〔註3〕《寒山帚談·格調》。頁304。
〔註4〕唐·竇臮《述書賦·上》，收入《法書要錄》卷五，頁123。
〔註5〕宋·陳思《書小史》卷一，收入盧輔聖主編《中國書畫全書》第3冊，頁114。
〔註6〕宋·陳思《書苑菁華》卷十九，收入盧輔聖主編《中國書畫全書》第3冊，頁97。

（唐代張從申）學逸少書，結字遒密可喜，晚益自放，不務調端。
〔註7〕

朱長文於《續書斷‧下》稱張從申學王羲之書，而其結字時「遒密」，「密」者當為結構層面，為敘述張從申結構緊密，然而「遒」者意為剛健、強勁有力，於書論中通常用於描述筆法，則此「結字」觀之又不似全於敘述結構。

　　前言「結」為「使一字成形」，而需使一字成形則需有二元素，一為筆畫、一為布排方式，需將每筆之筆畫依照合理方式安排方能使一字穩定。然而，談及「筆畫」時即已涉及了用筆層面，而筆畫之筋骨、肥瘦、方向、映帶均由用筆層面解決，故知，此「使一字成形」本包含了用筆、結構二層面之問題。而「成形」之概念雖然偏向於結構，如「結字不拘常體」觀之在敘述唐高祖結構開張，苟若其用筆拘謹，又如何「不拘常體」，故此概念本無法分割。再從「使一字成形」觀「結字」，則可知上段敘述為張從申之字形結構緊密而剛健有力，而此「剛健」又與用筆脫離不了關係。

　　因此可知，「結」為「使一字成形」，而基於「成形」一點，則「結字」較偏向結構層面；而雖偏向結構層面，但其所結之筆畫本為用筆掌管，因此「結」亦有筆法層面於內。而「結」為「使一字成形」，則趙宧光所言之「結法」當為「使一字成形之法」。據筆者所見，使用結法者有孫鑛（1543～1613）《書畫跋跋》、趙崡（1564～1618）《石墨鐫華》、張丑《清河書畫舫》（1577～1643）、汪砢玉（1587～？）《珊瑚網》、馮武（約1623前後在世）《書法正傳》、林侗（1627～1714）《來齋金石刻考略》、李光暎（？～1736）《金石文考略》……等，但此些均晚於王世貞（1526～1590）。而其中張丑、馮武、李光暎均為蘇州人，與王世貞、趙宧光同，因此可說「結法」一詞之濫觴始於王世貞。而此一詞最早出現於王世貞《弇州四部稿》，如：

　　岑參、李益詩語不多，而結法撰意雷同者幾半，始信少陵如韓淮陰多多益辦耳。〔註8〕

以「詩語不多」觀之，可知第一則「結法撰意雷同」為二人之詩歌格律平仄相近，此結法當可泛用於文學之結構、體法。除用於文章詩句外，王世貞亦

〔註7〕宋‧朱長文《墨池編》卷三，收入盧輔聖主編《中國書畫全書》第1冊，頁286。

〔註8〕明‧王世貞：《弇州四部稿》卷一百四十七，收入《景印文淵閣四庫全書》第1281冊（台北：台灣商務出版，1983年），頁387。

將「結法」一詞用於論書：

> 《勸進表》亦云鍾繇書，結法與《受禪》略同第，所稱官俱號督軍，蓋是時尚未稱都督耳。〔註9〕

> 《趙吳興書歸去來辭》極多，獨此爲第一本，妙在藏鋒，不但取態，往往筆盡意不盡，與余所寶《枯樹賦》結法相甲乙。〔註10〕

> 右軍《此月帖》二十五字，結法圓美，而時有米家筆，且紙墨不甚合，疑爲此君臨。〔註11〕

王世貞將《勸進表》與《受禪》相比，並說兩者「結法」相近。又，其言趙吳興《書歸去來辭》與《枯樹賦》「結法」伯仲之間，而此二者從書法層面觀之則其「結法」當爲先前所言「使一字成形之法」。

前言結法不單指結構層面，此處亦同。王世貞於《弇州四部稿》中談及結構時，慣於直接使用「結構」一詞，如：「趙則結構精密、肉骨勻和。」〔註12〕「姜堯章所記定武蘭亭五字，或損或不損，偏傍結構與在明秘藏本不必盡合。」〔註13〕「書法自率更而始變……其結構精緊，風華燁如。」〔註14〕王世貞指趙孟頫之間架，或言定武蘭亭之偏旁，或說歐陽詢之楷書時均直言「結構」二字，而用此三例亦可證明王世貞以「結構」談一字之間架、偏旁並非特例。若由此觀，其談結構時則可不必言「結法」。

結法雖不等同於結構，但王世貞之「結」仍側重於結構層面。如其評右軍《此月帖》：「結法圓美，而時有米家筆。」與米芾之筆法相對，則知其「結法」側重所在。且王世貞亦使用「筆法」一詞，如：「《少林戒壇銘》，開元三年爲學生張傑書，當是時，傑應尚少，且不以書名，而筆法老成。」〔註15〕

〔註 9〕 明・王世貞：《弇州四部稿》卷一百三十四，收入《景印文淵閣四庫全書》第1281 冊（台北：台灣商務出版，1983 年），頁 220。

〔註10〕 明・王世貞：《弇州四部續稿》卷一百六十二，收入《景印文淵閣四庫全書》第 1284 冊（台北：台灣商務出版，1983 年），頁 340。

〔註11〕 明・王世貞：《弇州四部稿》卷一百二，收入《景印文淵閣四庫全書》第 1280 冊（台北：台灣商務出版，1983 年），頁 631。

〔註12〕 明・王世貞：《弇州四部稿》卷一百三十一，收入《景印文淵閣四庫全書》第1281 冊（台北：台灣商務出版，1983 年），頁 182。

〔註13〕 明・王世貞：《弇州四部續稿》卷一百六十六，收入《景印文淵閣四庫全書》第 1284 冊（台北：台灣商務出版，1983 年），頁 399。

〔註14〕 明・王世貞：《弇州四部續稿》卷一百六十六，收入《景印文淵閣四庫全書》第 1284 冊（台北：台灣商務出版，1983 年），頁 408。

〔註15〕 明・王世貞：《弇州四部續稿》，卷一百六十七，收入《景印文淵閣四庫全書》

其直言《少林戒壇銘》筆法老成，此可證明其「結法」並非言筆法。

觀其評趙吳興《書歸去來辭》，其言「妙在藏鋒，不但取態，往往筆盡意不盡，與余所寶《枯樹賦》結法相甲乙。」此處結法當指趙孟頫（1254～1322）筆意連貫，點畫與點畫映帶良好，而其「與余所寶《枯樹賦》結法相甲乙」則言《書歸來去辭》與《枯樹賦》「使字成形之法」相近，而兩者相近之因又與筆法、結構脫離不了關係。王世貞以「結法圓美，而時有米家筆」懷疑王羲之《此月帖》爲米芾所臨，其「結法圓美」爲敘述使字成形時能注意結構圓整，既能結構圓整則理應無缺陷，然而用筆爲使字成形的關鍵之一，此也導致了「時有米家筆」而露出破綻，故可知王世貞之「結法」與先前之「結字」爲同一脈絡。

而王世貞後，「結法」一詞大量運用於書論當中，如：

明代趙崡（1564～1618）《石墨鐫華》云：

　碑已泐，僅存六百餘字，褚河南正書，結法與《聖教序》同可寶也。

（唐房梁公玄齡碑）〔註16〕

明代馮武（約1623前後在世）《書法正傳》云：

　巎巎子山有韻氣，而結法少疏。〔註17〕

趙崡評褚遂良楷書結法與《聖教序》近，此「結法」之用法當與王世貞同。而馮武評康里巎巎之書「結法少疏」，則是讚其使字成形時能將中宮縮緊，不使字鬆散。而此二人均在王世貞之後，可知王世貞確爲「結法」濫觴。

而趙宧光則言「負抱聯絡者，結也」，此與先前所言結字爲「使一字成形」相同，於筆畫布排時注重點畫與點畫間之搭接、呼應，故言「負抱聯絡」，而此中又包含了向勢、背勢、中宮緊縮、開張等建立結構之法度，此較偏向於結構層面。然而「負抱聯絡」又與用筆之趨向脫離不了關係，若用筆僅能橫平豎直，則亦無材料所結。故此「負抱聯絡」不單敘述結構問題，其同時也隱含了用筆層面於內，如其所言之「用筆爲體，結構爲用」〔註18〕亦爲相同概念。而「使一字成形」本該注意多種面向，故此「結法」並不能單以結構、

第1284冊（台北：台灣商務出版，1983年），頁412。

〔註16〕明・趙崡：《石墨鐫華》卷二，收入王雲五主編《叢書集成初編》1607冊（長沙：長沙商務，1939年），頁21。

〔註17〕明・馮武《書法正傳》卷八，收入盧輔聖主編：《中國書畫全書》第14冊，頁53。

〔註18〕《寒山帚談・格調》。頁302。

用筆分之，其本爲兩者之綜合面向，僅爲偏向多寡耳。

相較於「結法」所包含面相多種，「構法」之指涉則較爲單純。視其「疏密縱橫者，構也」一句，則知「構」較著重於整體點畫間之安排，故稱其爲「疏密」、「縱橫」。若「結」爲「使一字成形」，則「構法」爲自「全體之觀照」，此較近於「結構」。而構法一詞之使用則較少見，除趙宧光外使用「構法」一詞者僅有孫鑛（1543～1613）之《書畫跋跋》：

> 碑今尚存，予曾搨一本，模糊已甚不可，謂構法與家廟碑相類。（宋文貞碑）〔註19〕

> 然裴素負書名，此碑想翻以有意失之，若縱筆作北海構法，或當勝，惜未之他見也。（圭峰禪師碑）〔註20〕

此處之「構法」與趙宧光之「構法」相同，同爲整體之結構，因此可解釋爲孫鑛認爲《宋文貞碑》與《家廟碑》結構相近，第二則亦同。

二、「結法」與「構法」之關係

趙宧光自「負抱聯絡者，結也；疏密縱橫者，構也。」將「結」與「構」區分意涵，然「結構」仍須「結」與「構」兩者相合方能完整，故此處則可探討兩者間之關係。而欲探討兩者關係當自此而始：

> 書家不學而熟之者，亦能結；學而未熟者，但能構。〔註21〕

此處之關鍵於「熟」與「不熟」。精熟點畫、體會細微者方能結，若未精熟點畫、體會不深者則無法。而「學而未熟者」一句亦可察覺「構法」學習較「結法」易，即便初學者亦能學習。而「構法」雖較易學，但亦是非學不可；結法可經由領悟而得，但構法非經學習不可，苟若不學，即使習書再久亦不可得。此處則可注意，構法與結法入手難易雖不同，但其結果──「整體之結構」、「使一字成形之法」兩者並重，缺一不可。因此趙宧光言：

> 構爲筋骨，結爲節奏。有結無構，字則不立；有構無結，字則不圓。結構兼至，近之矣。〔註22〕

〔註19〕 明・孫鑛《書畫跋跋》卷二下，收入盧輔聖主編：《中國書畫全書》第 5 冊，頁 87。
〔註20〕 明・孫鑛《書畫跋跋》續卷二，收入盧輔聖主編：《中國書畫全書》第 5 冊，頁 116。
〔註21〕 《寒山帚談・格調》。頁 304。
〔註22〕 《寒山帚談・格調》。頁 304。

欲細探前，仍須釐清「筋骨」、「節奏」所指為何，故底下分「構與筋骨」、「結與節奏」、「結與構」三點探討之。

（一）「構」與「筋骨」

「筋」與「骨」自魏晉書論即大量使用，可分而談之，亦可合而談之：

傳東晉衛夫人（272～349）《筆陣圖》云：

　　昔秦丞相斯見周穆王書，七日興歎，患其無骨。〔註23〕

南朝梁庾肩吾（487～551）《書品論》云：

　　季琰、桓玄，筋力俱駿。〔註24〕

南朝梁武帝（464～549）《草書狀》云：

　　及其成也，粗而有筋，似蒲萄之蔓延，女蘿之繁縈，澤蛇之相絞，
　　山熊之對爭。〔註25〕

骨者，應為線條強勁程度，骨力強如同人之骨骼健壯，姿態亦更加雄厚。而筋者，則可看作線條之彈性。人之骨骼並非全直，亦有彎曲之處，若打直受力過猛則斷裂。而書法點畫亦同。除橫豎有力外，線條應也具備一定之彈性，具彈性，可使點畫看來雄厚外更加穩建，此為「筋力」。因此梁武帝《草書狀》中言「粗而有筋」，並以葡萄蔓延、女蘿繁縈、澤蛟相絞、山熊對爭等意象表現。而庾肩吾、衛夫人亦以「筋」與「骨」為書法品評標準。

「骨」與「筋」亦可以清代劉熙載（1813～1881）《藝概・書概》說明：

　　字有果敢之力，骨也；有含忍之力，筋也。用骨得骨，故取指實；
　　用筋得筋，故取腕懸。〔註26〕

線條剛猛則字之姿態勇猛，為外顯之表現，此為骨。而筋之「含忍之力」則較為抽象。「含忍」，可視作最大程度之承載。如同架屋之樑柱，樑柱彈性程度越高則承受壓力越佳，應用於書論中則可看作線條之彈性、乘載程度。與骨力相對，骨力為純粹之剛猛，而筋力則可視為剛中帶柔。若一筆之中純為骨力，則點畫看來過脆，純為陽剛之力亦失了線條之勁。骨與筋協調，點畫方能剛柔兼備，強而有勁。劉熙載之「含忍」即為此「彈性」。與外顯之表現

〔註23〕 傳東晉・衛夫人：〈筆陣圖〉，收入《法書要錄》卷一，頁4。
〔註24〕 梁・庾肩吾：〈書品論〉，收入《法書要錄》卷二，頁46。
〔註25〕 梁・梁武帝《草書狀》，收入宋・陳思：《書苑菁華》卷三，收入盧輔聖主編：《中國書畫全書》第3冊，頁18。
〔註26〕 清・劉熙載：《藝概・書概》，收入華人正編：《歷代書法論文選》（台北：華正書局，1984年），頁663。

不同，此爲內韻之表現，因此其使用「含忍」囊括此一含意極爲恰當。

　　骨爲骨力、剛猛，筋爲彈性，而筋骨合之則具有多層含意。唐代李嗣眞《書品後》云：

　　　　而鍾、張則筋骨有餘，膚肉未贍。〔註27〕

與「膚肉未贍」並觀，可知「筋骨有餘」同時包含筋與骨之義，而此「膚肉」則可以傳東晉衛夫人《筆陣圖》探討：

　　　　善筆力者多骨，不善筆力者多肉，多骨微肉者謂之筋書，多肉微骨
　　　　者謂之墨豬，多力豐筋者聖，無力無筋者病。〔註28〕

骨爲力之表現，此即爲「筆力」。若筆力控制得當，則筆力集中、線條緊縮而不臃腫，即能避免「多肉」問題，可知多肉爲筆力控制不當。雖不可多肉，但亦不可無肉，無肉則點畫看來過剛強，則又流於獷野，因此李嗣眞評鍾繇（151～230）、張芝（？～192）「膚肉未贍」。

　　而《筆陣圖》約莫爲魏晉書論，《書品後》則爲唐代書論，隨著時代推移，書論亦不再僅強調「骨力」。如南朝宋王僧虔（425～485）《筆意贊》：

　　　　先臨《告誓》，次寫《黃庭》。骨豐肉潤，入妙通靈。〔註29〕

　　或如梁武帝《答陶隱居書》云：

　　　　純骨無媚，純肉無力，少墨浮澀，多墨笨鈍。〔註30〕

此處可見對於「骨肉協調」之要求，「筋骨」二字自南朝起不再單指骨力雄強。除了骨外，點畫線條亦須有筋之含忍之力、具有彈性；而除筋與骨外，「筋骨」一詞亦包含「骨肉相稱」之概念，不單再指筋健骨強。「筋骨」二字，可說爲對於書法點畫之最高標準。

　　而趙宦光言「構爲筋骨」，此種整體之結構則可以「骨肉相稱」解釋。其於《寒山帚談》言：「字必取筋骨。」〔註31〕對於筋骨又解釋爲：

　　　　何謂筋骨？強弱得所，和而不乖是也。〔註32〕

此種強與弱、和與乖之對照，並要求整體需互相調合之要求，正與其「構」自整體觀照是相同的。除了點畫分布須穩正外，亦須注意整體是否能具有筋

〔註27〕　唐・李嗣眞：《書品後》，收入《法書要錄》卷三，頁70。
〔註28〕　東晉・衛夫人：《筆陣圖》，收入《法書要錄》卷一，頁5。
〔註29〕　南朝宋・王僧虔《筆意贊》，收自宋・陳思《書苑菁華》卷十八，收入盧輔聖主編：《中國書畫全書》第3冊，頁93。
〔註30〕　南朝梁・梁武帝：《答陶隱居書》，收入《法書要錄》卷二，頁32。
〔註31〕　《寒山帚談・格調》。頁303。
〔註32〕　《寒山帚談・格調》。頁303。

骨，若以構爲標準，則知趙宧光對於各體之要求爲須有筋骨，間架成後不可使字無力。而雖有力，但卻不可過於外露：

> 何謂力量？同是剛勁之稱，深淺粗細從可分也。力淺量深，力粗量細，力卑量高，力易量難。露筋骨爲力，藏筋骨爲量。〔註33〕

以力與量相較，則量之表現來得比力佳，簡言之，其對於筋骨之要求即爲有力但不可過於外露，而此種「藏筋骨」即爲「構」之表現。大體而言，構之要求即爲自整體觀之，點畫分布穩正亦須有筋骨，如此方合法。

（二）「結」與「節奏」

陳振濂所編的《書法學》中言：

> 書法與音樂的相通，在於它能從人生與宇宙意識的最高關係上，以體五材之並用，儀形不極；像八音之迭起，感會無方（唐·孫過庭《書譜》語）以及中和所具有的審美態度，表現出書法的內在生命意識與宇宙意識。所以，中國書法的生命感，從根本上說，是表現於它的內在音樂結構。〔註34〕

「節奏」一詞，用於音樂中爲音樂交替出現規律強弱、長短之現象，此外亦可指有規律的進程。書法與音樂節奏本有相關，如陳振濂即以《書譜》爲例，言及書法之節奏變化性；而其「中國書法的生命感，從根本上說，是表現於它的內在音樂結構。」一句，更直接道出了書法連續性節奏之變化。當代探討書論亦常運用節奏一詞，兩者意含囊括：一者，運筆時須有輕重、提按、快慢等變化；二者，運筆時須有一定之規律。而「節奏」一詞使用甚早，或可作爲「節族」，其原指音樂之節拍。明代魏濬（1553～1625）《易義古象通》云：

> 《樂記》云：節奏者，先節而後奏也。〔註35〕

此則能解釋「節奏」意涵。奏者，爲演奏樂曲、旋律；而節者，當爲演奏之限制。「節」既爲限制，則須再加說明。明代朱載堉（1536～1610）《樂律全書》云：

> 夫節奏者，俗呼板眼是也。先王雅樂或以鐘磬爲節，或以盆缶爲節，或以搏拊爲節，或以舂牘爲節。鄉飲鄉射，八音之器有其四焉：石

〔註33〕《寒山帚談·學力》。頁312。
〔註34〕陳振濂：《書法學》（台北：建宏出版社，1996年），頁1357。
〔註35〕明·魏濬：《易義古象通》卷三，收入王雲五主編《四庫全書珍本·三集》（台北：臺灣商務，1972年），頁19。

音磬也,絲音瑟也,匏音笙也,革音鼓也。瑟與笙者,曲也。磬與
鼓者,節也。《虞書》:「擊石拊石,百獸率舞。」《商頌》:「既和且
平,依我磬聲。」《周禮》:「鐘師掌金奏,磬師教縵樂」。縵樂即操
縵也。〔註36〕

操縵即調整絃樂器之絃。依文意而觀之,鐘磬、盆缶、搏拊、舂牘皆屬於打
擊性樂器,聲調變化不如絃、管樂器,但因音響有力,可作爲樂曲節拍之調
節,如今日之鼓。因此文中言「瑟與笙者,曲也。磬與鼓者,節也。」以弦、
管樂器爲聲音之主,而以打擊樂器爲音響快慢之限制,兩者相合即爲悠揚之
樂曲。奏不可無節,無節則奏無所停息;節不可無奏,無奏則樂曲難顯變化、
情調。

可知,節與奏一爲樂曲之限制一爲樂曲之主體,而節具有「節拍」之義
涵,也因此「節奏」一詞可作爲「音樂之節拍」。而節奏一詞,於藝術實踐中
的運用是十分豐富的〔註37〕,其可表現書法之停按節拍。若將「奏」想成書
法點畫之運筆,則「節」可視爲適時的停頓,更廣義的看,則快慢、輕重、
變與不變等相對概念均可以節奏表示之。此又與聲樂一主一輔概念不同,書
法之節奏,爲相對之概念。

而書論中提及運筆之輕重、提按、快慢等變化,多直接使用「遲、速」「緩、
急」「捷、徐」等相對觀念,此可以節奏解釋,但爲筆法範疇。〔註38〕而趙宧

〔註36〕 明·朱載堉:《樂律全書》卷二十七,收入《北京圖書館古籍珍本叢刊》第4
冊(北京:書目文獻出版社,1988年),頁217。

〔註37〕 黃念然《中國古典文藝美學論稿》:「雖然古代詩學中並未直接運用『節奏』
一詞,但節奏觀念及其在藝術實踐中的運用卻是十分豐富的。在古代空間藝
術中,它體現爲濃淡、疏密、陰陽、向背的搭配或組合,在古代詩、樂、舞
等時間藝術中則體現爲高低、疾徐、長短、輕重、剛柔、斷續、抑揚、頓挫
等的呼應或對照。用節奏來闡發文藝結構體現了古人對人作爲結構存在物以
及節奏審美意涵的深刻體認,這種例子在古代詩學中俯拾即是。」(桂林:廣
西師範大學出版社,2010年),頁63～64。引文中提及「未直接運用『節奏』
一詞」爲錯誤之說,如宋代王正德(約1194在世)《餘師錄》卷三云:「古文
雖不同偶儷,而散語之中暗有聲調,其步驟馳騁亦皆有節奏。」收入王雲五
主編《四庫全書珍本別輯》(台北市:台灣商務,1975年),頁27。早期古詩
中存在的自然格律,是詩樂一體音樂格調的留存,此時人們所認定的詩歌音
樂美,是詩樂共同體,音樂格調的美,而王正德即用節奏說明。雖然,其理
論明確、論述廣泛,仍值得參考。

〔註38〕 如南宋·姜夔《續書譜》云:「大抵用筆有緩有急,有有鋒,有無鋒,有承接
上文,有牽引下字,乍徐還疾,忽往復收,緩以倣古,急以出奇。」收入盧

光之「結」爲「使一字成形」，欲解釋結爲節奏，則須自此觀之：

> 用筆欲其有起止，無圭角，結構欲其有節奏，無斧鑿，趨向欲其有
> 規矩，無固執。〔註39〕

用筆、趨向當屬於筆法層面，要求不有稜角露骨，合法而不拘。但趙宧光對於結構之解釋則與「結」相同，均爲要求「節奏」。而此節奏，當自斧鑿觀之。劉小晴《中國書學技法評注》言此爲：「結構無參差起伏則犯板滯之弊。」〔註40〕，則知結構斧鑿爲太過於拘泥呆板。以前言節奏具相對觀念而言，變與不變亦在此範圍內，不變可解釋爲奏，變可解釋爲節。如此，則趙宧光言結爲節奏，則指結法使用時須有變化。一昧的使用同一種結法則使字看來呆板，但全用不同結法則全篇無整體性，故須於變與不變中取得適當之節奏。上一字太過緊密則下一字放鬆，連續數字緊密則可以一字結構大爲開張，特別爲行草時更須注意此種結法節奏之變化，否則通篇一律則類似單調之斧鑿，失去靈動性。

而「結」既爲「使一字成形」，則除結構變化問題，則用筆變化亦隱含於內，如前者所述之「趨向欲其有規矩，無固執」，此用筆趨向亦影響了一字之成形。若以變爲節、不變爲奏觀之，則趨向亦須隨著節奏而改變，「有規矩」之時爲奏，而「無固執」之時爲節。

如此回觀趙宧光「結爲節奏」則瞭然，所指爲一字成形之變化性。然據筆者所觀，以節奏言結構者乃僅於趙宧光一人，此爲較特別之事。

（三）「結」與「構」

筋骨與節奏明晰，則可回到「構爲筋骨，結爲節奏。有結無構，字則不立；有構無結，字則不圓。結構兼至，近之矣。」一句。結法，爲「使一字

輔聖主編：《中國書畫全書》第2冊，頁446。傳唐·虞世南《筆髓論》云：「遲速虛實，若輪扁斲輪，不徐不疾，得之於心而應之於手，口所不能言也。」收入宋·朱長文《墨池編》卷一，收入盧輔聖主編：《中國書畫全書》第1冊，頁223。緩者，運筆速度放慢，線條較爲凝重；急者，運筆速度激增、流暢，線條較爲輕靈，一急一緩間點畫比重有了差異。而書家運筆時急緩習慣不一，雖不一但仍有一定之順序、邏輯，此種一定邏輯之急緩即所謂之「節奏」。而此種運筆之快慢停頓抽象，因人而異，難有一定之學習法則，除靠習者廣泛臨習、體會外難以文字呈現，因此也言「口所不能言也」。大抵而言，古人以此種快慢相對觀念表明節奏。

〔註39〕 《寒山帚談·格調》。頁301。

〔註40〕 劉小晴：《中國書學技法評注》（上海：上海書畫出版社，1994年）。頁580。

成形之方法」；構法，為「完成之結構」。趙宧光稱完整之結構具筋骨，而筋骨為書法點畫之最高標準。良好之結構，當有剛強而富含忍之力之點畫，有筋骨，方能使結構穩健。而結法為使一字成形之方法，以「節奏」稱之，則更可表現字形變化一觀念。

而趙宧光言：「有結無構，字則不立。」若一字成而無筋骨，則即使結法巧妙亦無用，筋骨無力，字雖靈巧卻過於柔媚。如架臺之法合宜、架構得當，卻苦無樑柱支撐，如此亦難建凌雲之臺。又，「有構無結，字則不圓。」若字成僅能有筋骨卻無合宜之結法，則字失之於獷野。因此，唯有結法、構法二者並俱方能成之。

然而先前已言，結法為一字成形之方法，而「成形」雖偏向於結構層面但其中亦隱含了「用筆」之觀念，因用筆之趨向亦影響最後成形的形狀，同時用筆也是成形的關鍵。而至「構法」時又言構法之標準為「筋骨」，但此筋骨亦需由用筆而來，苟若用筆不佳，則自不可能得之筋骨。既如此，則「筋骨」與「用筆」同時重疊於「結法」與「構法」之內，筆者以為此問題可以下圖表示之：

如圖所示，「結法」為「結構之內在脈絡」，而「構法」為「結構之外在形狀」。於一字成形之時，需考量如何將筆畫依向背勢、疏密等結構問題布排，最終結成穩定之姿態；而其所結之元素為用筆，此用筆又需考量至趨向、映帶問題，苟若映帶、趨向不合理，則字亦難以結合成形，而趙宧光所強調之「筋骨」亦屬此時之問題，於全盤考量後最終成形之字即為「構」。因此，「筋骨」

雖爲「構」之標準，但實際卻由「結」所決定，因「構」爲「結」之最後表
現。基於此，趙宧光言：

　　　學書從用筆來，先得結法；從措意來，先得構法。〔註41〕

「措意」者，留意也，此處「用筆」與「措意」相對，並指向結法與構法兩
項。「措意」層面爲構，注意字之外形、空間分佈，旨在掌握穩定、形似之結
構，而整體觀之是否能有「筋骨」亦爲考量，若能留心於「外在形狀」而思
及此些問題則可「得構法」。而「用筆」層面爲結，則注意點畫間之呼應是否
連貫、通順、氣韻協調，而成字之時亦須考量用筆之趨向、映帶，因此些變
化影響最後表現，苟能留心於「用筆」進而使一字成形則可「得結法」。

　　構法爲「外在形狀」，結法爲「內在脈絡」，若僅留意於構法，則整體間
架雖觀之平穩但點畫卻容易失去連結，因其缺少內在脈絡；若僅留意於結法，
則點畫間有連結但整體結構卻不平穩，因其忽略最後「外在形狀」。故於架構
時當須思考內在脈絡與成字之法，爲結，但除顧及前二者外亦要留心於最後
表現，爲構。此外我們亦可以「書學格調說」觀其「結法」、「構法」。前言趙
宧光之「書學之格」爲對一體之規範，而構法爲「外在形狀」，此處則可視「構」
爲對於一字結構之規範，類似於「格」之存在。「書學之調」爲對筆法之規範，
而結法爲「一字成形之法」，須有各式法度，此又類似於「調」之存在。

　　而「構法」與「結法」互相影響，苟若太重於「構法」則「結法」被困
在「構法」之框架內；苟若任於「結法」自由發揮，則「構法」又因「結法」
導致變形。兩者互相影響，故言「構法」爲「結構之外在形狀」，爲外在表現，
「結法」爲「一字成形之法」，爲內在脈絡。而「結法」「構法」一爲內一爲
外，兩者合而成之即成了趙宧光之「結構」。

　　然而，趙宧光之結構中包含「結法」，而「結法」又涉及「用筆」問題，
那麼是否趙宧光之「結構」即等於「用筆」，筆者以爲不然。其於「結構兼至，
近之矣。」後又續言：

　　　尚無腴也，故濟以運筆。運筆晉人爲最，晉必王，王必羲，羲別詳
　　　之。〔註42〕

「結構」雖已涉及「用筆」問題，但並不等同於用筆。「結法」之所以涵蓋「用
筆」乃基於用筆爲結法之元素，但此元素僅爲其中一小部分，整體而言，「結

〔註41〕《寒山帚談・格調》。頁304。
〔註42〕《寒山帚談・格調》，頁304。

法」仍側重於結構問題，而至「結構」時「用筆」元素又縮之更小。用筆與結構雖難以分割但卻不能言兩者相同，僅爲側重多寡耳。故趙宦光言：「尚無腴也，故濟以運筆。」而運筆則又回到晉人身上，關於晉人與運筆，筆者於之後論「調」之篇章有詳細剖析。

第二節 「以結構持心」──從結構到心法

於趙宦光之格調論中，其以「體法」爲「格」，而「體法」又側重於結構層面，故知欲了解趙宦光之「格」仍不能忽略結構。「構法」表示結構之外在形狀，「結法」爲「一字成形之法」爲內在脈絡，兩者合爲結構。其「格」雖也有舉出良好之學習典範，如《石鼓》、李斯篆、鐘鼎銘識、鍾繇隸書、索靖、張芝草書、王羲之行書、歐虞之楷不等，但於前述中並未說明實際之「方法」，可說前所言及之結構爲「心法」而非「方法」。趙宦光並非不重視實際之方法，如其言：

> 有篆滿而眞闕者，有篆闕而眞滿者；有篆省而眞全者，有篆全而眞闕者。此兩者無非爲結構去取。以結構持心，有餘豫矣。〔註43〕

書法五體不同，而隨著書家學習路徑、才情、性格不同，表現之結果亦不同。此一結果必然造成書家之作有所差異。既有差異，則是否有通用之結構可一以貫之，針對此問題，趙宦光則提出「以結構持心」一說。「以結構持心」者，當爲下筆前心理需先有構思，思及一字之結構安排是否合體法，而體法全備後則能有餘豫。觀其所言之例，此些變化不外乎是爲取結構平衡，若能精熟於結法，使結構變化瞭然於心，則可於變與不變間游刃有餘。此所謂方法千古一途，一法通而萬法通。而除「以結構持心」外，趙宦光亦舉出實際之例印證。底下即分「從成文到成章：『學力』與『平直』」、「『從轉移其念』到『著念全體』」兩點分而論之：

一、從成文到成章：「學力」與「平直」

初學結構者應先追求結構平正，待結構平正後再追求險絕。而關於平正與險絕，趙宦光則認爲：

> 作字有難於結構者，一爲學力不到，一爲平方正直塵腐之魔膠固胸

〔註43〕《寒山帚談・格調》，頁307。

膈間。平直故是正法，其勢有不得平直者，不可以此拘拘也。即可
以平直而不成文章者，亦不可以是拘拘也。乍滿乍闕，讓左讓右，
或齊首斂足，或齊足空首，或上下俱空，無所不宜。一字務於成文，
一篇務於成章可矣。何謂文？交錯盤互，得所是也。何謂章？「音
十」爲章，合集眾形不使乖張是也。所謂難結構若何？如「盥」字
之類。常考石經，作「盥」亦不甚雅，覃思不已，變文作「□」，自
謂可觀，然不免改作。〔註44〕

此處趙宧光以「文章」稱字之結構，「文」指結構中之縱橫交錯、穿插避讓，
「章」爲將各種筆畫規律組合而不顯雜亂。「文」之意涵較接近於前所言之「構
法」，相反的「章」則可視作「結法」。趙宧光認爲難於結構法之人多爲學力
不足，或習一段時日卻被拘束於平整方正之人，此可與清代傅山（1607～1684）
《霜紅龕集》並觀，其云：「寫字之妙，亦不過一正。然正不是板，不是死，
只是古法。」〔註45〕大抵而言，平直方正雖是一字中之正法，但有些平正之
字是不得不平，而非每一字都必定要平；而有些字則爲不平正亦成，如此就
不該拘束。有呼應、顧盼、起伏，隨時隨局而變乃爲佳字。或滿或缺、讓左
讓右、平頭齊尾、齊尾平頭，更甚者頭尾均不平，此些未「正」結構常於各
書體中出現，可知平正不是一定之要求。

　　反之，趙宧光亦說：「平直故是正法」，可知一昧的求變亦非佳法。傅山
此句思想近於趙宧光，其說正「只是古法」，正與趙宧光所提出格之典範相同。
綜觀二人於此處均提出學古，但又不以古人爲框架，認爲結構隨勢而變。過
於拘則死，過於放則無理，此爲中庸之道。而此中庸是否有標準？可以「交
錯盤互，得所是也。」「合集眾形不使乖張是也。」兩句解釋之，即趙宧光之
「文章」或者是「結法」、「構法」，乃一書體該有之法式，其結構之最高標準
仍在於「體法」。

　　特別的是，趙宧光此處亦以自己之想法爲例。「盥」字中間爲「水」，於
書寫時，「水」因兩旁之部件而被拘束故不好寫。趙宧光思索至此，將中間之
「水」改爲「氵」，並對於此種方法十分滿意。此部分趙宧光之法應爲使用異
體字，且是自己獨創符合字義之異體字，與結構之交錯較無關係。而此種用

〔註44〕　《寒山帚談・格調》，頁 307。
〔註45〕　清・傅山：《霜紅龕集》，收入崔爾平編：《明清書論集》上冊（上海：上海辭
　　　　　書出版，2011 年），頁 562。

法，當來自此：

> 畫畫有據，始得成文；畫畫造立，始得成字。有據無立，書奴而已，
> 有立無據，遂成野狐。〔註46〕

此處較偏離書法層面，而接近於文字層面。趙宧光以「畫畫有據」、「畫畫造
立」解釋自己以「氵」替代「水」爲合法，此乃基於造字原則〔註47〕。而後言
之書奴、野狐，亦可看出趙宧光對於字義之重視，苟若書家不解文字學則流
之於匠。大抵而言，趙宧光所舉之例與「文章」、「結法」、「構法」無關，看
作對於「變化」之映證可耳。

　　而平正以結構持心，結法亦以結構持心，故其又言：

> 筆發於上，意先在下；字起於左，心先在右。假如眞書草頭作「萑」，
> 「草」〔註48〕斂其足；穴頭作「邊」，「遂」束其首。篆書水傍作「滿」，
> 水讓右「兩」，水傍作「江」，水浸右「工」，心意不先，何以措置？

〔註46〕《寒山帚談・格調》。頁307。
〔註47〕趙宧光好用異體字除各人因素外，亦爲時代之風氣，如清・葉德輝《書林清話》：「明中葉以後諸刻稿者，除七子及王、唐、羅、歸外，亦頗有可採取者。然多喜用古字，即如海鹽馮夛諸人尤甚。查他山先生見之曰：『此不明六書之故。若能解釋得出《説文》，斷不敢用也。』雖然，查氏之説，爲免高視明人。有明一代，爲《説文》者，僅有趙宧光一人。所爲《長箋》，由多臆説。且其人已在末季，其時刻書用古體字之風亦稍衰節矣。」（北京：中華書局，1957年），頁158。此處可見，明中、末葉時異體字之使用已普及，甚至於氾濫，連刻書亦受其影響。而趙宧光身兼文字學家，並著有《説文長箋》一書，自然難跳脱此情況。而白謙慎於《傅山的世界：十七世紀中國書法的嬗變》則以「字謎」提出一説：「晚明和清初刊行的印譜中，印蜕經常伴有著隷書或楷書的釋文（如張灝和胡正言的印譜），對照閲讀，可以幫助讀者辨識。當刻印者選擇冷僻的異體字入印時，他們知道人們將很難辨認印文，這樣的印章即成爲難解的『字謎』。在印譜中，這些印文的釋文即爲這些『字謎』提供了答案。借助釋文，讀者不但可以理解這些奇字印章的意涵，在其他的場合中還可以使用冷僻的古文奇字和別人進行文字遊戲。古文字學家兼篆刻家趙宧光的著作《説文長箋》中採用了相同作法。這本書有許多異體字，並在一些不爲人們熟識的異體字下標出人們熟識的通用字體來幫助閲讀。人們可以從這種設置異體字謎和答案的博學而優雅的文字遊戲中獲得樂趣。」（北京：三聯書店，2013年），頁74。照白謙慎所説，此種「異體字謎遊戲」乃炫耀成分居多，雖然亦有其趣味性在，但亦可視爲文人雅士互相較勁之賽。明末乃「尚奇」之社會，冷僻奇字之使用一來突顯博學，二來受時代歡迎，身爲文字學家、篆刻、書法家之趙宧光更爲箇中好手，因此其好用異體也就不足爲奇了。
〔註48〕此字爲「萑」之異體，書中作「草」，所指應爲「艸」部。

故曰：胸中具個完字。〔註49〕

下筆前須「胸中有個完字」，即姜夔所謂「意在筆先，字居心後。」〔註50〕而趙宧光除以楷書「萑」、「邃」字為例外，亦使用篆書「滿」、「江」為例，此則值得探討。書論中論及結構詳細者乃附字例，如此則較易了解。如明代汪挺（約 1643 年在世）《書法粹言》：「凡字如目、月等，內有短畫者，不與兩直相粘。」〔註51〕以目、月兩字為例，則可了解包圍結構內之短橫安排，相對直述例子更為有用。而趙宧光之「萑」、「邃」則有異曲同工之妙，以此為例，則可了解上下部件之安排

而「滿」、「江」二字，趙宧光則以楷書、篆書交替說明。其言「水讓右『㒼』」，此指篆書之「滿」須「㒼」與水部同大小，或者比之稍大。江為「水浸右『工』」，則指水部大於工，如此結構方取得平衡。此處可參考趙宧光之字例：

圖 4-1 趙宧光草篆杜牧《江南春》〔註52〕 　圖 4-2 趙宧光草篆《王維七言聯句》〔註53〕

此處為趙宧光草篆二字「紅」、「漠」。趙宧光書寫篆書「紅」時，「糸」部明顯拉長，而「工」則縮至上方，此例亦可與「江」通。「滿」字未有字例，故以「漠」替代，觀其書寫此字時，則「水」「莫」二部件大小相等，因「莫」

〔註49〕 《寒山帚談・格調》。頁304。
〔註50〕 宋・姜夔：《續書譜》，收入盧輔聖主編：《中國書畫全書》第2冊，頁446。
〔註51〕 明・汪挺：《書法粹言》，收入盧輔聖主編：《中國書畫全書》第6冊，頁406。
〔註52〕 趙宧光草篆杜牧《江南春》局部。摘自故宮博物院編：《中國書蹟大觀2・故宮博物館》（北京：文物出版社1993年），頁67。
〔註53〕 趙宧光草篆《王維七言聯句》軸紙本139.3×32.6局部。摘自中國古代書畫鑒定組編：《中國古代書畫圖目冊9》（北京：文物出版社，1992年），頁142。

字筆畫較多。而篆書如此，楷書亦如此。如楷書之滿，水部與『蒲』亦爲同大小，而楷書之江，水部須大過「工」，此則爲通則。而其接著又說：

> 難者曰：「江」、「滿」並出，將異結乎？通篇章法，古今不然也。曰：此中最難。須全然鍛煉一翻，自有個生息。苟不諸體備具涵漾於胸中者，未可輕議也。〔註54〕

此部分除結構外，亦涉及章法問題。趙宧光假設「江」、「滿」二字同時出現，因結構過近須思及變化，而對於變化其則言「通篇章法，古今不然也。」此部分可從結體、章法兩層面思考之。以結體而言，面對兩字相似時改變是必然的，如使用異體字、部件錯落、主筆改變均爲可行方法。王壯爲（1909～1998）於《中國藝術概論》言：「所以一個單字結構，乃是由點畫堆積而成。這些單字，少只有一二劃，多至幾十劃，其間構造的多樣性，也就可想而知……結構的形式，諸家也各有不同，形成各自的作風。這種字形上獨特的作風，與前述點畫方面的特質，總成爲某家某派的書法。」〔註55〕結法眾多則無正確之法，問題僅在於美觀與否，而隨著個人好惡、習慣使用則成爲「獨特的作風」，各家各派均可取爲我用。而此亦回到「結構持心」。

　　以章法而言，行草書可以大小錯落、分布留白等方法解決之，但若爲楷、隸、篆等端體書則不適用。此亦可以王壯爲說解釋：「書法從點劃、形體到章法（行間布白），三種要素如能作到好處，便可以成功一件完美的美術品。此點對於行書草書尤然。書法到了草行書，才達到最高境界。篆書隸書，則比較地稍爲不及。這因爲後者字體構造，雖然繁複，但規則性較大，而書寫格律也比較注重規矩。」〔註56〕可知，面對楷隸等端體書，要從章法解決兩字相同問題是困難的，改變字之結構、用異體還是較實際的方法。而趙宧光提出以章法解決一說，些許是受其草篆影響。其草篆書寫時因刻意導入草法，致使字字大小錯落不均、黑白分部搶眼，配上乾枯濃淡等各章法安排，要作到二字有區別度是容易的。如趙宧光之草篆《蜀道難》：

〔註54〕　《寒山帚談・格調》。頁304。
〔註55〕　王壯爲等著：《中國藝術概論》（台北：中國文化大學出版部，1988年），頁4～5。
〔註56〕　王壯爲等著：《中國藝術概論》（台北：中國文化大學出版部，1988年），頁5。

圖 4-3　趙宧光草篆《蜀道難》局部 〔註 57〕

「蠶叢及魚鳧，開國何茫然」十字大小錯落不一，結構變化亦強烈，即便有重複之字，欲以章法使字字不同應無問題。雖然，其草篆亦不能算端體書。

　　面對相似問題，以結構、章法解決均是可行的，則又可回到以結構持心。其標準當於「持心」二字。持心，強調書寫時對整體結構之關照，各類書體形體上的全省，主要是根據視覺上形態的好壞來決定。而好壞之標準則可以「苟不諸體備具涵漾於胸中者，未可輕議也。」一句解釋，可知，其「持心」之先決條件即為廣泛的學習，為心中有所佳字。此正好呼應了「學力不到」一句，學力不到則心中自無定見，亦受結體之難困惑。而解決方法似難而實簡，書者當遍臨佳帖、培養心手高度，苟若書學程度高、見識廣，則結體難為亦游刃有餘。

　　學習然後「持心」，此觀念歷來書論亦不斷強調，如明代項穆（1550～1600）《書法雅言》：「書有體格，非學弗之。」〔註 58〕趙宧光雖以持心論之，但仍不離前人想法，如其言：

　　　　書法昧在結構。獨體結構難在疏，合體結構難在密。疏欲不見其單
　　　　弱，密欲不見其雜亂。〔註 59〕

〔註 57〕　趙宧光草篆《蜀道難》局部。摘自中國古代書畫鑒定組編：《中國古代書畫圖
　　　　　目 6》（北京：文物出版社，1988 年），頁 126。
〔註 58〕　明・項穆：《書法雅言》，收入盧輔聖主編：《中國書畫全書》第 5 冊，頁 483。
〔註 59〕　《寒山帚談・格調》。頁 305。

此處言及結構疏密問題。大體而言，獨體字之結構難於疏，如部排中遇及「一、上、下」，要如何令其不單調為一大難處。而合體之結構難於密，如「鑾、龔、龗」，此些字筆畫本多，要如何讓此些繁雜之筆畫井然有序且不過大亦為一問題。而此種問題，自唐代徐浩《論書》已談及：

> 字不欲疏，亦不欲密，亦不欲大，亦不欲小。小，展令大；大，蹙令小。疏，肥令密；密，瘦令疏。斯其大經也。〔註60〕

解決辦法似難而實簡。筆劃少者加粗，結構放鬆；筆畫多者改細，結構收緊。理想之狀況應為筆畫少者不至於太過單調，筆畫多者也不至於太過雜亂，如包世臣（1775～1855）《藝舟雙楫》所言：「古人書有定法，隨字形大小為勢，書體雖殊，而大小相等，則法出一轍。」〔註61〕大小取之中和，通篇中筆畫多者不龐然而亂，全局中筆畫少者不如蟻陋，如此方能稱之佳書。

二、從「轉移其念」到「著念全體」

於結構而言，徐浩上述一說可視為圭臬，不論任何書體、書者均難跳脫於此。而此種說法雖可視為圭臬，但卻並非徐浩、趙宦光、包世臣所創。如前言，書法之學千變萬化，結構變化亦多種〔註62〕，難以一通用結構應用於所有字中，雖然，仍有些準則可適用於所有書作中。如徐浩一說，凡學書稍有程度者均能悟及此道理，雖然未立言說之，但內心必然有此想法，因此種準則殊途同歸。以此觀之，則傳東晉王羲之《筆勢論・開要》中已有提及：「二字合為一體，并不宜潤，重不宜長，單不宜小，復不宜大，密勝於疏，短勝於長。」〔註63〕此說範圍較為廣泛，但核心思想卻與上述無異。又如元代盛

〔註60〕 唐・徐浩：《論書》，收入《法書要錄》卷三，頁79。

〔註61〕 清・包世臣：《藝舟雙楫》，收入崔爾平編：《明清書論集》下冊（上海：上海辭書出版，2011年），頁1090。

〔註62〕 民初學者白蕉（1907～1969）《書法結構問題》云：「結構就是講點畫、位置、多少、疏密、陰陽、動靜、虛實、展促、顧盼、節奏、回折、垂縮、左右、偏中、出沒、倚伏、向背、推讓、聯絡、藏露、起止、上下、仰覆、正變、開闔之次序，大小長短之類聚，必使其呼應，往來有情。廣義一點講，觀於行間章法，都可以包括在內。」收入上海書畫出版社編《二十世紀書法研究叢書・風格技法篇》（上海：上海書畫出版社，2008年），頁111。據白蕉所整理，「結構」一詞所涵蓋之面相包含二十幾項，而古人書論中提取數項論述結構，少者一、二項深入剖析，多者數十項概而言之。總的而言，書論中提及結構，可泛指用筆外之技法。

〔註63〕 傳王羲之《筆勢論十二章并序》，收入宋・陳思：《書苑菁華》卷一。收入盧輔聖主編：《中國書畫全書》第3冊，頁9。

熙明（生卒不詳）《法書考》：

> 點畫既工而後能結體，然布置有疏密，骨格有肥瘠，不可不察也。
> 〔註64〕
>
> 按字之上下左右，畫之大小多少，取其停均，審其疏密，以下承上，
> 以右映左，以大包小，以少附多，多以少爲體，少以多爲用。〔註65〕

趙宧光僅言「疏欲不見其單弱」，而盛熙明則更具體的提出「以下承上，以右映左」，其說與上相比則又明確許多，於盛熙明後之趙宧光、包世臣反而說得不如其清楚。但此亦不代表趙、包二人遜於盛熙明，至多言趙、包二人立論不如盛熙明明確。

而趙宧光除了如前人從大方向提出「持心」外，其亦從小方向提出結構準則，筆者以表格整理之：

方結	方結者從其方，不可方者垂其腳，如「十」、「中」、「廾」之類。
左右	左右適均者從其峙，不可峙者上下出，如「節」、「斯」、「虧」、「群」之類。
上下	上下適均者勿避其整，苟可避者，以一畫擔之，如「臺」、「蠢」之類。〔註66〕
三合	三合並列者，一爲傍，二爲合，如「識」、「謝」、「抑」、「滌」之類。左右同體者，中立而附耳，如「斑」、「雛」、「躣」、「絲」之類。〔註67〕
中傍	字體有從中及傍者，如「興」、「水」字之類；有從傍及中者，如「中」、「國」之類。從中，須著念全體，然後下筆；從傍，則轉移其念，凡作左，著念在右，凡作右，著念在左。凡作點綴收鋒，又著念全體。此上乘也。若著念在闕漏處，此下乘也。任意完結者，不成書矣。〔註68〕
變化法	正有不必拘者，如歐氏作「飛」字四點如一，作「靈」字八點無差，以至結構對偶，畫畫未嘗改易，而亦未始不善。若虞氏作「書」字，則上二畫下三畫俱平，中三畫抑左揚右，便符前法。此有得於王氏，作「三」字則二畫相從，下畫別出；作「佳」字其右「圭」上如「土」，下如重點，或上畫先作，中二聯綿，此下畫仰承之法也。故知各有所取，無往不善。除是無學，不可與言虞、歐師徒也，故比量說之。〔註69〕

〔註64〕 元・盛熙明：《法書考》卷五，收入盧輔聖主編：《中國書畫全書》第 3 冊，頁 392。

〔註65〕 元・盛熙明：《法書考》卷五，收入盧輔聖主編：《中國書畫全書》第 3 冊，頁 392。

〔註66〕 方結、左右、上下均引自《寒山帚談・格調》。頁 306。

〔註67〕 《寒山帚談・格調》。頁 306。

〔註68〕 《寒山帚談・格調》。頁 302。

〔註69〕 《寒山帚談・格調》。頁 303。

此處趙宦光從較細膩處談起，相對於之前「疏欲不見其單弱，密欲不見其雜亂。」一說，此處則來得更加明確。如以「左右適均者從其峙，不可峙者上下出」觀之，則知「節」字慮及結構平衡，須將「卩」部下移，使字呈現左右高低參差。而字有左右高低參差後則取得平衡，如此則使此類左右字不至於雜亂，即達到「密欲不見其雜亂」之標準。再以此類推「斯」、「虧」、「群」則知同其理，亦可從此再延伸至「新」、「觀」、「雄」等字。而其餘「方結」、「左右」、「上下」、「三合」、「中傍」均為此類，大抵而言，常見之結構均包羅於中。

圖 4-4 歐陽詢《皇甫誕碑》〔註70〕　　圖 4-5 歐陽詢《九成宮醴泉銘》〔註71〕

　　而「方結」、「左右」、「上下」、「三合」四項較接近基本原則，相較下「中傍」、「變化」較為特別，可再另行討論。趙宦光之「中傍」，可說留心於一字結構之相互呼應，其關鍵在於「意在筆先」。如其「水」、「國」之例，中心結構未完成前，即須思考左右如何安排；而從四周入筆者，亦須在四周未完成前即思及中心處理。若「國」之「囗」太緊，則中心之「或」無所伸展；若「囗」太鬆，則中心又難以緊湊。趙宦光又將此類結構分為三等級：「念全體」、「念闕漏」、「任意完結」。念全體者，當為入筆前即有完備思慮，一部件未完成前即思及所有部件之安排。念闕漏者則下一層，為單一部件完成後再依所留之空間安排。如「國」字，念全體者為「囗」、「或」二部件同時顧慮，在未寫「或」時即思量「囗」之排法，因此游刃有餘；而念闕漏者則未同時顧慮，「囗」部完成後再思考「或」之寫法，苟若「囗」得宜則字中宮優良，苟

〔註70〕唐‧歐陽詢《皇甫誕碑》「節」字，摘自〔日〕渡邊隆男編：《中國書法選29》（東京：二玄社，1996年），頁9。

〔註71〕唐‧歐陽詢《九成宮醴泉銘》「國」字，摘自〔日〕渡邊隆男編：《中國書法選31》（東京：二玄社，1994年），頁30。

若「口」有失則全字皆毀。兩者之差天壤之別，一爲洞察先機，二爲受制於人。受制於人者尚有機會，無機會者爲「任亦完結」，此則趙宧光所謂不知書。簡言之，入筆前心中須有定見，思索一字完備後方下筆，此亦傳歐陽詢八法之「澄神靜慮」〔註72〕。趙宧光此處雖談中傍問題，實則已談至寫字之心理建設。

　　接著爲結構之「變化」。趙宧光言歐陽詢作「飛」字時字中四點如一，作「靈」字時八點亦完全相同，甚至於結構排列上筆畫依然無太大變動，橫如一徹豎如一徹但不顯其怪異。此可觀圖板：

圖 4-6　歐陽詢《皇甫誕碑》〔註73〕　　　圖 4-7　歐陽詢《九成宮醴泉銘》〔註74〕

實際細查，則知歐陽詢之點畫仍有變，僅爲變之不明顯。此處趙宧光所欲表明者，應爲平正、穩定之美。可藉清代梁巘（1710～1788）《評書帖》觀之：

> 孫過庭云：「始於平正，中則險絕，終歸平正。」〔註75〕須知始於平正，結構死法，歸於平正，融會變通而出者也。〔註76〕

平正亦有平正之美，結構亦非字字變化方佳。如清代傅山所言：「寫字無奇巧，只有正拙，正極奇生。」〔註77〕又如明代項穆所言：「奇即連於正之內，正即

〔註72〕傳唐・歐陽詢：《八法》，收入明・陶宗儀（1329～1410）：《書史會要》卷九，收入盧輔聖主編：《中國書畫全書》第 3 冊，頁 619。

〔註73〕唐・歐陽詢《皇甫誕碑》「飛」字，摘自〔日〕渡邊隆男編：《中國書法選 29》（東京：二玄社，1996 年），頁 43。

〔註74〕唐・歐陽詢《九成宮醴泉銘》「靈」字，摘自〔日〕渡邊隆男編：《中國書法選 31》（東京：二玄社，1994 年），頁 34。

〔註75〕此句原爲：「至如初學分布，但求平正；既知平正，務追險絕；既能險絕，復歸平正。初謂未及，中則過之，後乃通會。通會之既，人書俱老。」唐・孫過庭《書譜》，收入《景印文淵閣四庫全書》812 冊（台北：台灣商務出版，1983 年），頁 34。

〔註76〕清・梁巘：《評書帖》，收入崔爾平編：《明清書論集》上冊（上海：上海辭書出版，2011 年），頁 902。

〔註77〕清・傅山：《霜紅龕集》，收入崔爾平編：《明清書論集》上冊（上海：上海辭

列於奇之中。」〔註78〕趙宦光並非認爲字必得變化，正亦有正之法，苟若正能得法亦未嘗不可。正法之極奇即生，橫正豎直得正法，正亦可爲奇。因此說「各有所取，無往不善。」可知，其所謂死板並非不懂得變化，而是不得法。

除了正之法亦有變之法，趙宦光以虞字爲例。虞世南作「書」字時，「聿」之上二橫畫爲平，下三橫畫抑左揚右，「日」之三畫亦平，此種方法即符合前提及之變化。趙宦光又言此法出自於二王系統，其作「三」字時上二橫畫接近而底頭橫畫突出，作「佳」字時右邊「圭」之上部寫得如「士」，下頭寫得如「土」，因此上下兩橫畫均重，中間兩橫畫均輕。而歐、虞、王三人之結字法均不相同，但均得佳字。可知苟能美觀、合法，結構上並無是非對錯。苟若太過於死板，欲以一式應付所有結構，反落入下乘。而判斷結法是否正確、美觀，則有賴於書者功力，因此趙宦光言「除是無學，不可與言虞、歐師徒也」。

圖 4-8　虞世南《孔子廟堂碑》〔註79〕

而此類較詳細之說明，亦未始於趙宦光，如南宋姜夔《續書譜》：

> 假如「口」字，在左者皆須與上齊，「鳴」、「呼」、「喉」、「嚨」等字是也；在右者皆須與下齊，「和」、「扣」等是也。又如「宀」須令復其下，「走」、「辵」皆須能承其上。審量其輕重，使相負荷，計其大小，使相副稱爲善。〔註80〕

趙宦光之說與姜夔之說相近。如姜夔論「口」字，其「在左者皆須與上齊」說明字之左右重心須有變化，實則與趙宦光「左右適均者從其峙，不可峙者上下出」爲同一法。而此種方法雖詳細，卻難以含括所有結構，至多能含括常見結構而已。但若以「獨體結構難在疏，合體結構難在密。」之說觀之，則又太過於空泛。可知，詳細與通則均有其優缺，擇詳細則失之全面，擇通則又失之空泛，此爲自古書論均須面對之問題。而如姜夔、趙宦光諸人，雖

書出版，2011 年），頁 563。

〔註78〕明・項穆：《書法雅言》，收入盧輔聖主編：《中國書畫全書》第 5 冊，頁 485。

〔註79〕唐・虞世南：《孔子廟堂碑》「書」字，摘自〔日〕渡邊隆男編：《中國書法選32》（東京：二玄社，1993 年），頁 11。

〔註80〕宋・姜夔：《續書譜》，收入盧輔聖主編：《中國書畫全書》第 2 冊，頁 448。

試著將二者均含括於中，但因面相太廣亦難完備。雖然，筆者以爲書學博大精深，本難以一二之例了解通盤，誠如姜夔所言：「且字之長短、大小、斜正、疏密，天然不齊，孰能一之？」〔註81〕或者趙宧光之：「以結構持心，有餘豫矣。」讀書論，當讀其中之法思其言之例，並以此例應用至其他結構中，如此方稱善學。

第三節 「以格爲上」之解析

趙宧光於《寒山帚談》設八章，其中篇幅最大者當屬〈格調〉，而書法格調之「格」亦在前段釐清。但特別的是，〈格調〉一章之重點擺於「格」，而其「調」之份量與「格」相比則顯得偏少，其調，多零星散落於其餘篇章。此則可留意──趙宧光雖命爲〈格調〉章，但其「格」之比重遠高於「調」，本節以「『用筆爲上』傳統之建立」、「『用筆爲上』之反動『不學必不能』」、「書學能事盡在結構」三者分論，藉此釐清此問題：

一、「書法以用筆爲上」：「用筆爲上」傳統之建立

始自魏晉，「用筆」之重要性即屢次提及，傳東晉衛夫人《筆陣圖》云：

　　夫三端之妙，莫先乎用筆，六藝之奧，莫匪乎銀鈎。〔註82〕

傳東晉王羲之《書論四篇》：

　　夫書字不用平直，不用調端，先須用筆。〔註83〕

據筆者所見，傳東晉衛夫人《筆陣圖》爲最早提出「用筆」二字者，《法書要錄》成書於唐，因此可斷定至少在唐以前即注意用筆。而此處將用筆直擺至「六藝之奧」，更可見對於用筆之推崇。而傳王羲之《筆勢圖》之觀點與《筆陣圖》同，亦言書法「先須用筆」，可知對於用筆之推崇爲當時時代之風氣。此種以「用筆論」爲主流之書論在歷來反覆提及，如與唐代張懷瓘（生卒不詳）之《玉堂禁經》亦言：

　　夫書第一用筆，第二識勢，第三裹束，三者兼備然後爲書。〔註84〕

〔註81〕宋・姜夔：《續書譜》，收入盧輔聖主編：《中國書畫全書》第2冊，頁445。
〔註82〕傳東晉・衛夫人：《筆陣圖》，收入《法書要錄》卷一，頁4。
〔註83〕傳東東晉・王羲之：《書論四篇》，收入宋・朱長文《墨池編》卷一，收入盧輔聖主編：《中國書畫全書》第1冊，頁220。
〔註84〕唐・張懷瓘：《玉堂禁經》，收入宋・朱長文《墨池編》卷二，收入盧輔聖主編：《中國書畫全書》第1冊，頁228。

雖言三者兼備，但依其順序排列觀可知其最重視者仍爲「用筆」。而從另方面來看，亦可證明直至唐朝仍以用筆爲重，結構爲次。此種用筆主流直至元朝仍不改，如元朝第一書家趙孟頫（1254～1322）即言：

> 學書在玩味古人法帖，悉知其用筆之意，乃爲有益。

> 學書有二：一曰筆法，二曰字形。筆法弗精，雖善猶惡；字形弗妙，雖熟猶生。學書能解此，始可以語書也。

> 書法以用筆爲上，而結字亦須用工，蓋結字因時相傳，用筆千古不易。〔註85〕

其「知其用筆之意」、「一曰筆法，二曰字形」、「書法以用筆爲上」可知趙孟頫之書論以用筆爲上。而趙孟頫之成就無庸置疑，如《元史》云：「（趙孟頫）篆、籀、分、隸、眞、行草書無不冠絕古今，遂以書名天下。」〔註86〕又如明代何良俊（1506～1573）稱其：「唐以後集書法之大成者，趙集賢也。」〔註87〕以如此之名氣，對於時代之影響則無庸置疑。此則可推敲兩件事：其一，趙孟頫之書法影響覆蓋元明兩朝，直至明末思想解放風氣下，其書風之影響才逐漸式微。趙孟頫之書攻於筆法，以流暢精純之用筆聞世，其用筆之精熟甚至被稱「下筆神速如風雨」〔註88〕。而此種以筆法爲原則之書頗受元、明二代喜好，既如此，則趙孟頫之「用筆論」勢必隨著其書風影響元、明二朝，「用筆論」至元、明二朝又到達新的巔峰。

其二，趙孟頫之書上追二王，誠如黃惇所言：「就書法一門而言，趙孟頫從出仕起就確立改變金、遼、南宋以來即元初書法衰微局面的目標。他提倡復古，崇尚二王，在觀念和實踐兩方面都積極推進改革。當他離開人世之時，元初書壇已經是一個嶄新的局面──一派純正的魏晉古風，並湧現出一大批活躍於大都的趙派書家。」〔註89〕觀其「書法以用筆爲上」一句，可知確與

〔註85〕崔爾平主編：《歷代書法論文選續編》（上海：上海書畫出版社，1993年），頁178。

〔註86〕明·宋濂撰：《元史》，楊家駱主編：《新校本元史》（臺北：鼎文書局，1977年），頁4023。

〔註87〕明·何良俊：《四友齋書論》，收入崔爾平編《明清書論集》上冊（上海：上海辭書出版，2011年），頁134。

〔註88〕元·鮮于樞：跋趙孟頫書《過秦論》，收於明·張丑《清河書畫舫》卷十下，收入盧輔聖主編：《中國書畫全書》第5冊，頁741。原文爲：「筆力柔媚，備極楷則，後之覽者，豈知下筆神速如風雨邪。」

〔註89〕黃惇：《中國書法史·元明卷》（南京：江蘇教育出版社，2011年），頁15。

魏晉時期之「用筆論」相同。他們注重於筆法更重於結構，因此有「蓋結字因時相傳，用筆千古不易。」一語。而其此種以先賢經典爲圭臬之要求，實也一掃宋以來強調個人風格之風氣，替經典從新確立了地位，也讓二王書風再達到新的高峰。

而趙孟頫之書風、書論在明代前期有極大影響，如明代朱有燉（1379～1439）《東書堂帖》言：

> 至趙宋之時，蔡襄、米芾等諸人雖號爲能書，其時魏晉之法蕩然不存矣。元有鮮于伯機、趙孟頫，始變其法，飄逸可愛，自此能書者疊疊而興，較之於晉唐雖有後先，而優於宋人之書遠矣。〔註90〕

朱有燉直稱趙孟頫遠勝於宋人，並稱「始變其法」、「自此能書者疊疊而興」，趙孟頫於後代之影響可知。又，朱有燉爲朱元璋（1328～1398）之第五子周定王朱橚（1361～1425）之嫡長子，爲皇室近親，以朱有燉之身分推崇，亦可看作於皇室之推崇；既得皇室推崇，則時代書風自然難脫於此。明代前期，此種以用筆爲核心之「用筆論」仍盛行，趙說仍覆於天下，此種追求用筆流暢、柔媚之書風也間接影響了臺閣體的興起，直至晚明思想解放之影響才逐漸式微。

二、「用筆爲上」之反動：「結構重於用筆」

趙孟頫一段「蓋結字因時相傳，用筆千古不易」影響深遠，此言自有其道理。自「因時相傳」觀之，則結構於數千年間變化極大，篆、隸、草、行、楷均有各自體法結構，如篆長而圓轉、隸扁而波折、楷方而有角、行草圓轉而靈動，各書體之結構大不相同。而隨著時代推移，各時代主要書體亦不斷變化，如秦通行之小篆與唐通行之楷書即有不同標準，如此情形下，則不同朝代有不同通行之結構，故言結構「因時相傳」。相較於結構「因時相傳」，筆法之使用較具永恆性，各時代同樣追求筆鋒之正確使用，如趙宧光所言之「畫之平，豎之正，點之活，鉤之和」，因此趙孟頫言「用筆千古不易」。其注意至結構具有變易性，筆法則具有超越性，也因此趙孟頫置用筆於上。

但趙宧光之「結構論」卻與其相反，其云：

> 用筆有不學而能者矣，亦有因學而不能者矣。至若結構，不學必不

〔註90〕 明・朱有燉：《東書堂帖》自序，收入容庚（1894～1983）：《叢帖目》第一冊（香港：中華書局香港分局，1980 年），頁 190。

能，學必能之。能解乎此，未有不知書者。不解乎此，未有可與言
書者。〔註91〕

此說與趙孟頫以來之說背道而馳，甚至可視爲對於「用筆論」之反動。趙孟
頫主張「用筆千古不易」，於超越性而言應追求用筆，然趙宧光卻說「用筆有
不學而能者矣，亦有困學而不能者矣。」兩者所追求不同。趙宧光是否眞認
爲用筆能不學而得？筆者以爲不然，趙宧光仍是注重於用筆的，至少其說過：
「作字三法：一用筆，二結構，三知趨向。」〔註92〕一句。此處，趙宧光當
是從「天然」、「人工」二角度探討之。人工與天然之爭自古有之〔註93〕，各
執其說，但趙宧光認爲兩者皆有，僅存於書法之不同面向。於用筆，趙宧光
認爲天然所致居多，因此言有不學而能，亦有學而能；於結構，趙宧光則肯
定完全人工所致，得與不得只在於努力與否。用筆天資、進步速度人人不同，
最終能力隨人而異；結構亦看天資，但卻不同於用筆天然，此爲人工可致。
趙宧光以此爲基點，提倡以「結構論」爲核心——用筆雖亦學，但應將學習
之重點擺於結構，一來學習易得，二來學習必可得。

　　與用筆相對，結構之學習確實來得快速，但若僅以此爲理由，則其說又
顯得薄弱，書家自不可能以易學與否立論。因此趙宧光亦從另一觀點切入——
——結構爲書學主體：

　　　能結構不能用筆，猶得成體。若但知用筆，不知結構，全不成形矣。

〔註94〕

書法當含用筆與結構，能結構而不能用筆，仍能寫出大概之樣式。猶如蒙童
習書，若能將結構寫至相像，即便用筆破綻百出亦能有字形。但若用筆精純、
流暢，結構卻全無準則、觀之紊亂，如此亦難成字。事實上，學書當同時習
得用筆、結構，用筆精純而結構紊亂之情形極爲罕見，至多用筆小有水準、

〔註91〕　《寒山帚談・格調》。頁306。
〔註92〕　《寒山帚談・格調》。頁301。
〔註93〕　王鎮遠：《中國書法理論史》，曰：「這裡所謂的『天然』，是指書家得自天賦
　　　　　的才能，所謂『人工』，即指書家所下的功夫。書法是一項非一朝一夕可以成
　　　　　就的藝術，因而歷來論書者都強調勤學苦練的重要，然僅有苦工，無穎悟與
　　　　　天資則難以達到書法藝術的峰顛。」（安徽：黃山出版社，1996年），頁73。
　　　　　按：趙宧光與此處將二者分開，並認爲用筆於天資影響較大，但不代表趙宧
　　　　　光強調天然。觀之《寒山帚談》全文，趙宧光不斷提及讀法書、臨佳帖、勤
　　　　　動筆之重要，以此觀，趙宧光反而是重人工的。此處引文雖也有理，但應是
　　　　　趙宧光爲了強調結構之重要而生。
〔註94〕　《寒山帚談・格調》。頁301。

結構紊亂。因此趙宧光之「但知用筆，不知結構」較難成立。但從另一面觀，趙宧光所言「能結構不能用筆，猶得成體。」亦是，特別是書寫篆、隸書，結構之比重遠大於用筆，「猶得成體」一說可稱一針見血。

　　而趙宧光「猶得成體」一說也點破了書學一迷思——用筆遠高於結構。趙孟頫並非不注重於結構，其亦言「結字亦須用工」，但其「筆法千古不易」太過於響亮，亦至於結構之重要性被忽略。書家雖同時學習用筆、結構，但因眼光著於用筆，反忽略結構重要。趙宧光的確是有心替「結構」抬高地位的：

　　　　用筆品藻，古人亦云詳矣，但多昧於結構、破體二法。〔註95〕

趙宧光自稱《寒山帚談》為「補所未發」〔註96〕，又言：「帚談者，補書法未竟也。」〔註97〕其創新之壯志昭然於紙上。而其明言前人書論多重視於筆法，而忽略結構，甚至言前人「昧於結構」，其有心於《寒山帚談》替結構重建地位也就可見一斑。

　　除認為天然人工、前人忽略結構外，趙宧光抬高結構亦有其餘理由。一字內有用筆、結構二者，兩者相輔相成正如格、調缺一不可。關於格與調之主從，趙宧光以為「調」（鋒勢）雖重，但仍以「格」為主：

　　　　學用筆法，能作一畫；學結構法，能作二畫三畫，以上可類推也。
　　　　不然，千萬畫無一畫之幾乎道，千萬字無一字之幾乎道。始而鹵莽
　　　　作字，稍聞此道，則見筆筆倔強，不知字字畸邪不合，才覺甚難，
　　　　始是進德。未難即易，不足與言。〔註98〕

漢字之筆畫繁雜為一大特色，不同於其他語系文字，每一字均有獨特之結構、筆順。筆法為一筆一畫之精神，學書者必需習得筆法，此亦為「用筆論」之精神。但趙宧光此處則點出了另一思考面向——筆畫僅為一字結構中之元素。如前提之「中」字：

〔註95〕《寒山帚談‧格調》。頁304。引言中提及之「結構」即為一字之間架，為格。但其「破體」卻與我們今日所認識的不同，於下節會再詳談。
〔註96〕《寒山帚談‧小引》，收入盧輔聖主編：《中國書畫全書》第5冊，頁491。按：崔爾平選編點校《明清書論集》版刪去〈小引〉一節，而《中國書畫全書》仍有保留，故此處改採《中國書畫全書》版。之後遇及小引時仍同樣處理。
〔註97〕《寒山帚談‧小引》，收入盧輔聖主編：《中國書畫全書》第5冊，頁491。
〔註98〕《寒山帚談‧格調》。頁301。

圖 4-9 歐陽詢《九成宮醴泉銘》〔註99〕

此可拆成短豎、橫折、橫、豎等四筆，於書寫時，可能因作楷書而思及起筆回鋒，或可能因作行書而思及連貫映帶，但若僅思考筆法則難以成字。欲成一字勢必思考結構、空間之安排，如「中」字中間一豎，於下凸出的比例即該比於上凸出的比例多，可說，書寫時是將不同之筆法組合成一體勢到位之文字。若以此觀，則用筆僅為結構之元素，結構才是用筆完成之表現。以架屋譬喻，用筆為挑選良好之木材，而結構才是架屋之法。若不懂結構之法則僅限於一畫之優美則無法成字，須得對於結構有所掌握方能將筆法一一結合，因此趙宧光言：「學用筆法，能作一畫；學結構法，能作二畫三畫。」並非虛言。

三、「結構為上」：書學能事盡在結構

觀趙宧光說法，則是將結構置於用筆之上，其云：

> 嘗謂寫得一畫，方知用筆，寫得二畫，方知結構。書法能事，盡於此矣。〔註100〕

按其說，初學者當是先學成筆法，而後學成結構。前述引言中之：「始而鹵莽作字，稍聞此道，則見筆筆倔強，不知字字畸邪不合。」一句亦為同一說法。筆法與結構孰先學成難定論，但此處可看出趙宧光認為結構之重要性高於筆法。

至此，趙宧光為「結構論」者無庸置疑。其理論打破自魏晉以來「夫書第一用筆」之說，也挑戰了趙孟頫「用筆為上」理論，其從天然人工、前人忽略結構、用筆為結構元素三項分頭說明，並以此抬高結構之地位，為書學

〔註99〕 唐・歐陽詢《九成宮醴泉銘》「中」字，摘自〔日〕渡邊隆男編：《中國書法選31》（東京：二玄社，1994年），頁20。

〔註100〕 《寒山帚談・金石林緒論——真書部》，頁348。

開啟新的面相。但此處可注意，趙宧光之《寒山帚談》獨以魏晉爲宗，自唐以下難入其眼，其曾言：「唐宋而下，一字不得入吾肺腑……六代而下不得窺也。」〔註101〕但其「結構論」卻與魏晉之主流背道而馳，爲何？

北宋一掃前代書風，個人自抒機杼，其中又以宋四家最爲有名。而到南宋後，此種以個人寫意的特徵沒得到適性的發展，反而使時代風氣籠罩於蘇、黃、米之下。〔註102〕此種情形下，不少書家改回歸經典，以二王爲師法對象。南宋趙構《翰墨志》（1107〜1187）便云：「余自魏晉以來至六朝筆法，無不臨摹……眾體皆備於筆下，意簡猶存於取捨，至若《禊帖》，則測之益深，擬之益嚴。姿態橫生，莫造其原，詳觀點畫，以至成誦，不少去懷也。」〔註103〕趙構重歸經典，雖限制於時代，但也說明了魏晉書風又開始抬頭，而魏晉書風眞正發揚光大應始於趙孟頫。趙孟頫書學以二王系統爲師法，其一生亦用心於二王。元代趙汸（1319–1369）《東山存稿》〈跋趙文敏公臨東方先生畫贊〉言：「汸往歲遊吳興，登松雪齋，聞文敏公門下士言：『公初學書時，智永《千文》臨習背寫，盡五百紙，《蘭亭序》亦然。』今觀宋仲珩所藏《東方先生畫贊》臨本，見公於書學雖老，不倦前言，於是益信然。」〔註104〕以趙汸所聽與所見合而印證，其日臨五百紙應非需言，而趙孟頫於二王之努力由此可見，此外，此則引文亦可觀出趙孟頫臨寫二王之功力已臻爐火純青。

趙孟頫對於明代前中期有著極大的影響，雖給後人學習典範，卻也帶來了弊病。趙孟頫之書妙於熟，熟而後得筆法精妙，但過於熟，則使字跡看來千篇一律，缺乏變化。董其昌（1555〜1636）便曾言：「趙書因熟得俗態，吾書因生得秀色。」〔註105〕趙宧光亦曾說：「孟頫一生學右軍，妙在爛熟，而晉人實無此爛熟。」〔註106〕此爲中肯之言，而趙宧光反對的正基於此。觀趙宧光之說，其反對「俗」甚至大於「野狐」，而「俗」之核心正在於過於柔媚〔註107〕。

〔註101〕《寒山帚談・學力》。頁311。

〔註102〕黃惇：《中國書法史・元明卷》（南京：江蘇教育出版社，2011年），頁6。

〔註103〕南宋・趙構：《翰墨志》，收入《歷代書法論文選》（上海：上海書畫出版社，1979），頁365。

〔註104〕元・趙汸：《東山存稿》卷五，收入《景印文淵閣四庫全書》第1221冊（台北：台灣商務出版，1983年），頁302。

〔註105〕明・董其昌：《容臺集・容臺別集》，卷五〈書品〉（台北：國立中央圖書館，1968年），頁1894、1895。

〔註106〕《寒山帚談・法書》。頁336。

〔註107〕此於第五章論「調」會再詳細談及。

　　趙宦光尊崇二王之說，趙孟頫也尊崇二王之說，但趙孟頫之「爛熟」、「俗」卻又是趙宦光所不喜。因此，趙宦光建立另一理論：書之爛熟、筆法柔媚並非二王系統之罪，此爲書家學習不得法；而得法者，除當從筆法入手外，更須從結構入手。其以此種理論，反對自趙孟頫以來「筆法千古不易」之魏晉書論，試圖以「結構論」從新建立二王、魏晉之說：

> 古今臨摹取捨，絕然兩途。古人不畏無筆勢而畏無結構，今人惟筆
> 勢自務，而不知結構爲何物。毋論唐摹晉帖有結構無筆勢爲佐證，
> 按淳化、太清二帖，即不過同朝百年間物耳，取捨頓異，何有於今
> 日乎！竟不知筆勢人人可以自取，結構非力學則全不知也。今不逮
> 古，何言待辨。〔註108〕

魏晉時期崇尙筆法高於結構，甚至將筆法置於「三端之妙」，可說以用筆爲主流之時代。但按趙宦光「古人不畏無筆勢而畏無結構」一句，我們可推敲其認爲魏晉時期是重結構的——至少在筆法與結構間作取捨時會選擇結構，若此，則與先前產生悖論。莊千慧於《魏晉南北朝書論之研究》提及：「這些書論之所以不厭其煩的一再強調用筆之重要，不僅因爲用筆是學書之基礎，更在於唯有對書體、書家、書派之用筆法有相當的瞭解與學習之後，才能具有欣賞、評鑑之眼光。」〔註109〕魏晉時期書論筆法與結構二者均談，但於筆法之重視的確高於結構。故，趙宦光言古人重結構更勝於筆法有待商榷，此爲另一種理解魏晉書風的面向。

　　同樣的，趙宦光於「古人不畏無筆勢而畏無結構」一句亦未舉出明確事例，即便與魏晉接近之唐朝，趙宦光亦未提出證據，其所舉僅有宋朝的《淳化》、《太清》二帖。事實上，趙宦光之「復古」的確時而過於偏激，出現佐證不足之情形，此僅爲其中一例。趙彥輝於《趙宦光《寒山帚談》研究》亦有「混淆視聽，時不知古，乃是其局限」〔註110〕之評論。而趙宦光此段立論是否眞無價值，筆者以爲亦不然。此種看似過於偏激之言論，當從其背後精神看起。此段引言之重點當不在於「古人」，而在於「今人惟筆勢自務，而不知結構爲何物」一句。趙宦光之目標並不在於立論古人是否如此，其目的在於指責今人、時代風氣流於筆勢，此爲藉古諷今之手法，而「今不逮古」，則

〔註108〕《寒山帚談·拾遺——格調》，頁355。
〔註109〕莊千慧：《魏晉南北朝書論之研究》（國立成功大學中國文學系碩士論文，1999年），頁86。
〔註110〕趙彥輝：《趙宦光《寒山帚談》研究》（吉林大學碩士論文，2004年），頁31。

可視爲其批評。

　　趙宦光對於趙孟頫以來學習二王的方法是有疑慮的，其認爲近代書僅得柔媚不得其法，雖打著以二王爲宗之旗號，但只知一昧精研筆法，而不知結構爲何物。張懷瓘、趙孟頫均是以用筆論爲主之書家，但張懷瓘曾言：「夫書第一用筆，第二識勢」，趙孟頫亦說過：「學書有二：一曰筆法，二曰字形。」雖與趙宦光之結構論不同，但仍重視結構之重要性。隨著時代推進，此種風氣流之過甚反使用筆之說甚囂塵上，進而忽略了結構之重要。趙宦光並非不重視用筆，或者反對魏晉時期之書論，於《寒山帚談》隨處可見其「調」之縮影，亦可見其提倡魏晉書風、書論。其批評目標爲近人只知學習用筆而罔聞結構：

> 近代時俗書，獨事運筆取妍媚，不知結構爲何物。總獵時名，識者
> 不取。正如畫像者但描顔面，身相容態則他人也；畫花者但描鬚瓣，
> 枝幹扶疏則異木也，尚可稱能畫乎！〔註111〕

「獨事運筆取妍媚，不知結構爲何物。」一句可完整的說明趙宦光的看法。其認爲當朝的風氣僅求字之妍美，一昧的偏向用筆之瑰麗，而喪失了書法雄厚之氣、強健之骨。雖於用筆上本有問題，但其認爲另一原因即爲近代不重視結構。觀趙宦光所舉之喻，其強調的是學書的整體面向。學書應當用筆、結構均需顧及，如其言，繪人只知強調容貌而忽略形體、繪花只知描繪瓣貌而忽略枝幹，如此偏擇其一難稱佳作。以書法觀則如前言，「學用筆法，能作一畫；學結構法，能作二畫三畫」，僅知顧及一字中之元素而省略結構，此亦難稱佳字。

　　「俗人取筆不取結構，盲相師也。」〔註112〕趙宦光結構論形成之因除前述外，最大的原因當爲對於時代之反動，其追求的，極大部分在於提倡書法的「全面性」。回到「古今臨摹取捨，絕然兩途」一句，更可看出其對於自趙孟頫以來之疑慮，趙孟頫與趙宦光雖同上朔魏晉，但取捨之路完全不同。趙孟頫是偏向筆法的，而趙宦光則選擇從結構入手，其試圖以新的學習方法從新建構對於二王取師的面向。其批評時不斷的言及「古人」，此古人，一方面爲趙宦光心目中之理想典範，二方面卻也可看作對於自趙孟頫後偏好筆法的批評。

〔註111〕　《寒山帚談・格調》。頁302。
〔註112〕　《寒山帚談・格調》。頁301。

大體而言，趙宦光之結構論建立於「天然人工」、「前人忽略結構」、「用筆為結構元素」，以及「對於當代的反動」。其結構論之核心則在於提倡書法之全面性，欲一掃前人不重視結構之弊病。而其從不同的角度提倡結構的重要性，甚至將結構之重要性立於用筆之上，此也是較特別的事情。

第四節　從結體到破體

「用筆品藻，古人亦云詳矣，但多昧於結構、破體二法。」〔註113〕趙宦光一句點出了其對於近人的看法，也點出了欲抬高「結構」之心思。但觀其言，趙宦光除認為近人昧於結構外，其亦認為近人昧於「破體」，兩者並而論之足見其對於破體之重視。因此，此部分有必要就「破體」談論，本節以「『破體』釋義」、「『破體』與『異體』」、「『破體之法』與『其法不定』」三點分而論之：

一、「破體」釋義

破體此一詞，最早當出自於唐代徐浩《論書》：

> 《周官》內史教國子六書，書之源流，其來尚矣。程邈變隸體，邯鄲傳楷法，事則朴略，未有功能。厥後鍾善真書，張稱草聖，右軍行法，小令破體，皆一時之妙。〔註114〕

程邈（生卒不詳）隸書、鍾繇楷書、張芝草書、右軍行書為唐以前各書體的典範，與之並行的是「小令破體」，依此觀之，所謂之「破體」當如楷、隸、行為書體之名。但此則引文線索有限，僅知為書體，卻難以探清「破體」究竟為何書。事實上，在徐浩提出此一命題後，破體似乎就以「書體」之姿出現於文獻中，如南宋吳曾（生卒不詳）《能改齋漫錄》：「學書當先務真楷，端正勻停而後饒得破體，破體而後饒得顛草。」〔註115〕先真楷求正，求正而後能破體，破體而後草書，以此觀之，所謂「破體」果為書體。雖知為書體，但其為何種書體仍意涵不明。

〔註113〕《寒山帚談・格調》。頁304。

〔註114〕唐・徐浩：《論書》，收入於《法書要錄》卷三，頁79。

〔註115〕南宋・吳曾：《能改齋漫錄》卷十四〈黃公孝師右軍筆法〉：「仁宗時，太常博士黃公孝先有詩名，尤工字學，常師右軍筆法，深得其妙。每曰：學書當先務真楷，端正勻停而後饒得破體，破體而後饒得顛草，凡字之為體緩不如緊，闊不如密，斜不如正，濁不如清。右欲重，左欲輕，考之古人蹤跡，其言不妄也。」（台北：木鐸出版社，1982年），頁401～402。

至徐浩提出後百年間，未有人對於此二字作詳細說明，據筆者所見，較深入探討破體二字的當爲明代楊愼（1488～1559）《墨池璱錄》：

> 李頎〈贈張諲詩〉：「小王破體咸支策」，人皆不解「破體」爲何語？
>
> 按徐浩云：「鍾善眞書，張稱草聖，右軍草行法，小王破體，皆一時之妙。」「破體」，謂行書小縱繩墨，破右軍之體也。〔註116〕

楊愼循著徐浩留下的文本，並依文本提出自己之釋義，其稱「破體」爲王獻之（344～386）「行書小縱繩墨」，此或許可解開徐浩之「小令破體」。小縱繩墨者，當指些微超越原來之法規，若以文獻觀之，此處之法規即爲行書之法規。又，楊愼稱其「破右軍之體」，可知此行書之法規乃以其父行書爲標準。至此，可知徐浩所指之破體爲「以越行書規矩之法，寫王羲之行書」。

對於破體，楊愼另有一段引文：

> 王僧虔云：「變古製今，惟右軍、領軍爾，不爾至今猶法鍾張。」《書斷》云：「王獻之變右軍行書，號曰破體書」，由此觀之，世稱鍾王，不知王之書法已非鍾矣，又稱二王，不知獻之書法已非右軍矣，譬之王降而爲霸，聖傳而爲賢，必能暗中摸索，辨此書字始有進耳！
>
> 〔註117〕

「變古製今」、「王獻之變右軍行書」爲其中關鍵，按楊愼看法，所謂破體即爲將前人書法加以個人巧思、技法，並以此開創出嶄新的書風。而其又言「王降而爲霸，聖傳而爲賢」，楊愼對於破體仍持有著些貶意，雖稱鍾王、二王，但王已非鍾，王獻之亦非王羲之。二段引文所指相同，而破體之意涵也逐漸明朗，但此又引出新的問題——王獻之破其父之行書，並以此爲「破體書」，而此破體究竟還算不算行書，抑或已成爲新的書體？解答的關鍵，當回到張

〔註116〕明・楊愼《墨池璱錄》卷四，收入崔爾平主編：《中國書畫全書》第3冊（上海：上海書畫出版社，1992年），頁805。

〔註117〕明・楊愼《升菴集》卷六十三，收入《景印文淵閣四庫全書》第1270冊（台北：台灣商務出版，1983年），頁601。其中「王獻之變右軍行書，號曰破體書」仍有爭議，莊千慧曾針對此段文字進行研究，其言：「筆者檢索張懷瓘《書斷》全文，未見『王獻之變右軍行書，號曰破體書』等文字，此句顯然出自楊愼。……不過，以楊愼於書學文獻之博覽，應曾見過《書斷》全文，除非他所根據的版本有「王獻之變右軍行書，號曰破體書」的衍文，否則實難解釋此一引用文獻之誤。」莊千慧：《心慕與手追——中古時期王羲之書法接受研究》（成功大學中國文學系博士論文，2009年），頁249。筆者以爲此段文字雖有爭議，但除去「王獻之變右軍行書，號曰破體書」一句，全文意涵仍不改變，改變僅爲王獻之是否曾自己提出「破體」一詞，因此仍可引用。

懷瓘《書斷》對於王獻之的敘述：

> 子敬年十五、六時，嘗白其父云：「古之章草，未能宏逸，頗異諸體。
> 今窮偽略之理，極草縱之致，不若藁行之間，於往法固殊，大人宜
> 改體。」

> 子敬才高識遠，行、草之外，更開一門。夫行書非草非眞，離方遁
> 圓，在乎李孟之間。兼眞者謂之眞行，帶草者謂之行草。子敬之法，
> 非草非行，流便於行草，又處其中間，無藉因循，寧拘制則。〔註118〕

獻之言「極草縱之致，不若藁行之間」，並稱此爲「改體」。推斷其意，可知
王獻之追求的爲介於行、草之間的一種嶄新書風——比行書更加精省、恣意
開張，卻又不似草書之符號化，大幅省筆。此書體，當爲今日之行草。兼具
行書之可辨認性，亦具草書之變化、解體性，爲書家最能自由揮灑、獨抒性
靈之書風。而其「改」，則與「往法固殊」相對，跳出既有之框架，因此稱其
爲「改」。而張懷瓘對此則解釋得明晰透徹，其言「非草非眞」、「非草非行，
流便於行草，又處其中間」此亦與上述所言相同。

　　而王獻之稱爲「改」徐浩稱爲「破」，但兩者之指稱相同，皆爲一種改變
舊有面貌的嶄新書風，不單技法創新，連其內涵精神亦不同。因此故言，子
敬之「改體」與徐浩之「破體」實爲同件事。雖然，至徐浩提出後，後人言
即此事皆以「破體」命之，王獻之最初所稱「改體」反僅留於寥寥記載。而
「破體」最初專指王獻之行草一脈，但於今，則可指各種書體混雜之「兼容
多體之書風」。舉凡篆隸草行楷之揉合，如篆隸、草篆交雜等均是，而啓功（1912
～2005）則稱之爲「雜攙字體」〔註119〕。

二、「破體」與「異體」

　　回到「用筆品藻，古人亦云詳矣，但多昧於結構、破體二法。」一句，
趙宧光顯然對自己之破體論極有信心，但其「破體」是否與徐浩、楊愼所指
相同，可先觀下列引文：

> 破體有篆破眞不破，有眞破篆不破，有篆眞俱破，有可破不可破，
> 有有義之破，有無義之破。不必破者，勿論可也。〔註120〕

〔註118〕唐・張懷瓘：《書議》，收入於《法書要錄》卷四，頁105。
〔註119〕啓功：《古代字體論稿》（北京：文物出版社，1964年），頁1。
〔註120〕《寒山帚談・格調》。頁304。

趙宧光於此提及破體問題，其連用了「篆破、眞破、篆眞俱破、可破、不可破、有義、無義」等七項，但詳細意涵卻未說明。前言之，破體應爲「攙雜二體以上，改變舊有面貌的嶄新書體」，但觀其文章脈絡此七項均不類似書體。特別是「可破、不可破、有義、無義」四項，與其說是「書體」不如說是「理論」。此七項以前言之「破體」解釋不通，意涵仍是模糊，因此有必要再看下一段引文。趙宧光云：

> 世謬以筆法爲結構，或呼野狐怪俗之書爲破體者，皆不知書法名義者也。名義尚昧，書道何有哉？因取同部結構有異者，著之於篇。若「風」、「衣」、「人」、「心」、「水」、「草」、「火」、「手」、「木」、「肉」、「頁」、「黑」十二部字，並左右上下內外俯仰，眞篆全省，正破古俗。因勢取裁，其法不定。不定爲法，翻合書法。〔註121〕

以此觀，則趙宧光明言「破體」並非筆法技術層面；二者，趙宧光認爲眞正了解破體的人寥寥可數。若依趙宧光書法格調論觀之，不屬於鋒勢之「調」，即存之於體法之「格」。又其文中連舉十二字，細觀之，則發現此十二字均爲今日所言之「部首」、「偏旁」。而此些部首、偏旁則依「左右上下內外俯仰」、「因勢取裁，其法不定」等原則來安排結構位置，依此斷定，其「破體」應爲結構，偏向於「格」（體法）之中。

　　由上述脈絡觀之，其「破體」所指的應爲處理一字之偏旁之方式，或者可說爲「避讓」原則。

圖 4-10 顏眞卿《多寶塔碑》〔註122〕

圖 4-11 虞世南《孔子廟堂碑》〔註123〕

〔註121〕《寒山帚談・格調》。頁305。
〔註122〕唐・顏眞卿：《多寶塔碑》「構」字，摘自〔日〕渡邊隆男編：《中國書法選40》（東京：二玄社，1993年），頁13。
〔註123〕唐・虞世南：《孔子廟堂碑》「拱」字，摘自〔日〕渡邊隆男編：《中國書法選32》（東京：二玄社，1993年），頁4。

　　以楷書而言，「木」、「手」之字成爲偏旁時，爲求字之結構穩定定會有避讓情形，而其餘趙宧光所提及之偏旁如「火」、「人」皆是。

　　若以「避讓」觀上述書論，似乎趙宧光所舉十二字皆說得通，但此又產生一矛盾，何謂「眞篆全省」？眞書欲省，所指的當是楷書避讓問題，如趙宧光所舉之例即是；篆書之中考慮結構，亦有避讓或高低相錯之例，如趙宧光《篆書五絕詩》、草篆杜牧《江南春》：

圖 4-12 趙宧光草篆《五絕詩》〔註124〕　　圖 4-13 趙宧光草篆杜牧《江南春》〔註125〕

《篆書五絕詩》中吟字「口」部抬高，而草篆杜牧《江南春》中映字「日」部同樣抬高，此些均爲考慮避讓問題。

　　而「省」，除以避讓角度觀之，或者也可解釋爲筆畫之增減，與上述「篆破、眞破、篆眞俱破、可破、不可破、有義、無義」七項一同觀之則明朗。以筆畫之增減解釋「破」，前三項意思明瞭，即指一字之篆書增減、楷書增減、篆書楷書均可增減。而以此觀後四項亦通，可破、不可破，討論的當爲一字筆畫增減是否合六書之法，而有義破、無義破亦從六書角度談之。

　　至此，可發現趙宧光之破體至少具有兩層面意涵，即「避讓」、「筆劃增減」。但事實上，此種以「避讓」解釋「破體」者趙宧光亦並非第一人。元代盛如梓（約 1305 年在世）：《庶齋老學叢談》記載：

〔註124〕趙宧光草篆《五絕詩》局部。摘自中國古代書畫鑒定組編：《中國古代書畫圖目冊6》（北京：文物出版社，1988 年），頁 126。
〔註125〕趙宧光草篆杜牧《江南春》局部。摘自南京博物院編：《中國書蹟大觀3·南京博物館》（北京：文物出版社 1993 年），頁 67。

> 晦庵先生云：「劉元城與劉壯輿説某人字畫不正，必是心術不明。」
> 年來後生寫字多破體，不思東晉時江東分王，元氣坼裂，風俗澆漓，
> 清談誤國，字畫何取？盛唐及宋初諸公字畫重厚，何嘗破體。今或
> 多或少，妄爲增減，《佩觿集》云：「點畫之間有關造化。」況一點
> 一畫不同，聲音便別。歐陽公嘗言：「所謂法帖者，率皆吊喪候病，
> 敘睽離，通問訊，施於朋友，不過數行而已。」高文大策，何嘗用
> 此？甚至刊爲字本以誤學者，姚公牧庵近刊五經文字於寧國路學，
> 正救之意深矣。〔註126〕

朱熹（1130～1200）解釋書法乃從心正筆正之角度觀之，其批評時人多寫「破體」，甚至以「風俗澆漓」、「清談誤國」兩層面探討，可知其對於「破體」是不齒的。而其對於破體不齒，並非因破體爲攙雜兩種書體以上之書風，而是從「或多或少，妄爲增減」層面批評。其認爲字須有正統之源流，妄自增減筆畫，一者爲六書所不容，二者爲人品低下、風俗敗壞之表現。此處可發現，不論趙宧光、朱熹，其所指稱的破體並非「小令破體」之破體，其探討的爲文字之正確現象。而其「一點一畫不同，聲音便別」、「甚至刊爲字本以誤學者」，更可證明此二人之指稱與徐浩、楊慎之差異。

　　統整後，所謂「破體」至少有兩項不同的指稱，一爲「小令破體」，爲書體上互相之攙雜，二爲「文字」之「破體」，包含避讓、筆畫增減，較偏向於文字學現象。除了上述二者，《書法三昧》亦討論過相同的問題：

> 此段舊有五百餘字，集漢魏以來諸帖中之破體者，以其傳寫失眞已
> 久，又不注其所出，恐誤後學，故不錄。大率破體悉從篆隸而出，
> 學者須自詳考其法，果合於篆隸者取之，出乎俗筆者去之，豈可不
> 知辨哉。洪武十五年三月十八日識。〔註127〕（八名人字體）

《書法三昧》著者不詳，但略知爲元朝時代作品，而朱熹爲南宋人，故可知「破體」並非出於趙宧光。此種於文字學討論「破體」之情形，趙宧光僅爲繼承並非開創。「其傳寫失眞已久」、「大率破體悉從篆隸而出」大致點出筆畫增減之問題緣由，而其言合篆隸與否、合法與否，亦與趙宧光所稱「可破、不可破、有義、無義」相同。除朱熹、《書法三昧》、趙宧光外，明代焦竑（1540

〔註126〕元・盛如梓：《庶齋老學叢談》卷中上，收入王雲五主編《叢書集成初編》328
　　　　册（長沙：長沙商務，1939年），頁23。

〔註127〕元・作者不詳：《書法三昧》〈八名人字體〉，收入《景印文淵閣四庫全書》第
　　　　819册（台北：台灣商務出版，1983年），頁154。

～1620）之《俗書刊誤》亦有討論相同之「破體」〔註128〕。朱熹、趙宧光本
有涉獵字學，趙宧光更具文字學家身分〔註129〕，而《俗書刊誤》亦爲字學專
書，此些人均從文字學上討論「破體」之使用與疑義，因此我們可從另一方
向探討——是否文字學上本有「破體」一詞？據筆者查閱，文字學上的確本
有「破體」一詞，其與今日所言之「異體字」相通：

張涌泉《敦煌俗字研究》云：

除了俗字、別字以外，前人還常提到俗體、俗書、別體、僞體、譌
體、或體、破體、小寫、手頭字等一類的名稱。〔註130〕

王昌煥《帖體字學研究》云：

「俗字」又稱「俗體」、「俗書」，字、體、書三字側重不同，而皆言
文字之形體也。前舉阮元〈北碑南帖論〉中即有「俗字」即「破體」
之說。宋・張有《復古編》於正體用篆書，而「別」體附載注中，並
根據《說文》以辨別體爲「非」或「俗」；爲「非」者，謂無有憑依，
顯爲錯字；爲「俗」者，相間流行，便體書寫，於義仍有可說。〔註131〕

據張涌泉所言，可知文字學上的確有破體一詞，而王昌煥亦指出破體即爲俗
字，並舉出阮元等人亦用此一指稱。因此，針對趙宧光之「破體論」應從文
字學之角度入手。其破體，指的正是文字學上之「異體字」，若以「兼雜之書
風」解釋其破體論則起頭錯誤，爾後自然郢書燕說〔註132〕。而破體字之成因

〔註128〕 明・焦竑：《俗書刊誤》卷十二〈論字易譌〉：「《柳豫大藏音序》曰：……筆
畫差互，文理混淆，皆由書生傳寫，破體者多，對讀減裂刊正者少。」收入
《景印文淵閣四庫全書》第 228 冊（台北：台灣商務出版，1983 年），頁 584。

〔註129〕 清・張廷玉等《明史》卷二百八十七考證：「文徵明傳適趙宧光夫婦，皆有聞
於時。章宗瀛按：趙宧光，字凡夫，太倉人，卜居寒山所居。書數十種，尤
專精字學，《說文長箋》其所獨擅也，見吳縣志，謹附考。」收入《景印文淵
閣四庫全書》第 301 冊（台北：台灣商務出版，1983 年），頁 857。筆者按，
此段引文爲清・章宗瀛（約莫 1775 在世）於《明史》卷二百八十七後所附考
證，經筆者搜尋，多數版本二十四史均未收入此段，故此處不採用鼎文書局
版，改採《景印文淵閣四庫全書》版。

〔註130〕 張涌泉：《敦煌俗字研究》（上海：上海教育出版社，1996 年），頁 7。

〔註131〕 王昌煥：《帖體字學研究》（台北：萬卷樓圖書有限公司，2002），頁 23。

〔註132〕 據筆者所見，目前談破體之期刊論文中，多篇引用趙宧光之破體論，如王立
春：〈十六國北朝碑刻的破體現象及其成因〉：「明代趙宧光《寒山帚談》對破
體闡述得最爲賅贍：『「破體」有篆破眞不破……』可見書體之破，不惟行、
草，亦指其他書體。就破體的名稱而言，行草、行楷、草隸、草篆等，多爲
古今習用。』」《遼東學院學報（社會科學版）》2010 第 1 期（2010 年 7 月），

多樣，諸家說法亦不同，如張湧泉《漢語俗字研究》之整理即分為十三大類〔註133〕，而周祖謨之〈漢字與漢語的關係〉則整理為七大類〔註134〕，但不論如何分別，此二項「避讓、筆畫增減」均在異體字成因之中。因此可斷定，趙宧光之「破體論」探討的並非攪雜之書風，其探討的是於異體字之使用方式。

三、「破體之法」與「其法不定」

　　既清楚趙宧光之「破體」所指，則可開始探討其破體之意涵。趙宧光云：

> 正體法略不相涉，破體則相為依倚。若似破不破，又非正體。猶之
> 堪輿家言，欲過不過，大凶宅相。〔註135〕

趙宧光認為「正體」與「破體」須有明確的區分。趙宧光之破體字為「異體字」，其中又包含「避讓、筆畫增減」兩部分，此處之著力應在於「避讓」。觀其「略不相涉」，指的為一字之部件分別獨立；而其「相為依倚」則為一字

　　頁 51。又如鄭付中〈從「尊體」到「破體」：論古典破體書法理路及當代轉型〉：「晚明趙宧光在《寒山帚談》中說……趙氏以辯證的觀點對破體書法發展歷程進行了總結。破體並不意味著簡單地沖破一切束縛，若沒有尊體的前提，破體便會因缺乏根基而失範。趙氏對破體書法的辯證認識充分體現在其『草篆』上。」《民族藝術》2014 第 6 期（2014 年 11 月），頁 152～153。事實上，此二篇的基準均擺於「攪雜各體書風」之破體，最初之方向即設定錯誤，其後論述自然缺乏公信力。筆者以為此成因有二：一、就筆者於網路上搜索「破體」二字，談及的書論以趙宧光為最大宗，如此情形下，對於趙宧光《寒山帚談》之引用自然難以避免。其二，部分書法研究者先入為主，於最初即訂立欲研究「書法」，因而忽略了趙宧光「文字學家」之身分，甚為可惜。雖然，仍有論者能注意到趙宧光所言之破體為文字學面相，如張機《王獻之「破體」書法研究》：「唐代以後至宋代的幾百年中，關於『破體』的論述瀕臨絕跡，直到明代才開始又有人提及。代表性的有明代趙宧光的《寒山帚談》……而明代趙宧光《寒山帚談》中的破體則是與「正法」相對的概念，即為文字的不規範寫法。」（北京：中國藝術研究院碩士論文，2014 年），頁3～4。此篇雖在談小王破體，但對於趙宧光理解正確，亦點出了與正字相對的「文字的不規範寫法」，實屬不易。

〔註133〕此為筆者據此書第四章之標題整理，分別為：「一、增加意符；二、省略意符；三、改換意符；四、改換聲符；五、類化；六、簡省；七、增繁；八、音近更代；九、變換結構；十、異形借用；十一、書寫變異；十二、全體創造；十三、合文。」張涌泉：《漢語俗字研究》（長沙：嶽麓書社，1995 年）。

〔註134〕分別為：「一、古今字的不同；二、表音表義不同；三、形旁不同；四、聲旁不同；五、結構成分的位置不同；六、偏旁有無的不同；七、筆畫不同。」周祖謨：〈漢字與漢語的關係〉，收入周祖謨：《問學集》（台北：河洛圖書，1979 年），頁 13。

〔註135〕《寒山帚談・格調》。頁 305。

之避讓原則。趙宦光對於一字之字義要求，破體有破體之法，正體有正體之法，縱使二字相像但仍有明確區分。此處之「正體法」是與「破體法」相對的。趙宦光之破體法指的爲字之結構互相避讓，借由各種敧側、穿插使結構美觀、平穩；而正體法則爲無避讓、穿插等方法，由一個完整之部件與另一個完整部件組合而成。

　　不論是正體或破體均有一定之規範結構，但觀《寒山帚談》全文，不難發現趙宦光是更偏向正體字的：

> 字須結束，不可渙散；須自然，不可勉然。各自成像而結束者，自然也；曲直避讓而結束者，勉然也。若夫交錯紛拿而結束者，妖邪野狐，無足道也。〔註136〕

> 凡名家書，分體合體，各是成形，是以善書者十九可離可合，其不可合者乃破體格也。〔註137〕

趙宦光此處想法爲以文字意義入手。「文字古法，子母相生，集多成體，不必構合而各自成像，故分合皆宜。」〔註138〕文字本爲「文」與「字」集合而成，「文」獨體，而「字」則由兩個以上的「文」所組成，會意、形聲均是且佔大宗。不論會意、形聲，在組合成字時每一字、文均有單獨之意或表象，即便是形聲亦有聲符之關係，若由此點觀之，字欲每一部件各自獨立是有理的。此即爲其所言「子母相生，集多成體」。既然是集合字，趙宦光又另外提出了「不必構合而各自成像，故分合皆宜。」「是以善書者十九可離可合」、「各自成像而結束者，自然也」此處即可推斷，趙宦光崇尚正體字高於異體字。

　　筆者以爲此處成因有二。一者，趙宦光尊崇文字之正統，此正統並非一字僅有單獨寫法，而是一字之各部件需保有原來之結構，保持原來之結構，字義才得以明瞭。如「臥」亦可作爲「卧」，但按段玉裁說文解字注本：「臥，伏也，從人臣，取其伏也。」〔註139〕可知「臥」爲從人從臣，取人臣服下之姿態。作爲原本之「臥」，則字義一眼了然。但於隸書後思及字形之美觀，因此部分書家將其「人」改作爲「卜」，雖於字形上有所進展，但於字義上反而逐漸遠離六書。此爲趙宦光留意之一。其二，趙宦光於書體中首推篆書，並

〔註136〕《寒山帚談‧格調》。頁305。
〔註137〕《寒山帚談‧格調》。頁294。
〔註138〕《寒山帚談‧權輿》。頁290。
〔註139〕漢‧許慎撰，清‧段玉裁注：《說文解字注》（高雄：復文圖書出版社，2008年），頁388。

稱篆書爲「從一法生，負抱俯仰，構結不離，猶之地天否泰，陰陽混合，算可分坼。」〔註140〕此處之說正與「可離可合」、「各自成像」相通。篆書中亦存在著避讓，如前言趙宧光之字例，但篆書之避讓幅度比起楷書則顯得天差地遠，至多爲位置些許調動，欲如楷書「人」做爲「卜」是罕見的。趙宧光以此種篆書結構轉用至楷、行、隸中，並以爲能保有原來之「部件外貌」爲最上者，而不能正法者用破體則爲形式所逼，爲其次。

趙宧光此種對於文字合法之要求亦反應在其書學理論中。如前言之「鹽」〔註141〕，趙宧光亦將「水」改作爲三點水，雖於文字合法，但於改變「水」之結構時已爲破體，可說爲合「義」之破體字，但卻不能稱之爲正體。事實上，有些字因爲美觀因素非使用避讓不可，一旦使用避讓原則部件自無法獨立觀賞，此爲無法避免之問題。故，趙宧光於《寒山帚談》中亦談「破體」之結構建立：

> 難其聚者，用破體法，如「隨」、「遊」、「悠」、「歲」、「冥」、「眾」、「左」、「右」之類。至若特爲改作者，勢不得不然也，如「水」、「人」、「艸」、「手」，豈能上下四傍不變形體乎？但不必變者而固欲從俗，此可憎耳。〔註142〕

趙宧光亦清楚欲保持完整之部件字形有所難度，因此其言有不得不爲之時。如前言之「人」做爲「卜」，或爲趙宧光所言之「水」、「人」、「艸」、「手」四部件，隨著結構位置的變動字形亦必然隨之改變。如「眾」下三人，若僅以三完整「人」字部件，則底部必然過寬導至結構走樣，因此，勢必中間一人須改作「人字旁」或其他法，而兩邊「人」亦得隨之變，此爲「勢不得不然也」。

圖 4-14 柳公權《玄秘塔碑》〔註143〕　　圖 4-15 褚遂良《雁塔聖教序》〔註144〕

〔註140〕《寒山帚談‧權輿》。頁290。
〔註141〕 本章註釋第44。
〔註142〕《寒山帚談‧格調》。頁306。
〔註143〕 唐‧柳公權《玄秘塔碑》「眾」字，摘自〔日〕渡邊隆男編：《中國書法選45》

　　又，其亦言「不必變者而固欲從俗，此可憎耳。」能變，但變之有法爲不得不變，爲隨勢而變；若僅以從俗爲變而變，則忽略文字字義流於俗書。如此，其推崇正體而次異體之說則得以完整。

　　而此種破體之法不單存於楷隸，趙宦光認爲能書者能應用於五體之中：

　　　　偏傍勢變，豈惟徒隸，篆亦有法。由古至今，法如是……是以字之
　　　　結構無處不有，姑舉其多者爲法。如篆之「門」部，楷之「風」部，
　　　　一皆隨在變體，若拘於一律，是則不知書者。〔註145〕

其以「風」、「門」爲例。不單楷書，篆書之
「風」、「門」亦會隨著字體之結構而有所改
變，此爲必然。如「門」爲部首而內有部件
時，門部會隨著底下之部件而上移；而「風」
爲部首旁有部件時，風亦會隨著一旁之部件
而壓縮，形成左右結構之字。雖言篆之
「門」、楷之「風」，但實質上兩者交換字體
亦是可通的。如篆書遇及風部，「風」定亦
須隨之壓縮；楷書遇及門部，「門」亦得將
結構拉開。但此處須注意，前言「文字」之
「破體」包含避讓、筆畫增減，上述所言趙
宦光之破體法爲「異體字」結構，而此處所
舉之例爲部件「避讓原則」。不論如何，趙
宦光之「破體」仍不包含各體之混合。

圖 4-16　趙宦光《篆書四箴》〔註146〕

　　由此可知，破體與正體應是要互用的，若正體無法組成則應適時的使用破體解決問題。但礙於文字字義，正體可用時仍應以正體爲主。不論正體、破體均有法，最忌諱爲正體部得太過於寬鬆、緊密，導至不似正體；或者破體不合法，導至字之結構破壞已非原來之文字，如此於字義與美觀均未達成，

　　　　（東京：二玄社，1994 年），頁 18。

〔註144〕　唐・諸遂良《雁塔聖教序》「眾」字，摘自〔日〕渡邊隆男編：《中國書法選
　　　　34》（東京：二玄社，1994 年），頁 52。

〔註145〕　《寒山帚談・格調》。頁 306。

〔註146〕　趙宦光《篆書四箴》局部。摘自中國古代書畫鑒定組編：《中國古代書畫圖目
　　　　冊 15》（北京：文物出版社，1997 年），頁 117。

此即爲趙宧光所謂「破體野狐」。除「風」、「鬥」外，趙宧光亦以「變」字詳加闡述：

> 「變」字從「言」從「絲」，正法也，上畫覆「絲」則破體也。正法
> 中起「言」完而及「絲」無論矣，破體亦「言」完及「絲」，人不知
> 也。凡三結字，必中完及傍，如「亦」、「興」等字之類。變字則先
> 點畫，次「二」，次「口」，次左「糸」，次右「糸」，「攵」仍爲殿。
> 正破雖殊，先後不異。若誤以爲作「言」而先伸其上，以俟兩「糸」
> 補之者，書法不然也。〔註147〕

變字上方三部件分別是「糸」、「言」、「糸」。如圖板歐陽詢《九成宮醴泉銘》、顏眞卿《多寶塔碑》所見

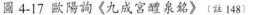

圖 4-17 歐陽詢《九成宮醴泉銘》〔註148〕　　圖 4-18 顏眞卿《多寶塔碑》〔註149〕

而正法之「變」字上方應爲三個部件可各自獨立，若「言」之「亠」擴展到兩端「糸」之上方，即爲破體字。其又言，不論是正體、破體都應由中間之「言」開始入筆，其後擴展到兩方之「糸」。推其想法，凡是三部件所結字之字定由中間入筆，完成再擴及至兩旁。破體字雖然稍加改變了筆畫之結構，但筆畫順序不應更改。一樣由中間之「言」開始，先「亠」再兩橫畫再口再來方是左右的「糸」，最後才是「攵」。若先由「言」之「亠」伸展至兩側，再視空位大小補上「二」、「口」、兩「糸」則錯誤。

〔註147〕《寒山帚談・權輿》。頁294。
〔註148〕唐・歐陽詢《九成宮醴泉銘》「變」字，摘自〔日〕渡邊隆男編：《中國書法選31》（東京：二玄社，1994年），頁34。
〔註149〕唐・顏眞卿《多寶塔碑》「變」字，摘自〔日〕渡邊隆男編：《中國書法選40》（東京：二玄社，1993年），頁21。

實際上書家若能掌握結構，從何處入筆收尾應無太大影響。如部分書家慣於橫畫入筆，亦有慣於直畫入筆者。但此處趙宧光所重視爲字義問題，苟若不先「言」後二「糸」，則忽略了造字法則、字義。趙宧光之「破體論」是建立於文字學基礎上的，不單趙宧光，研究文字學之書家對於此種字義之要求均十分講究，諸如錢泳（1759～1844）、阮元（1764～1849）〔註150〕均如是。於趙宧光之理論中正體高於破體，而不得不破時可破，但破亦有法，且此法建立於對六書之掌握上，因此觀趙宧光對於筆順之要求則可理解。更明確的說——若能符合字義，趙宧光對於正體與破體之使用是有彈性的，適時而變，此即爲「若拘於一律，是則不知書者」。

至此，趙宧光之「異體」大致清楚，可以下引文對於「破體論」作總結：

> 法明則字必明，以一字明多字，一法明多法可也。否則不特不知「變」
> 字先後之敍，亦複不知「言」字離合失所之差。一字渾則多字渾，
> 一法渾則多法渾矣。〔註151〕

「法明則字必明」大致可說明趙宧光「破體論」之核心思想。其尊崇正體但不排斥異體，其排斥的是不合六書之別字。其並非強調非正體不可，其推崇正體乃爲矯正因異體字盛行所產生別字之風氣。其以對於「破體」之不同指稱批評時人之破體爲不知書（小王破體），進而批評至筆順問題，看來雖有些矯枉過正但出發點卻是良善的。此外，趙宧光以文字學上本有之「破體」，企圖從新建立時人對於「破體」（小王破體）之指稱，此點爲現今研究者須注意，

〔註150〕清・錢泳《書學》：「其間如《習遵》、《高潘》、《鄭道昭》、《元太僕》、《啓法寺》、《龍藏寺》諸碑，實歐、虞、褚、薛所祖，惟時值離亂，未遑講論文翰，甚至破體雜出，錯落不檢，而刻工之惡劣，若生平未嘗識字者，諸碑中竟有十之七八，可笑矣。」收入華東師範大學古籍整理研究室選編：《歷代書法論文選》（上海：上海書畫出版社，1979年），頁621。清・阮元《北碑南帖論》：「北朝碑字破體太多，特因字雜分隸，兵戈之間，無人講習，遂致六書混淆，向壁虛造。」收入華東師範大學古籍整理研究室選編：《歷代書法論文選》（上海：上海書畫出版社，1979年），頁636。趙宧光、錢泳、阮元均爲文字學家，因此對於「破體」之指稱均從文字學入手，此點爲研究文字學書家必須注意之事情。而觀三人之說對於字義之要求均高，特別是對於「異體」大多採取「別字」之角度看待。又，從成因觀之，碑文之異體大多爲刻工不識字所造成，因此錢、阮二人直言「未遑講論文翰」、「無人講習」，此即趙宧光之「野狐」。而解決方法似難而實易，即書家須從《說文》、六書著手，此亦導向趙宧光推崇「正體」。

〔註151〕《寒山帚談・權輿》。頁294。

若從書法觀之則混混不明。而既然從文字學上指稱，則六書之熟悉爲先決條件，若對於六書不清楚則書寫破體易產生錯誤，此亦爲趙宧光強調文字學、篆書之因。

小結

趙宧光以「詩歌格調說」帶入「書法格調說」，其「格」爲「體法」但偏向結構層面。而結構之下再分「結法」與「構法」，「結法」爲「一字成形之法」，爲內在脈絡，而「構法」則爲「結構之外在形狀」，爲外在表現，「結法」「構法」一爲內一爲外，兩者合而成之即成了趙宧光之「結構」。基於「用筆」爲「結法」之元素，「結法」亦涵蓋「用筆」，但此元素僅爲其中一小部分，整體而言，「結法」仍側重於結構問題，而至「結構」時「用筆」元素又縮之更小。用筆與結構雖難以分割但卻不能言兩者相同，僅爲側重多寡耳。

於結構方面，趙宧光亦提出「以結構持心」一說，主張心中若有「佳格」，則自然不被結構之繁複所困惑，此也導向習者需加深本身學力。除提出持心，趙宧光亦嘗試舉出實際之例與持心說相對應，以此予後人學習之實際方法。

此外，趙宧光雖尊崇二王系統，但其爲「結構論者」，與歷代「用筆爲上」不同。其自天然人工、前人忽略結構、用筆爲結構元素，以及對於當代的反動等四點，企圖從新建立起對於二王之學習方式，及重建結構地位。而趙宧光「格」之「破體」亦與書論常言之「小王破體」不同，其「破體」乃自文字學角度觀起，爲「異體」之義。而其《寒山帚談》中對「破體」偶有微詞，此爲趙宧光自六書角度觀之。事實上，趙宧光尊崇正體，但亦不排斥異體，認爲異體仍有使用之必要，其反對之因在於「盲從」，並譏此些不學六書之書家爲野狐。此點，亦是研究者所需注意。

第五章 《寒山帚談》格調說之「調」論

　　《寒山帚談・格調》雖名為格調，但以探討結構問題為重，關於「調」之敘述明顯較少。而筆者以為趙宧光並非不重視調，我們可以自中田勇次郎於《中國書法理論史》一說觀之：

> （趙宧光）作者精通文字學，因而此書特別在古文、篆隸方面有很精彩的論述。他可以說是所謂『帖學派』書法理論的先驅。……此書在書法的各方面論述都頗詳。……凡此等等，都是遠在清代『帖學派』之前對書法的時代性所作的精闢論述。〔註1〕

「帖學派」之最高標準在於二王系統，而趙宧光亦推崇二王系統、魏晉之字，稱其為「帖學派」筆者以為合理，而身為帖學派之理論家會忽略「鋒勢」是難以置信的。事實上，寒山帚談之分章本有問題，筆者於先前篇章亦討論過。關於〈格調〉分章問題，趙宧光刻意抬高結構地位固為其中之一，然而因「調」為「鋒勢」，「鋒勢」為「一切用筆之態勢變化」，諸如中鋒、用筆潔淨等觀念均含括於內，此「調」亦可存於其他篇章中，凡為提及鋒勢者均有趙宧光「調」之觀念存在。此種情形下，形成了「格」多存於〈格調〉中，「調」多存於其他七篇中之情形。

　　第三章中，已釐清「調」同時指稱「鋒勢」、「風格」，底下即從《寒山帚談》各篇章中提取「調」之論述，以「鋒勢」、「風格」為二核心，分為「風格之調」、「執筆之調」、「書品之調」三點，以此探析趙宧光「書學格調論」之觀念。

〔註1〕〔日〕中田勇次郎：《中國書法理論史》（天津：天津古籍出版社，1987年），頁117。

第一節　風格之調

　　趙宧光爲結構論者於前已言，但前亦言，趙宧光本身尊崇二王、魏晉，可說其理論爲「帖學派」理論，因此《寒山帚談》中雖未特立鋒勢一章，但關於鋒勢變化之敘述卻不在少數。欲探悉趙宧光對於鋒勢之觀念，仍需從〈格調〉章開始：

一、從「生」至「逸調」

　　若以調做爲鋒勢，作爲「一切用筆之態勢變化」，則趙宧光之「調」是否如「格」之「以結構持心」有個一統的原則？其言：

　　　　若藏鋒運肘，波折顧盼，畫之平，豎之正，點之活，鉤之和，撇拂

　　　　之相生，挑剔之相顧，皆逸調也。〔註2〕

用筆千古不易，趙宧光並未提出何爲眞正筆法，但觀其言可注意二點，一爲趙宧光對於筆法之「正確性」重視，二爲其認爲「用筆有法」，唯有於用筆正確，如「畫之平」、「豎之正」時方可稱爲逸調。而何者爲「逸調」，則可自「失於圓熟」、「失於獷野」兩方面觀之：

（一）失於圓熟

　　欲釐清趙宧光圓熟、獷野之失，當自《寒山帚談》此言開始：

　　　　點畫不得著粗氣，運轉不得著俗氣，挑剔不得有苦氣，顧盼不得有

　　　　稚氣，引帶不得有雜氣。永、蘇諸人不能無俗，米、黃諸人不能無

　　　　粗，不妨各自名家，但苦稚雜亂，不足道也。〔註3〕

趙宧光連用「粗氣」、「俗氣」、「苦氣」、「稚氣」、「雜氣」等五點，若五點犯其一則偏離逸調。「苦稚雜亂」本不成書，既不成書亦無須多評，因此趙宧光言「不足道」。若以此觀之，則偏離雅調之眞正關鍵在於「俗」、「粗」，此又可分二部分看起。

　　其言智永、蘇軾等書作具有「俗氣」，故「俗氣」一詞當自二人觀之。

　　唐・李嗣眞《書品後》稱：

　　　　智永精熟過人，惜無奇態。〔註4〕

〔註2〕《寒山帚談・格調》，頁301。

〔註3〕《寒山帚談・格調》，頁303。

〔註4〕唐・李嗣眞：《書品後》，收入《法書要錄》卷三，頁74。

蘇軾稱智永：

> 永禪師書骨氣深穩，體兼眾妙，精能之至，反造疏淡。如觀陶彭澤
> 詩，初若散緩不收，反覆不已，乃識其奇趣。〔註5〕

蘇軾以陶淵明詩譬喻智永之字，陶淵明之詩妙在於才高意遠而不露斧鑿，進而能達反璞歸真。而此處蘇軾則稱智永之字「疏淡」，此「疏淡」與李嗣真《書品後》並觀，則可稱智永正極奇生，觀之平淡而有味，而此種工夫當來自於「精能」。相較下，則李嗣真《書品後》評價則不如蘇軾，其僅稱智永「精熟」而「無奇態」。此二則均能證明智永之「精」，然而後世不得法則使「精熟」成為「爛熟」，趙宧光對智永之批評亦由此起。趙宧光對於智永之看法與蘇軾不同，其言：「智永導其流，孟頫揚其沫，似為淳雅，實有三分俗氣。」〔註6〕此段文字在批評智永、趙孟頫二人過於爛熟，關於趙孟頫前已提及，而趙宧光認為智永與趙孟頫有同樣弊病，甚至稱其為濫觴。除爛熟外，趙宧光亦從「圓」批評智永，其稱：「智永千文學右軍，其妙在圓，而晉人實無此圓。」〔註7〕「古今推鍾、王二家……智永得其圓而體俗，孟頫得其活而骨柔。」〔註8〕智永之學源自於魏晉系統，而其更為王家子孫，理應獲得晉人、二王之真傳。但趙宧光對於智永之圓採取批評之態度，並以為此種圓實已不合古法，故雖智永學自於二王，趙宧光卻言「晉人實無此圓」。其認為過於圓則無骨，進而失之於柔媚：

> 唐李陽冰得大篆之圓而弱於骨〔註9〕

> 筆法尚圓，過圓則弱而無骨；體裁尚方，過方則剛而不韻。筆圓而
> 用方，謂之道；體方而用圓，謂之逸。逸近於媚，道近於疏。媚則
> 俗，疏則野。〔註10〕

此處之層次應為「逸」、「媚」、「俗」，「逸」為「體裁方」而「用筆圓」，趙宧光又言過圓則易無骨，而此種無骨則近似於媚，一但媚又容易落入俗，此為層遞而下〔註11〕。然而觀「體方而用圓，謂之逸」一句，知其仍要求用筆需

〔註5〕 明‧潘之淙：《書法離鈎》卷七，收入盧輔聖主編《中國書畫全書》第6冊，頁77。
〔註6〕 《寒山帚談‧學力》，頁313。
〔註7〕 《寒山帚談‧法書》，頁336。
〔註8〕 《寒山帚談‧權輿》，頁293。
〔註9〕 《寒山帚談‧權輿》，頁299。
〔註10〕 《寒山帚談‧格調》，頁303。
〔註11〕 「媚」字於明代書論大多具有貶意，特別於《寒山帚談》，趙宧光之媚已近於

圓，但不得太過，過則俗。趙宧光將智永、趙孟頫規為一類，均為過於尚圓、
精熟導致字流於時俗。而過圓另一層面也導致了肉過於多，進而違反瘦勁。
自魏晉時期開始，瘦勁一直是歷代詩論評斷書法標準之一，如傳東晉衛夫人
《筆陣圖》及云：「多肉微骨者謂之墨豬。」〔註12〕此間多肉亦是蘇軾遭譏之
主因。如明代項穆《書法雅言》即評：

　　　蘇似肥艷美婢，擡作夫人，舉止邪陋而大足，當令掩口。〔註13〕

　　而蘇軾亦自言：

　　　東坡平時作字，骨撐肉，肉沒骨，未嘗作此瘦妙也。〔註14〕

項穆批評或許太過，但「肥艷美婢」的確點出此問題。而趙宧光亦稱：「鍾之
豐腴，流而為蘇、趙。」〔註15〕趙宧光之看法是負面的，如同前人所譏，而
問題仍在於多肉微骨。此處亦可注意到，趙宧光將智永、蘇軾、趙孟頫歸為
同一類，或者傷之於爛熟、多肉微骨，但最終都導致於柔媚以至於俗。

　　而方與圓為相對概念，趙宧光亦非一昧提倡方，其著意於太過，因此言
「過圓則弱而無骨」，此圓乃針對筆法而來。其認為字需有筋骨，無骨則直犯
「構法」，使字看來太過於柔媚、軟弱。而此種「太過」之病，當與趙宧光所
處之時代有關。前言及，臺閣體對於明朝書風有極大影響，直至晚年方逐漸
式微。而明朝中葉吳中地區崛起，但除吳中四子具開創之風，後人多承襲時
人腳步，過於類似、精熟之書風最終導致吳中地區沒落。〔註16〕而爛熟、柔

俗媚，並以此批評書家為迎合風氣所作之書。然而「媚」本無貶意，如唐·
竇蒙《述書賦語例字格》：「逶迤並行曰妍，意居形外曰媚。」收錄於《法書
要錄》卷六，頁155。逶迤並行指一字形態多變而有姿態之美，而意居形外則
指其意趣表現於形體之外，兩者合觀，則「妍媚」同時表現書法形與神之美，
並無貶意。又南朝宋·虞龢《論書表》：「獻之始學父書，正體乃不相似。至
於絕筆章草，殊相擬類；筆跡流麗，婉轉妍媚，乃欲過之。」收錄於《法書
要錄》卷二，頁27。虞龢談及王獻之時稱其婉轉妍媚過於其父，然而，其並
無貶意於內，蓋此時期「妍媚」亦是書法評斷一重要標準，其代表的是唯美
的評價。而趙宧光對於妍媚之看法則與魏晉時期書論不同，蓋其所處之時代
書風較為狂放浪漫，為反對此種書風，此「妍媚」也被歸於俗之一環，此為
個人評斷標準不同。

〔註12〕傳晉·衛夫人：《筆陣圖》，收入《法書要錄》卷一，頁5。
〔註13〕明·項穆：《書法雅言》，收入盧輔聖主編《中國書畫全書》第3冊，頁488。
〔註14〕宋·蘇軾撰，孔凡禮點校：《蘇軾文集》卷六十九（北京：中華書局，1986
　　　　年），頁2203。
〔註15〕《寒山帚談·拾遺》，頁359。
〔註16〕陳欽忠〈盛唐間開闊氣運下書法意識的轉換〉言：「一個時代書風的形成，除

媚正是趙宧光反對趙孟頫之因，其理論可視爲對於時代之反動。趙宧光雖然反對圓、精熟，但仍非一昧反對，圓與精熟仍是需要的，因此其言：「筆圓而用方，謂之遒」亦言：「不熟則不成字」〔註17〕問題之癥結點仍在於太過。可知趙宧光認爲圓、精熟到了極端都導致於「俗」，若欲追求雅調則須避免。

（二）失於獷野

除俗外，不合雅調之另一因即爲「粗」，而此粗當自米、黄看起。相較於智永、蘇軾、趙孟頫被趙宧光歸爲一類，黄庭堅、米芾則被趙宧光歸至另外一類：

> 師古晉人爲最，羲之故善，又須去其似是而非者，黄、米諸家辨之
> 詳矣。〔註18〕

> 好狂逸家書故是妙用，而氣質或隨之壞，張、素、米、黄是也。〔註19〕

趙宧光認爲永、蘇、趙等人學二王法，但將其學得太過而不得精神，以至流於俗媚。相較趙宧光認爲三人柔媚、精熟太過，張旭、懷素、米芾、黄庭堅則被認爲背道而馳，評爲失之獷野。王世貞曾評黄庭堅：

> 黄正書不足存，有韻無體，又云山谷大書酷仿鶴銘，狂草極擬懷素，
> 姿態有餘，儀度少乏。

王世貞所謂「姿態有餘，儀度少乏」可點出黄庭堅之弊病。黄庭堅獨創搖櫓之法，字之氣勢開闊雄厚狂放不羈，特別大字《砥柱銘》一類頗得後人青睞。而其搖櫓一波三折，使得點畫間具有動態感，但此種點畫之動態感則被王世貞評爲求姿態而用筆過於頓挫，〔註20〕狂放不羈之特點亦招來後世書家之批

了書家本身特具的藝術特性外，還受到當時政治、經既、文化以至宗教等方面的影響，這些因素不必直接作用於書家自身，而是先形成一種特定的心理氣圍，在以這種社會心理及其決定的性格與思維方式作爲中介，將這一時代的政治經濟文化背景力量消納融化，並且滲入到書家的大腦之中，在他所從事的書法創作領域中表現出來。」收入李郁周主編：《一九九〇年書法論文徵選入選論文集》（台北：中華民國書法教育學會，1990 年），頁六～13。時代的影響之於書家是難以避免的，而此種現象，也導致吳中地區書風過於類似，進而步入沒落一途。而趙宧光身處之時代雖已稍爲推後，但自其論述間仍可知此種風氣仍未完全消磨，而其對於此種風氣之反動，亦是《寒山帚談》精華之所在。

〔註17〕《寒山帚談・學力》。頁310。
〔註18〕《寒山帚談・格調》，頁304。
〔註19〕《寒山帚談・法書》，頁337。
〔註20〕蔡崇名《宋四家書法析論》：「黄庭堅的用筆也相當嚴謹，大字變化無窮，而

評。雖愛者對此讚譽有加，但惡者亦以此評其不知筆法，其中嚴厲者如項穆：
「伸腳掛手，體格掃地矣。」〔註21〕觀黃庭堅之字的確中宮緊縮而四周點畫
拉長，也因此呈現搖櫓之勢，而項穆掌握此點評其「伸腳掛手」，反使黃庭堅之
特色成為缺點。而米芾遭譏之因亦與黃庭堅相似，如清代錢泳（1759～1844）云：

> 元章學褚河南，又兼得馳驟縱橫勢，……米書不可學者過於縱，……
> 米書筆筆飛舞，筆筆跳躍，秀骨天然，不善學者，不失之放，即失
> 之俗。〔註22〕

清・梁巘云：

> 元章書，空處本褚用軟筆書，落差過細，鉤刷過粗，放軼詭怪，實
> 肇惡派。〔註23〕

> 勿早學米書，恐結體離奇，墜入惡道。〔註24〕

與黃庭堅相近，書家之特色亦成為雙面刃。米芾之優點於「馳驟縱橫」，其將
筆法之複雜性提高，又以結構之開闊不拘形成獨特書風，但錢泳反認為此馳
驟處須慎學，苟一不慎則失之過放，即趙宦光所謂「狂逸家書」、「氣質或隨
之壞」。相較於錢泳對米芾仍有讚許，梁巘則直接評為「放軼詭怪」、「結體離
奇」，此亦從米芾之書風馳驟批評之。觀兩者遭譏之因均來自於結構、筆法之
放逸，此亦為趙宦光認為二人書風不雅之因，過於狂逸則失之於「粗」。

　　趙宦光對於二人看法可以「粗野」總結，而「粗野」之觀念即近於趙宦
光所謂之野狐，「字尚筋骨，粗獷非骨也」〔註25〕，除結構要求雅正外鋒勢亦

用力的痕跡顯而可見，他力求大字的變化，使平滑的筆畫產生頓挫，例如，
他的大橫畫像分數段寫成，且粗細參差；至於斜捺多呈波浪狀……甚至斷筆，
這些都是他自創的，也形成他用筆的一大特色。」（台北：華正書局，1986
年），頁247。此處可印證黃庭堅之大字的確具有個人之風，且氣勢雄強。其
氣勢一方面與章法、結構有關，一方面則來自開闊之筆法，而在蔡崇名之「頓
挫」是具有特色、氣勢的，但在王世貞則評其「頓挫」為「少儀態」，此為觀
者角度、愛好不同爾。

〔註21〕明・項穆：《書法雅言》，收入盧輔聖主編《中國書畫全書》第3冊，頁488。
〔註22〕錢泳：《書學》，收於《歷代書法論文選》。（台北：華正書局，1997年4月），
頁580。
〔註23〕梁巘：《評書帖》，收於《歷代書法論文選》（台北：華正書局，1997年4月），
頁537。
〔註24〕梁巘：《評書帖》，收於《歷代書法論文選》（台北：華正書局，1997年4月），
頁537。
〔註25〕《寒山帚談・學力》，頁317。

需有法，不合法者爲粗書野狐〔註26〕，因此趙宧光前於鋒勢之論述言：「畫之平，豎之正，點之活，鉤之和。」此種對於筆法之重視亦可證明趙宧光爲帖派書法家。

二、從「清雅」至「逸調」

　　至此，可注意趙宧光對於「調」之要求即在於「雅」，而此雅則需避免「粗」、「俗」等氣，排去此些則呈現「清雅」之書風。〔註27〕趙宧光除對於「雅」下定義外，其亦提出實際之方法。以下就「映帶」、「筆鋒與沾墨」、「排除野筆」、「速度」四點討論鋒勢之運用：

（一）「本無之物，非所當有」──映帶

　　對於書風清雅之要求，趙宧光認爲映帶爲首要：

　　一字諸畫，當粘者勿斷，當斷者勿粘。當斷而粘則固，當粘而斷則離。逐字推敲，其意自出。當斷竟斷，如歐、顏諸家作正書「乃」、

〔註26〕 高爾泰《中國藝術與中國哲學》：「中國藝術所追求表現的力，不是『劍拔弩張』的力，而是『純棉裹鐵』的力。其實，中國美學對中國畫的這種傳統要求，也是中國美學對詩、文、書法等等的共同要求。」收入自李天道主編《古代文論與美學研究》（北京：商務印書館，2005 年），頁 75。趙宧光言「粗獷非骨」，而此種粗獷正是純力的表現，其中並不包含柔之表現。其筋骨應須具備強健、彈性二點，此可觀第三章所言。

〔註27〕 毛文芳《晚明閒賞美學》：「由晚明閒賞文獻中最常出現的『欲雅反俗』、『高雅絕俗』、『雅俗莫辨』等語句可知，『俗』是用來與雅對辯的價值語彙，如『俗』、『不韻』、『無趣』、『不佳』、『不妙』、『板俗』、『惡俗』。」（台北：台灣學生書局，2000 年），頁 205。以此觀，則知趙宧光使用「雅」表明「佳書」，以「惡俗」表明拙書亦受時代風氣影響。毛文芳亦言：「『古』，有時指的是具體的古制所有，有時則不一定舉得出具體的古制形式，後者僅就用或用色，或樣式，或飾文，或材質等局部，其能喚起意識中的古味即可，換言之，這類的某個局部，曾經在作者觀賞古物的經驗中出現，或是對於經眼古物的點滴記憶，積累形成的籠統印象……『古』是決定『雅』『俗』的必要條件，在意義指涉上，『古』『雅』幾乎可說是同義字，在此『古』與『雅』二語詞則相互涵攝，既指古式所有，亦指古式所帶來的優雅美感」，頁 213～214。此處雖以明式傢俱爲例，但亦可反應於趙宧光之雅、俗理論中。趙宧光之古與雅確爲不可分，其雅爲「古」之表現，而其「古」，則以二王爲尊，故此種以二王爲系統之書風同時涵括了「古」與「雅」。而其稱「古」時則好用「古法」，稱「雅」時則好用「雅調」、「逸調」，但此二者實爲一體兩面。雖然，趙宧光之「古法」並非全然古法，其中仍含有大量個人思維在，此於之後「古人氣象」會再提及。

「及」等字，上鈎作一筆，下鈎別起是也。當粘竟粘，如作「光」、「先」等字，下撇之首直從上畫之末拂出是也。若疑惑不決，全無主意，便不是書。〔註28〕

按其言，每一字之斷連都需注意，該連者連、應斷者斷。該斷不斷過於死板，該連不連則又犯分離之病，而避免之道即在於多加思考。趙宧光亦以歐、顏為例：

圖 5-1　顏真卿《多寶塔碑》〔註29〕

圖 5-2　顏真卿《多寶塔碑》〔註30〕

其稱歐、顏之「橫撇橫折鈎」，橫折先做一筆，橫折鈎再做一筆，此為該斷即斷；而「光」、「先」之下部橫畫寫完後，橫畫收筆應直接撇畫起筆，此為該粘即粘。此種連貫映帶可影響一字之俐落程度，苟若書家於下筆時稍加猶豫，則下筆遲疑不明。趙宧光特別重視此種映帶問題：

字全在流行照顧，勿得失粘。有去無來謂之截，有來無去謂之贅。截之失生，贅之失俗。生可熟，俗不可醫。〔註31〕

引筆聯貫處不宜粗濁，不惟不雅，且於義不通。何也？本無之物，非所當有，況重取妨正乎！無已，上引可濃，下引必淡。行筆時貴著念，起筆處無停思，著念或重，不停自輕，勢所必然也。〔註32〕

映帶時應先避免過重、過濁，一不合雅、二不合義。映帶本身為虛筆，為筆畫與筆畫間自然相連所產生，並非字之實筆。若寫得過重，則易令人誤以為

〔註28〕《寒山帚談‧格調》。頁 305。
〔註29〕唐‧顏真卿《多寶塔碑》「乃」字，摘自〔日〕渡邊隆男編：《中國書法選 40》（東京：二玄社，1993 年），頁 12。
〔註30〕唐‧顏真卿《多寶塔碑》「先」字，摘自〔日〕渡邊隆男編：《中國書法選 40》（東京：二玄社，1993 年），頁 14。
〔註31〕《寒山帚談‧格調》。頁 302。
〔註32〕《寒山帚談‧臨倣》。頁 322。

字之筆畫。而過重之映帶亦造成整體過於混濁、髒亂，因此趙宧光極力反對此點。其亦曾言：「筆鋒引帶，如詞章中過文。雖然，似是而非也。筆鋒乃無中生有，本是虛器；過文全篇脈絡，去此離矣，是則實語者。」〔註33〕映帶本爲字與字之間流通之氣，故趙宧光稱其爲「虛」，此爲與詞章中過文不同之處。理想情形中，映帶亦不必過重，留出字口使字之走向明確即可。而此種強調一字點畫明確之說類似南宋姜夔《續書譜》：

> 古人作草，如今人作眞，何嘗苟且。其相連處特是引帶，嘗考其字是點畫處皆重，非點畫處偶相引帶，其筆皆輕。雖復變化多端，而未嘗亂其法度。張顚、懷素最號野逸，而不失此法。〔註34〕

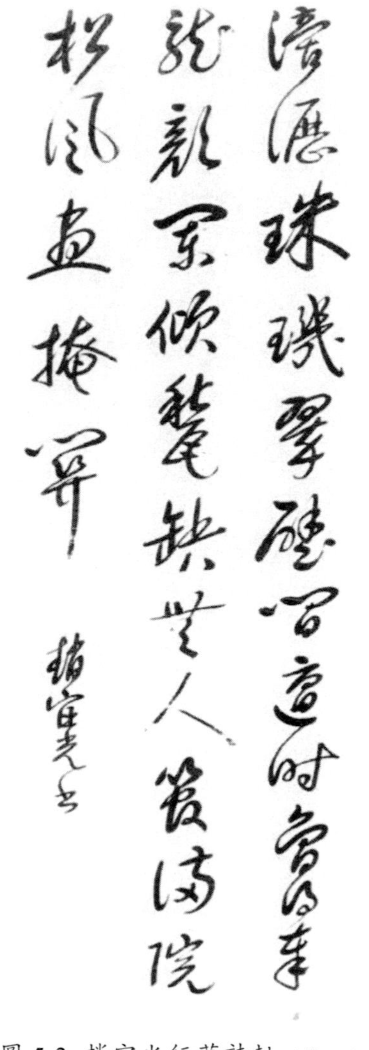

姜夔之說與趙宧光極爲接近，且同樣以爲此爲古法，而「非點畫處偶相引帶，其筆皆輕」一說亦與趙宧光相同。相較不合雅道爲不知書，不合字義則爲不知字，兩者相比後者更顯缺失，此爲字義層面。而「贅之失俗，生可熟，俗不可醫」，趙宧光認爲字與字間失去映帶爲截、爲生，但其又言生可熟，過熟

圖 5-3　趙宧光行草詩軸〔註36〕

卻流入先前言之爛熟，反使俗氣，此爲書學技法層面。由此可知，趙宧光於映帶之觀念爲「寧無不重」。趙宧光行書傳世作品較少，但觀此處趙宧光行草作品，所呈現書風確實較爲清淨雅致，字與字之映帶連筆處輕靈俐落，合其所謂「引筆聯貫處不宜粗濁」。書法之映帶爲行草之必然現象，適時的映帶亦

〔註33〕　《寒山帚談・格調》。頁 304。
〔註34〕　南宋・姜夔《續書譜》，收入盧輔聖主編《中國書畫全書》第 2 冊（上海：上海書畫出版社，2009 年），頁 446。
〔註36〕　趙宧光行草詩軸。摘自殷蓀編：《中國書法史圖錄》（上海：上海書畫出版社，1989 年），頁 812。

可使書作輕靈流暢，若無映帶必爲不成熟之作品。在生澀、過熟之取捨間趙宧光選擇了生澀，此種寧生勿爛的思維也表現了趙宧光對於筆法雅調之要求。

　　但映帶仍爲必然之現象，因此其指出書寫行草時映帶應也有節奏。上引濃，下引則淡，反之亦然。其也點出此法技巧：於下筆前應思慮精全方下筆，何處重、何處輕，切勿至二字帶筆處方思考；若至帶筆處方思考，則筆停於紙上，墨色暈染失之過濁，而趙宧光之「著念或重，不停自輕」大致可點出箇中訣竅。總體而言，趙宧光對於映帶之看法以「清」爲主，能清則清，切不可失之於濁，而其認爲此法則可追朔至二王：

　　　　晉人行草不多引鋒，前引則後必斷，前斷則後必引，一字數斷者有
　　　　之。〔註35〕

其言晉人之行草極少多字相連，若前引則後斷、前斷則後引，或者一字間多斷，但無字字相連之作，又說：

　　　　後世狂草渾身纏以絲索，或聯篇數字不絕者，謂之精練可耳，不成
　　　　雅道也。淳化帖第六卷首帖蹈此失，無論善惡，其偏可知。至若懸
　　　　針，用之絕少。後世妄書一篇數
　　　見者，不特非法，望之可憎。〔註37〕

趙宧光認爲，通篇連帶之狂草只能稱爲精練，但不合於雅道，而其直指淳化閣帖第六卷之首有此失。如此，則可先觀淳化閣帖：

圖 5-4　王羲之：《得適書帖》〔註38〕

〔註35〕　《寒山帚談・法書》。頁335。
〔註37〕　《寒山帚談・法書》。頁336。

　　觀目前所留之版本，此帖爲王羲之《得適書帖》，通篇映帶纏綿於風格中屬罕見的，而趙宧光亦以此定此帖爲僞本。而此帖是否爲僞本不可知，但以此觀趙宧光對於映帶之要求則更加明確。

（二）「用筆得之鋒梢」──「筆鋒」與「沾墨」

　　而從趙宧光對於映帶之要求，亦可注意其「雅調」所體現的乃較爲清淨曠遠之書風，而此種清淨曠遠首先需避免書風汙濁，此又與用筆、用墨有關〔註39〕。因此，趙宧光亦提出用筆鋒、筆根之問題：

> 作字作繪，並有清濁雅俗之殊。出於筆頭者清，出於筆根者濁。雅俗隨分，端在於此，可不愼擇！入門一蹉，白首茫然。〔註40〕

> 用筆得之鋒梢，纖而不文；得之筆根，澀而不韻。故濡欲透毫，運無竭墨，不纖不澀，始合雅道。〔註41〕

此處趙宧光直點出了用筆程度之問題，「出於筆頭者清，出於筆根者濁」可謂一針見血之說。書寫時苟若將筆鋒壓至全死，則使筆鋒全貼紙面失去彈性，字口、墨色必隨之模糊，如此自然難稱潔淨。正確之法應適時使用筆鋒，不使筆鋒受力過強而失去彈性，如此使轉映帶亦更爲俐落。而此種善使筆鋒之觀念亦爲傳統帖學之觀念，如傳唐太宗《筆法訣》即提：「勒不得臥其筆，須筆鋒先行」、「趯須存其筆鋒得而出」、「掠須筆鋒左出而利」〔註42〕用筆之關鍵在於筆鋒，而其「須存其筆鋒得而出」亦點出此中絕竅，須有筆鋒，字口方能爽利。用筆千古不易，正確使用筆鋒一直爲二王系統之正宗，趙宧光言「雅俗隨分，端在於此」誠非虛言。

〔註38〕 《懋勤殿本淳化閣帖》，收入尹一梅主編：《故宮博物院藏文物珍品全集》26冊（香港：商務印書館，2005年），頁2。
〔註39〕 潘運告主編：《明代書論》言趙宧光：「書法鑑賞，他以簡省潔淨爲尚。由此他主張作書不要虛設筆畫，要去掉不必要的挑剔，要依據字體甚用帶筆。他說：『虛設可已，可已不已，已非高格。』又說：『即使帶筆，只宜行草，眞書務於潔淨精微。省一筆一筆功，省一曲一曲功。』……這種作書遵照字之本體，以鋒勢韻調取勝而不要虛設筆畫的觀點，無疑是正確的。」（長沙：湖南美術出版社，2002年），頁370。簡省潔淨可說爲趙宧光「調」之表現，無論前提映帶之「寧無不重」，或者此處用筆、用墨之問題，均是以此爲原則。
〔註40〕 《寒山帚談・學力》，頁317。
〔註41〕 《寒山帚談・用材》。頁325。
〔註42〕 傳・唐太宗《筆法訣》，摘自宋・陳思《書苑菁華》卷十九，收入盧輔聖主編《中國書畫全書》第3冊（上海：上海書畫出版社，2009年），頁98。

而用筆不壓至全死，亦不可用之過輕，過輕則筆力纖細、失於柔媚，過重則不知用筆、失之獷野。正確之道為「不纖不澀」，此即為保持筆鋒之彈性，此處又可以南宋姜夔之說解：

> 嘗評世有三物，用不同而理相似：良弓引之則緩來，舍之則急往，
> 世俗謂之揭箭；好刀按之則曲，舍之則勁直如初，世俗謂之回性；
> 筆鋒亦欲如此，若一引之後，已曲不復挺，又安能如人意耶！〔註43〕

以良弓、好刀比喻筆鋒之彈性可謂洽當之極，而能保持筆鋒之彈性，並以此彈性映帶、運筆即為「雅道」之關鍵。

而保持筆鋒之彈性除運筆使力外，沾墨多寡亦為關鍵之一，因此趙宦光言：

> 余常有言：磨墨須奢，用墨須儉，漬筆須深，用筆須淺。〔註44〕

> 凡漬筆，毋論巨細，必須過三四分已上，始能盡毫之才，亦能任指之用。俗子累濡分杪，全欲使器供其妍媚，亦可醜矣，〔註45〕

墨須沾滿但不可重用，如其言：「飲墨如貪，吐墨如吝。」〔註46〕此八字可為精髓。筆鋒之彈性除與用筆之技法有關外，亦與筆鋒中所含墨量有關，含墨越多，則筆鋒之空隙、空氣越少，筆鋒之彈性也隨之增大。反之，苟若筆鋒中含墨少，則空隙多、空氣多、彈性降低。故用筆前漬飽墨為先決條件。而趙宦光對於漬筆之要求則為「須過三四分已上」，此亦與保持筆鋒之彈性有關。沾墨與彈性之關聯於南宋姜夔點評《慈顏幽翳帖》即點出：「此乃一筆皆成，初書數字筆鋒含墨，後乃筆銳耳。」〔註47〕筆鋒含墨量高時彈性亦強，如此則可一次書寫數字，字可連續書寫則映帶之氣自然顯現，此即「能盡毫之才，亦能任指之用。」

（三）「野筆淨盡，方入雅調」──排除野筆

沾墨須飽，用筆須適當，兩者相輔相成則可保持用筆之清淨俐落。而此種清淨曠遠一方面來自筆法之正確，一方面來自於排除「劣筆」，因此其言：

〔註43〕 南宋・姜夔《緒書譜》，收入盧輔聖主編《中國書畫全書》第2冊（上海：上海書畫出版社，2009年），頁447。

〔註44〕《寒山帚談・用材》。頁326。

〔註45〕《寒山帚談・用材》。頁326。

〔註46〕《寒山帚談・用材》。頁327。

〔註47〕 南宋・江夔：《絳帖平》卷六，收入於《景印文淵閣四庫全書》682冊（台北：臺灣商務出版社，1983年），頁33。

若持心縝密者，必無野筆。野筆淨盡，方入雅調，否則終是卑格。
〔註48〕

以二分法觀，苟若能將敗筆剔除則所存全為佳筆，如此自然得佳書，故言「野筆淨盡，方入雅調」。而何為野筆？趙宧光言：

何謂野筆？當突而銳，當直而曲，當平而波，當注而引，當撇而鏑，
當捺而牽，當縮而故延之，當纖而故濃之。〔註49〕

此野筆與先前「若藏鋒運肘，波折顧盼，畫之平，豎之正，點之活，鉤之和，撇拂之相生，挑剔之相顧，皆逸調也」相對，可知所謂野筆即為不正確之筆法。此處之「逸調」仍可以二分法觀，非對即錯，非雅即俗，故追求鋒勢之正確性為雅調之必然途徑。而何者為「正確性」，筆者以為趙宧光筆法之正確性即為「正統性」，話句話說，筆法亦得從晉唐路線開始學習：

仿書時，不可先著宋人以下纖媚之筆入眼。嚴滄浪所謂不可令下劣
詩魔落吾肺腑，餘謂字學尤甚。詩止於迷心，字兼魅其手腕。兩賊
夾攻，所存有幾。故不學則已，學必先晉，晉必王，王必羲，羲必
汰去似是而非諸帖。何乃訓蒙先生特索現在名家寫法帖，愚亦甚矣。
〔註50〕

趙宧光於臨帖學習部分強調當從晉、唐以上學起，並強調基礎觀念。其認為書家學字時受基礎影響深刻，因此在初學時即該自正確法帖學起，因此言「學必先晉，晉必王，王必羲」。特別的是趙宧光推崇晉、唐，但兩者中又取晉，晉中又特別推崇二王之王羲之，此亦可視作對於典範之推崇。趙宧光於《寒山帚談》中特別推崇王羲之，可說其為《寒山帚談》中唯一全受正面褒獎者：「右軍書無一筆不到，而能處處流轉；無一筆粗俗，而能字字用力。」〔註51〕自其稱王羲之「無一筆粗俗」即可知趙宧光對其推崇，而基於此種對於典範之推崇，其亦認為學書之始當自此起。

而趙宧光推崇直寫典範，一方面為助初學時即培養良好之書學觀念，二方面亦可避免沾染時人餘氣，此二者均為野筆形成之因，故其言：「何乃訓蒙先生特索現在名家寫法帖，愚亦甚矣。」此又可以沈尹默之言並觀：

〔註48〕《寒山帚談‧格調》。頁308。
〔註49〕《寒山帚談‧格調》。頁308。
〔註50〕《寒山帚談‧格調》。頁308。
〔註51〕《寒山帚談‧學力》。頁312。

近代人臨《蘭亭》，已全是趙法。我是說從趙學王，是不易走通的，卻並不非難趙書，謂不可學。因為趙是一個精通筆法的人，但有習氣，萬一沾染上了，便終身擺脫不掉，受到他的拘束，若要想學真王，不可不理會到這一點。〔註52〕

沈尹默所談雖為近代習書問題，但此問題並非今日所始。趙宧光極力反對時人學習時書，或者以晉唐後名帖入手，因其中些許有時代風氣問題。而以時代風氣觀之，趙宧光亦反對學生學習老師之字，此亦無法避免習者脫離時代風氣，後續成就亦不高。

而「詩止於迷心，字兼魅其手腕」亦點出鑒賞、技法二方面問題。習帖，除加深手腕技法之外，一方面也建立書家對於作品之品評鑒賞能力。苟若不先從典範開始，則容易使習者熟悉近代書風。一但鑒賞能力停留於時代，則手腕欲求高古也難，惟有鑒賞能力與手腕同時並進方能得佳書。

（四）「急不如緩」──速度

最後，趙宧光認為寫字須慢，此亦為逸調基本要求之一：

作字不可急促。王介甫書一似大忙中作，不知此公有如許忙。嗟乎，可憐忙忙作字，豈惟字醜，人品亦從此分矣，可不勉乎！〔註53〕

歷代對於王安石最為人所詬病者即「忙」、「人品」，最出名者當如朱熹〈跋韓魏公與歐陽文忠公帖〉：

張敬夫嘗言平生所見王荊公書，皆如大忙中寫，不知公安得有如許忙事。此雖戲言，然實切中其病……蓋其胸中安靜詳密，雍容和豫，故無頃刻忙時，亦無纖芥忙意，與荊公之躁擾急迫，正相反也。書札細事，而於人之德性，其相關有如此者，某於是竊有警焉。〔註54〕

此處以歐陽脩與王安石相對，並從字之急緩過度至人品問題，而後世評王安石者亦多由此來，如明代楊慎（1488～1559）《丹鉛餘錄》：「王荊公字本無所解，評者謂其作字似忙，世間那得許多忙事。」〔註55〕趙宧光亦有此種思維，

〔註52〕沈尹默：《二王書法管窺》，收自上海書畫出版社《二十世紀書法研究叢書・風格技法篇》（上海：上海書畫出版社，2008 年），頁 81。

〔註53〕《寒山帚談・學力》。頁 312。

〔註54〕南宋・朱熹撰，清・李光地、熊賜履等奉敕編：《御纂朱子全書》卷六十五，收入於《景印文淵閣四庫全書》721 冊（台北：臺灣商務出版社，1983 年），頁 762。

〔註55〕明・楊慎《丹鉛餘錄》卷二，收入於《景印文淵閣四庫全書》855 冊（台北：

並將字之急緩與人品相對照，苟若書之過急，則字之不雅、人品低落，雅道亦由此偏遠。而書之急緩或許可反應一人之性格，但對於人品之影響則實難判斷，無論如何，此處確可反應趙宧光認為書寫速度應放慢。但自書作風格觀之，放慢亦非一昧求慢，而應為慢中仍有快慢節奏，因此趙宧光亦言：

> 《書法》云：作字急不如緩。雖然，有說急則失形，緩則失神，未可偏廢。視力去就，可以滿志。〔註56〕

趙宧光非一昧的推崇緩，其認為過急則行體結構不穩，為失形；過緩則神態不靈動，為失神，此與孫過庭《書譜》：「至有未悟淹留，偏追勁疾；不能迅速，翻效遲重。夫勁速者，超逸之機，遲留者，賞會之致。」〔註57〕相同。書寫時需有一定之節奏，快慢同時並用，以此突顯出性情、筆法、章法之變化，而非一昧求於穩定之慢速節奏，此亦同傳歐陽詢《傳授訣》：「最不可忙，忙則失勢，次不可緩，緩則骨癡。」〔註58〕。失勢與骨癡均為不良狀況，故孫過庭《書譜》、歐陽詢《傳授訣》均強調兩者須並重，而趙宧光則認為緩大於急：

> 書家有遲有速。遲，其本色也，古人無有急速者。急，自芝、旭、素式不過三四輩耳。雖然，也須能遲，乃妙於速。若必不遲，鄙俚野俗雜然而陳矣。〔註59〕

書寫時應以放慢為主要節奏，放慢方能使筆法、映帶發揮至極致而不紊亂，但「也須能遲，乃妙於速」亦點出其中重點——以慢速為主，以快速為表現方式，此種為賓主關係〔註60〕。換言之，疾為全篇書作中之亮點，而非整篇之通則；假若整篇書作以疾速為通則，此時靈動也無法突出。而趙宧光亦以譬喻說明緩之好處：

〔註56〕　臺灣商務出版社，1983年），頁14。
〔註56〕　《寒山帚談‧臨倣》。頁319。
〔註57〕　唐‧孫過庭《書譜》，收入《景印文淵閣四庫全書》812冊（台北：台灣商務出版，1983年），頁35。
〔註58〕　傳唐‧歐陽詢《傳授訣》，摘自宋‧朱長文《墨池編》卷二，收入盧輔聖主編《中國書畫全書》第1冊，頁224。
〔註59〕　《寒山帚談‧學力》。頁314。
〔註60〕　汪永江《書法章法形式原理》：「如果書主次關係式側重於『主』的統領意識，那麼，賓主關係則是側重於『賓』的層次豐富上。賓主節奏的變化，反應出篇段組織明晰，層次分明，一起一伏。其間從大段落分解成各小節，情節豐富多樣，對於反反復復的節奏進程的連綿推進，是極有幫助的。」（北京：中國社會科學出版社，2012年），頁89。趙宧光之「速」即為其中之「賓」，以慢速將整體節奏帶出，再以快速改變原先節奏，使書法表現更多層次。

余常論食飲徐徐而進，諸病不作，何也？寒者可令稍溫，熱者可令
稍涼；饑時漸入，飽時量加；喉未通漸開，性不喜漸別；是故不惟
百病不作，即有疾，可瘳矣。作字緩下筆，不惟謬妄不侵，即敗筆
可補矣。我輩粗疏，極坐此病，正如識藥而不肯服也，須痛懲之。
〔註61〕

寫字時速度緩，觀察定能細膩自我監控亦強，如此對於法帖之臨摹定更細膩，
亦可減少敗筆；縱使有敗筆亦不至於差之太遠，仍於可修補之範圍內。此處
亦包含另一觀念，即「知而改」與「知而不改」。若知慢而能慢，則書學必自
進；倘若知慢而不慢，正如患病而不肯服藥，如此問題終難以改善。故整體
而言，學書的速度是須放慢的。

　　趙宧光認為「逸調」之要求在於筆法正確、避免粗俗，而避免粗俗之先
決條件即在於避免過放、爛熟，若此些條件均能達到即進入「清雅」之境界。
而自清雅觀起，趙宧光又特別注重映帶使轉問題，並由此提出時人不知學古，
進而提倡二王、王羲之之路線。而其對於善用筆鋒、沾墨、快慢遲速等見解
亦是一大特點。

三、「古調」與「今調」

　　若整理先前引文，可發現趙宧光喜好譏時人為時書、俗書，譏人為不知
筆法，此處可再觀兩則更為明確之例子：

弄筆逞妍，謂之畫字是也。時俗人尚曲毋論矣，吾家承旨自謂深於
此道，惟右軍是遵，右軍何嘗有此怃恨巧弄乎！智永雖有一分俗氣，
俗故書家大忌也，比之怃恨尚未減。〔註62〕

古字直，今字曲，時也，習也。……學古則直，學今則曲，俗學也。
唐已前字未始有曲，唐已後字始開曲之門戶……流毒至於勝國諸
人，謂曲為妙境，直為簡率，故學者但悅時俗名家，謂為近人，置
古雅法帖投之於高閣。如是顛倒，淪於肌膚，入於骨髓，即使晚歲
省悟，猝難拔其深根，可不慎歟！〔註63〕

大抵而言，趙宧光認為今人之書多有二問題，一為過於柔媚無骨、學不到位，

〔註61〕 《寒山帚談‧格調》。頁312。
〔註62〕 《寒山帚談‧拾遺》，頁356。
〔註63〕 《寒山帚談‧拾遺》，頁356。

二爲不知學古、罔顧二王。而前者導致趙宧光所謂「俗書」，後者導致「粗書」，但無論如何均偏離雅調，即不知調之鋒勢變化。

「唐已前字未始有曲，唐已後字始開曲之門戶。」「古字直，今字曲」「學古則直，學今則曲」趙宧光對於古法極爲要求，觀其行文之間，凡是正面者均與「古」脫離不了關係，凡是負面者均爲今人所害。如此處趙宧光直舉多例，並明言此些惡法均起自於唐代，唐以前並無此惡法。但，趙宧光並未能舉出詳細的例子，僅能大概的言古人爲是今人爲非，如此未有明例而直接斷言之情形下，難免令人覺趙宧光於評斷失之偏頗。事實上，趙宧光爲圓自己說法，於《寒山帚談》中時而出現武斷之說，或者邏輯不通之情形，此點黃惇於《中國書法史・元明卷》稍有提及：

> 說到「時書」，他與古代法書比較，稱「時書與法書，分明別是一重世界，時帖之於古帖，分明別是一重世界」。但他又不否定當代書法之成就，論吳門四家他又說〔註64〕。……我們細細品味趙宧光的古今優劣論，顯然可看出他並未完全否定時書和時家。他既然說吳門四家「皆第一流書」，但又惋惜他們「不及頭目髓腦」，也就是說吳門四家未能自成面目，實已反映出其崇古的內在評判標準是今不如古。〔註65〕

趙宧光爲吳門書家，「國朝獨鍾於吾吳」便看出其對於吳門之自豪。其亦曾言「國朝吾吳以書畫甲天下」〔註66〕，而其交遊、所學均來自於此。既然吳門與趙宧光交遊密不可分，我們則可說在「時人」之評斷中吳門定爲評等最高者。再觀趙宧光評吳門，祝允明、文徵明、王寵（1471～1533）、陳道復（1483～1544）四人所得之評價均不算低，其稱四人各得「魏肉」、「晉腴」、「晉脈」、「唐、宋而下筋骨」，則可稱四人各得古法之一。縱然如此，趙宧光仍認爲四人仍「惜乎不及頭目髓腦」。以地利、交遊而言，吳中四家可說與趙宧光密不

〔註64〕 因文長關係，筆者將黃惇中間所引之文獻列於此參考資料，此段引自《寒山帚談・法書》：「書道與時高下，古今未暇爲之品列，亦陳言具在，無俟添足。國朝獨鍾於吾吳，又同起於武、世二廟，如祝、文、王、陳四君子者，後先不過一甲子中，盡一時之盛。……京兆大成，待詔淳適，履吉之韻逸，復甫之清蒼，皆第一流書。何後世求全，漫譏祝野、文時，王拘、陳縱，將概千古責備一人，非公論也。謂祝得魏肉，文得晉腴，王得晉脈，陳得唐、宋而下筋骨，惜乎不及頭目髓腦。如是判斷，便不能爲之曲蔽矣。」頁399

〔註65〕 黃惇：《中國書法史・元明卷》（南京：江蘇教育出版社，2011年），頁429。

〔註66〕 《寒山帚談・拾遺》，頁360。

可分；以才氣、書學而言，四人的確可稱國朝之重，儘管如此，於趙宧光之評價仍不及前人，可自此得一結論——趙宧光於時人之評價實難高於古人。實際就筆者所觀，除吳中四家外在無時人可於《寒山帚談》受褒〔註67〕。

若以此觀，趙宧光對於尊古是無條件的，凡是正確、合雅道之事，趙宧光定稱古人必然如此。凡是不合法、不合雅道之事，趙宧光定言後人所創。更明確說，此雅道、正確、乃以趙宧光之思路爲標準，換而之，若不合趙宧光之思想即爲不遵古。

筆者以爲，趙宧光之基礎思想中的確有尊古一環，觀其論格調、鋒勢、體法、學習、篆刻均須自古而來，其「尊古」一說並非空穴來風。但趙宧光之古人有兩層意涵，一爲實質之「古人」，即所謂之「尊古」，如：「時俗人尙曲毋論矣，吾家承旨自謂深於此道，惟右軍是遵，右軍何嘗有此忸怩巧弄乎！」一句，的確可視作筆法需自二王學習，而非一昧求變、求妍美以至於不倫不類，此爲實際之尊古。但除此實際層面外，趙宧光之「古人」亦可作爲對於時代之反動，於此情形下，此「古人」並非有實際指稱，非晉、非唐、非二王，僅爲趙宧光心目之「理想」，或者說此爲趙宧光之「借古諷今」。如前舉之例，趙宧光僅言古人如何，卻又提不出實質證明，不免令人臆測此中眞假，即便是眞趙宧光又如何得知？於此情形下，則對於趙宧光所言之「古人」不必太過留意，視爲趙宧光對於時代之反動可爾。而此點，亦是爲人所詬病之處：

> 按照趙氏的說法，或者今人無論如何都學不好古體，或者學好古體
> 就像趙氏學篆書，必大異其形而後快。純屬一派胡言！〔註68〕

趙彥輝此言或許過於偏頗，但卻也反映趙宧光對於時人之批評毫不留情，然而筆者以爲，此爲立論不同方式爾。趙宧光雖以「遵古」爲名，以此批評時代書家不知書，但此種「假藉古人之說」亦是表達思想之手段。其「遵古」

〔註67〕 石守謙《從風格到畫意——反思中國美術史》：「『競爭』面象的強調則可以一種較爲動態的方式，來注意區域與區域之間的互動關係，以及區域內部因各種文化力量互動所形成的歷時性的變化面貌……中國區域間永遠存在著一種競爭關係，不僅在政治、經濟資源上如此，文化上亦然。幾乎沒有一個區域在文化上甘於永遠自居於一種『地方性』的次級地位。一但條件許可，一個區域文化便試圖擴大其影響力，去爭取升級爲更高等的中心位置。」（台北：石頭出版社，2010 年），頁 26。趙宧光所處之吳中爲沒落時代，相較於之前之繁盛，其身處時已無法與雲間書派相比。而筆者以爲，趙宧光雖於時人不滿，但鑒於吳中地位，其仍對於吳中之批評有所保留。而趙宧光此處對於吳中四家之褒獎雖然有所根據，但其亦包涵私心。
〔註68〕 趙彥輝：《趙宧光《寒山帚談》研究》（吉林大學碩士論文，2004 年），頁 57。

可視作對時代之反抗,其「遵古論」即爲「時代反動論」,縱使趙宦光藏於其所謂古人身後,但看作對於時代脈動抵抗之思想,亦不能言趙宦光之《寒山帚談》無價值。事實上,以「反動」角度觀之,此種爲反而反之「時代反動論」比「尊古論」更能表現《寒山帚談》之核心思想。

自「尊古」、「時代反動」等正反層面觀之,大致可梳理出趙宦光之「雅調」。其雅調即爲能學得正確鋒勢、正確之用筆變化,而此種用筆需源自於二王系統,而非如時人不知學古。換句話説,其雅調即是反對時人用筆,欲自晉唐、二王習起。但爲一掃時代書風,趙宦光亦不主張自趙孟頫等二王一路開始,其主張直追二王,欲以此開闢一條新路。而雖學習二王,仍需注意是否流於柔媚、濫熟之病,若落入「粗」、「俗」二路則爲重蹈覆轍,爲不知書。

四、「古人氣象」與「今人俗書」

趙宦光《寒山帚談》之思想以尊古爲核心,其理論可謂復古論,其便曾云:

> 古人書直是氣象不同。晉、漢帖無有晉、漢人氣象,即知是僞。故舊帖雖非善本,自有作用,新帖雖極力揣摹,直是棄物。何也?出自淺學之手,不知書法爲何物,直以俗筆廁古書,分明別造一個宇宙,何取於古帖乎![註69]

「氣象」一詞多爲讚美之詞,如南宋岳珂(1183~1243)《寶眞齋法書贊》〈衛恒往來帖〉云:「意古而態眞,彷彿復見前代氣象,非唐世筆力未易。」[註70]此處與趙宦光同以「氣象」作爲風格之概稱,並以此稱讚古人書法。觀趙宦光之説,晉唐之書即有晉唐人之風格,而此種風格爲後世難以學及。其又以此爲基準,稱近人之帖爲「棄物」,此亦可印證其尊古之價值觀。而趙宦光對於古人是極爲推崇的,觀其「舊帖」、「新帖」之説便可略知一二。「舊帖」受空間轉換、時代消磨,許多地方均易磨損,嚴重者甚至模糊不清,於學習上理應不如刻拓精良之翻本。但趙宦光則以「古人氣象」爲由,認爲於取師仍應以「舊本」爲主,因新本爲「以俗筆廁古書」,此種一絲近代風氣均不可染之精神,更可映證趙宦光之尊古。

〔註69〕 《寒山帚談‧評鑒》。頁329。
〔註70〕 宋‧岳珂《寶眞齋法書贊》卷七,收入盧輔聖主編《中國書畫全書》第2冊,頁490。

而風格者，當包含格（體法）、調（鋒勢）兩方面，趙宧光亦從此二方面
讚美古人之書：

> 凡字收鋒增美者，會稽以上也；收鋒補過者，大令而下也。先哲言
> 求妍媚於成字之後，大令所以去之更遠。〔註71〕

> 是以古人之結構體裁，攬其妙境，真有不知手舞足蹈之快。若夫鋒
> 嫋鮮妍，不過漫然稱賞而已，豈可同年而語哉！〔註72〕

會稽爲王羲之，大令則爲王獻之，觀其收鋒增美、補過一説，可知趙宧光雖
尊崇於晉，但晉之中地位仍有所分，至少王羲之地位來得要王獻之高。而「增
美」、「補過」本爲不同之層次，趙宧光言王羲之筆筆爲佳，故稱其筆筆「增
美」。而王獻之則不如其父，並非筆筆皆美，因此言「補過」以達美。雖然，
兩者仍遠勝於時人。筆者以爲，趙宧光對於王獻之詬病處於「妍美」。前言及，
趙宧光反對過於柔媚、妍媚之書風，其認爲此書無骨、無士大夫氣，此點亦
是其反對趙孟頫一派之原因，而其以此詬病於王獻之，並稱其不如父。此處
又可注意，趙宧光以晉、唐作爲劃分並言此後不知書，但此處又於王羲之、
王獻之間作分格，言「大令所以去之更遠」，可知趙宧光認爲書法之巔鋒於王
羲之，其後便逐次下降。雖下降，但至唐前仍爲知書，不知書則爲唐後之事。

「調之鋒勢」趙宧光獨推於晉，「格之體法」亦同。其言古人結構爲「妙
境」，後又以「鋒嫋鮮妍」爲對比，可知古人之「妙境」即爲前提之「筋骨」、
「骨力」。又，與古人妙境相對比，其後之妍媚書風所指當爲時人。結構爲體
法之重點，爲格，用筆爲鋒勢之重點，爲調，趙宧光不論於格調上均認爲晉、
唐遠勝時人，而晉又勝唐，以風格而言可以晉人書風觀之，特別是王羲之又
爲其中翹楚。而觀其對於王羲之、王獻之之比較，再觀其對於結構之看法，
可知其風格之標準乃是「筋骨」，特別反對過於妍媚之書風。

南朝梁虞龢（約467年在世）《論書表》云：「夫古質而今妍，數之常也，
愛妍而薄質，人之情也。」〔註73〕古質今妍之説自古未斷，而趙宧光具此種
思維。但不同的是，趙宧光因反對時代書風而「愛質而薄妍」，此又與虞龢之
説不同。而此種復古論乃時代於趙宧光身上之反應，在其之前，崇尚晉人者
亦有，如明代楊愼《墨池璅錄》即言：

〔註71〕《寒山帚談·評鑒》。頁329。
〔註72〕《寒山帚談·評鑒》。頁333。
〔註73〕梁·虞龢《論書表》，收入《法書要錄》卷二，頁24。

> 晉人書雖非名法之家，亦自奕奕有一種風流蘊藉之氣，緣當時人物
> 以清簡相尚，虛曠爲懷，修容發語，以韻相勝，落筆散藻，自然可
> 觀，可以精神解領，不可以語言求覓也。〔註74〕

此處觀楊愼對於晉人之推崇並不亞於趙宧光。其稱晉人「雖非名法之家」仍
然可觀，此與趙宧光以晉人爲尊如出一轍；其評晉人之書亦以「古雅」爲主，
觀其連用「清簡相尚」、「虛曠爲懷」等詞彙，與趙宧光於筆法之調所要求之
「潔淨」相同；其所謂「精神解領」，正是趙宧光之「古人氣象」。但相較於
楊愼尊崇晉人，趙宧光尊崇晉人更多了「目的」，其不時以「晉、唐」與「時
人」相比較，並以此譏諷時人不知書。如前所言，趙宧光之尊古本有「反今」
之意涵在，特別是時代之柔媚書風。而此種對於時代之反動，也使趙宧光將
「古」抬高至無以復加之地位：

> 古帖即不甚知名者，必有可取；後世知名士，亦遠不逮。雖云時代
> 下趨，亦作用有異，兩限之耳。何謂作用？古人重事，不善不止，
> 故必有自得處。自得乃眞實妙境，自足師資。今人逞才，稍可即驕，
> 故無非憪人之作，憪人則一團假面，烏得不憎？〔註75〕

前提之例，趙宧光著重於晉、唐，此處之「古」則未限定時代，但可知爲晉
唐之上。而其言古帖「不甚知名者」亦可爲師資，近帖名家亦「作用有異」，
此即以「古」爲準則之最佳例證。特別的是，趙宧光於此並未有更好的解釋，
其僅言「古人重事，不善不止」，因此古人能得佳書，而今人不得佳書則爲「今
人逞才，稍可即驕」，此說未免武斷，失之公允。通則看來，趙宧光對於今人
之不滿是無疑問，筆者以爲，此則之「古人」更似爲了批評今人而存在。

又，趙宧光言及「古」時亦偏好用「後世」、「近」作爲對比，如：

> 古人法書，篇有篇法，行有行法，全字有全字法，半字有半字法，
> 一畫有一畫法，一點有一點法。是以名帖隻字半行，不可蹉過。近
> 有墨客，以畫遮點，以體遮畫……借佳紙濃墨掩其拙筆，或以筆勢
> 波折掩其謬結，皆書中穿窬之流，識者恥之。〔註76〕

> 名家書法，滿亦佳，空亦佳；長亦佳，短亦佳；端方亦佳，斜倚亦

〔註74〕明‧楊愼《墨池璅錄》卷一，收入盧輔聖主編《中國書畫全書》第 4 冊（上
　　　　海：上海書畫出版社，2009 年），頁 710。
〔註75〕《寒山帚談‧拾遺》。頁 357。
〔註76〕《寒山帚談‧評鑒》。頁 329。

佳：方圓平直，無不宜之。後世俗書，縮大爲小，傳瘦爲肥，一字

字弄作團團，無有漊漏。逐字觀之，非不端楷，卻增一團和氣。

觀此二篇，古人之書均爲極佳者，而近人之書皆爲穿竅之流。而第二則雖言
「名家」，但與「後世」觀之則知其「名家」仍爲古人。又，此二則中趙宦光
對於今人之批評均著重於「濃墨掩其拙筆」、「筆勢波折掩其謬結」、「弄作團
團」等要點，可知其對於今人之批評多於不知筆法、書風駁亂、汙損。再觀
其言古人書作「一點有一點法」、「方圓平直，無不宜之」，此正與前言「鋒勢
之調」相同——書風須清雅，點畫不可失濁。故，趙宦光之「古」與其「調」
相吻和，而「後世」、「近」則爲不合雅調之面。

「格」、「調」合而形成風格，則風格不脫離鋒勢、體法。前於「鋒勢之
調」時已談趙宦光之「尊古」問題，其「尊古」爲雙層面，一面爲對於晉人
之推崇，一面爲對於時人之反動。此種情形在其「風格之調」中再次顯現，
其多言古人、後世，且古人定爲萬世之師，後世定然偏離雅道。可說，趙宦
光將其理想之風格寄託於古人身上，其「古人氣象」即爲理想之風格。

既如此，則可再以「古人」一詞探討趙宦光之風格論，其云「古人」「篇
有篇法，行有行法」，可知其「風格」爲書有法度，如其言：

古書佳處，在方圓斜直，不拘繩檢。今人惡處，卻與古同。古人胸
中自有個佳字，任其所施耳。今則不然，上者祇記憶古人成按，下
者以無繩檢遮掩其拙，以糊人耳目。謂貌則同，其造就處天地懸絕。

〔註77〕

以「古人」爲趙宦光之雅道，以「今人」作爲不合雅道，則知趙宦光以「法
度」作爲風格標準之一。其言古人「胸中自有個佳字，任其所施耳」，此則較
近於結構層面，前言趙宦光之佳格爲鍾、王，正可與此處相呼應。以「格」
觀之，書之結構定然有法度，而理想之風格正須在此法度之內，若無此法度，
則書風紊亂，亦喪失「古人氣象」。而其又言古人、今人均有「不拘繩檢」，
但古人因心有定法而得之自然，今人因心無定法而失之紊亂，可知趙宦光對
於結構之法度需心有定法，此則回到前言之「以結構持心」。又：

後世書家，惡態百出。有工爲波折以誑人者，有倚此模糊以渾人者，
有故爲絲曲以媚人者……皆不知書者也。〔註78〕

〔註77〕《寒山帚談・評鑑》。頁 329。
〔註78〕《寒山帚談・評鑑》。頁 331。

此雖言「後世書家」，但以此反推則可知趙宧光所謂「古人佳書」。觀其言「工為波折」、「為絲曲以媚人」均為用筆層面，如此則可推「倚此模糊」亦為用筆層面，為用筆汙損不清。再觀「工」、「倚」、「故為」三詞，均帶有刻意之意涵在，則知此三種失誤並非書家學力不及，乃刻意求之。鋒勢之調首重於潔淨，而此三種書風均與潔淨天差地遠，故趙宧光直指此為「後世書家」所書，與「古人氣象」所求之潔淨截然不同。若欲符合「古人氣象」，則須老實用筆、強調筆鋒之使用、潔淨、骨力。其言：「往往見自負於晉而陷入波折飛揚者，時俗魔也……學晉當知晉韻由古雅來」〔註79〕「晉韻」即為古人氣象之表現，而此種表現又以「古雅」為關鍵，苟若不得潔淨，則定失之古雅，進而失之古人氣象。

　　總而觀之，可注意到趙宧光之「古人氣象」實與其「書學格調說」相符合。無論是以結構持心，或者用筆需求潔淨，此都於其「古人氣象」中一再的反映。實質上，書學不脫離用筆、結構二層面，趙宧光對於結構、用筆之主張形成了「格調」，而其以此「格調」闡述書學理念、論述書學方法，同樣的，趙宧光亦以「格調」來探討風格。特別的是，趙宧光以晉人之書作為「格調」之標準，但其「格調」中並不完全為晉人之書，仍有含括其個人想法。但趙宧光未將此部分提出，其將對於晉人之尊崇、本身之書學觀融合而成，形成了「古人」一詞。

　　而其所謂「古人氣象」即為本身之「格調說」，「古人氣象」形成後，趙宧光即以此為書學風格之標準，故說趙宧光此處之風格即為「格調」。故，於《寒山帚談》中觀及趙宧光談及「古人」時，不妨將此「古人」作為「格調」之縮影。而其對於古人之尊崇，即為趙宧光對於本身「格調論」之肯定，而對於「後世不合法」者，則可視為不符合趙宧光之「格調」論。

第二節　執筆之調

　　承言所述，趙宧光之調為鋒勢、風格，而於鋒勢內趙宧光又特重於筆鋒之運用，其認為筆鋒之運用雅俗所分，故有「出於筆頭者清，出於筆根者濁。雅俗隨分，端在於此」一句。而但除筆鋒之運用外，趙宧光亦言：「清俗在骨，能否在學。」〔註80〕趙宧光於骨力之重視已於第四章提及，此筋骨為趙宧光

〔註79〕　《寒山帚談‧拾遺》。頁356。
〔註80〕　《寒山帚談‧學力》，頁313。

「格」之標準，但其「調」亦有此要求。觀此處引文又有重點，其一、除筆鋒外，骨力有無亦爲清俗之分，其二、其調（鋒勢）亦以筋骨爲指標。若以此觀，則知趙宦光之筋骨論亦可同時立於「格」與「調」之下，一方面與「構法」密不可分，一方面又涉及調。

　　而骨力之重要、功用已與第四章之「構法」談及，但趙宦光除言骨力之重要外，其亦從「如何形成」之角度觀之，此則立於「調」之下。故，以下從「握筆」、「中鋒」二方面剖析趙宦光用筆。

一、「不活」與「不死」：執筆法

　　以握筆而言，歷來書論之論述可謂詳備，如宋陳思《書小史》：「陸希聲，博學善屬文，工書，得其法凡五字：『撅、押、鉤、格、抵』，用筆雙鉤，則點畫道勁而盡其妙，謂之撥鐙法。」〔註81〕又，南唐李後主（937～978）〈七字撥鐙法〉：「撅、壓、　、揭、抵、導、送。」〔註82〕自唐代陸希聲（約莫888年在世）已提出雙鉤撥鐙法之竅門，而其又自言傳自於二王，可知其有意將此法流傳於後世。而撥鐙法之五字訣已稱完備，但自李後主時又改良稱爲「七字法」，並將「格」改爲「揭」，又將小指之「抵」分爲「抵、導、送」三項。筆者以爲，至「抵、導、送」三項時，小指之動作已發展完備，動作指稱之細膩亦足矣，此亦可證明歷代握筆法完備極早。而握筆法仍有其餘不同論述，如《執筆五法》即分「執筆、簇筆、撮筆、握筆、搦筆」〔註83〕五種，大至而言，可以「指實掌虛」爲主要原則。如傳唐太宗《筆法訣》：

> 夫欲書之時……次指實，指實則筋骨均平；次虛掌，掌虛則運用便易。〔註84〕

《書法正傳》：

> 虛掌實指者，指不實則顫掣無準，掌不虛則窒礙無勢。〔註85〕

指實者，便於手指發力，進而使力量集中於筆端；掌虛者，使筆桿具活動空

〔註81〕 宋・陳思《書小史》卷十，收入盧輔聖主編《中國書畫全書》第3冊，頁148。
〔註82〕 明・陶宗儀《書史會要》卷九，收入盧輔聖主編《中國書畫全書》第3冊，頁621。
〔註83〕 摘自宋・朱長文《墨池編》卷三，收入盧輔聖主編《中國書畫全書》第1冊，頁230。
〔註84〕 傳・唐太宗《筆法訣》，摘自宋・陳思《書苑菁華》卷十九，收入盧輔聖主編《中國書畫全書》第3冊，頁98。
〔註85〕 清・馮武《書法正傳》，收入盧輔聖主編《中國書畫全書》第14冊，頁48。

間，而不使筆桿窒礙難行。此要點於歷來書論已提出，而不論握筆法如何，總之以此原則爲用。而相對於「掌虛」而言，「指實」則更爲重要，因「指實」爲發力之處，而「掌虛」則可視作使「指實」具發力條件。趙宧光基於此點，其言：

> 未作字先，管欲不死，已作字頃，指欲不活。活則成字無骨，大病也。〔註86〕

「筋骨」爲力之表現，此必然涉及發力問題，因此趙宧光主張「指欲不活」，並以此直指爲「筋骨」之關鍵。而趙宧光亦非主張筆桿一昧執死，而爲具有活動空間，但於欲發力時執筆仍須出力，否則「成字無骨」。如此，則可自「骨」探討之，趙宧光言：

> 近有不知書者，譽一名家云：無論其書之妙，即觀其作字提筆，指間若無多重也。……但腕中無力必不得佳書，縱令成就，不過蘇眉山、趙吳興輩軟弱弄筆，姿態媚俗之書耳！〔註87〕

此處趙宧光再次提及蘇東坡、趙孟頫二人，並譏其爲「軟弱弄筆」，此與前述趙宧光病其二人柔媚同。而此種柔媚亦爲趙宧光所謂「清俗在骨」，過柔則失之於俗，得骨字方能清雅。而其言「腕中無力必不得佳書」，可知趙宧光之「骨」確與執筆有莫大關聯，筆者以爲「指間若無多重也」爲關鍵。依趙宧光言，指實主管發力，而此力則影響字之骨，若指間無力則字必失之筋骨，此說則與上言「不實則顫掣無準」相同。但此處亦可注意，觀上述二則之說，指間發力之關鍵於「實」，而筆桿活動空間在於「虛」（掌），而趙宧光卻言「重」、「不死」、「不活」。趙宧光之「重」與「不活」意涵接近，均爲指間發力之關鍵，但其「不死」所言爲指而非掌，如此則與「指實掌虛」不同。此則與趙宧光此說有關：

> 搦管要如弄丸，使圓轉活潑，其機自熟，作字之傾，任吾指使。無論作字未作字時，時時作一物在吾指流轉，其學自進。〔註88〕

此處之弄丸當指技巧嫻熟。而趙宧光以爲用筆除須「指重」外，更須求其圓轉活潑，此則與先前言「指實」有所差異。「指實」、「掌虛」爲相對之觀念，筆者以爲此「指實」並非要求將筆管執死，而是相對手掌之放鬆，手指須爲

〔註86〕 《寒山帚談・用材》。頁 324。
〔註87〕 《寒山帚談・用材》。頁 325。
〔註88〕 《寒山帚談・用材》。頁 324。

實際執筆、出力。而趙宧光之「虛實」則與「指實掌虛」不同，其「虛實」均在手指之間。「指虛」為「不死」，「指實」為「重」、「不活」。其言「作字之傾，任吾指使」，又言「時時作一物在吾指流轉」，可知其對於執筆之要求為靈活運用，須有活動之時，亦須有執穩之時。〔註89〕又，唐張懷瓘言：「筆居半則掌實，如樞不轉掣，豈能自由轉運迴旋，乃成稜角。筆既死矣，寧望字之生動乎」〔註90〕「筆居半」所指為執筆之中段，而執中段之因在於手掌間可空出更多空間，使筆鋒「自由轉運迴旋」〔註91〕，此亦為「掌虛」。趙宧光亦要求筆鋒之轉運迴旋，但其重點不著力於掌，而在於「指活」。其言：

> 腕欲動而指不知。謂小楷可耳，若作篆署，則又不然。篆法圓轉相
> 續處，若指不轉，鋒何粘續？〔註92〕

篆書結構圓轉、要求用筆之平穩，趙宧光以此為例證，提出「指不轉，鋒何粘續」。可知，其「指實」乃要求執筆之指需出力，為「重」；但於重之間仍需有可轉筆之空間，為「不死」。最佳者當為兩者並重，能虛能實。其說與「指實掌虛」略有不同，「虛實」均由手指發動。

但若僅以指發力則字之力量定然不足，如此則失之骨，故除指外，趙宧光亦主張使腕：

> 懸掌，固古人之順境，今人之逆境也。自唐已前，雖有隱几，聊藉

〔註89〕 鄧散木等《書法十講》：「昔人有誤解一個「緊」字的，說是好像要把筆管捏碎一般才對，真是笨伯。作字需要用全身之力，這個力字，只是一股陰勁……由指到筆，由筆管而注於筆尖，不害其圓轉自如。……所以『死指』、『指不知』的說法，應當活讀，死讀便不對了。他們之所以要如此講法，正是因為一般人寫字時指頭太活動了，太活動的結果，點畫便輕飄浮淺而不能沉著。因為矯枉的緣故，所以便說成『死指』和『指不知』也，其實，指何曾真死得，何曾真不知呢？」（台北：華嚴出版社，1989年），頁27。鄧散木等的說法十分精闢，其亦點出此種「矯枉過正」之問題。而以此種論點觀趙宧光之「不活」，則可知其「不活」並非全死，而為與活之相對觀念，只是闡述上的方式易令人誤解。

〔註90〕 明·潘之淙《書法離鉤》卷二，收入盧輔聖主編《中國書畫全書》第6冊，頁59。

〔註91〕 陳欽忠〈書法取勢名言之索解〉亦有探究此「執筆深淺」之問題，其言：「撥鐙指法的特點，在於以大拇指和食、中指之尖淺執筆管，以利手指『東西上下』的撥運，以及『推託撚拽』地轉動……此法之關鍵在於執筆『欲其淺』，因此形象地取關於足踏馬鐙的動作，可為妙喻。」收入李郁周主編：《一九九一年書法論文徵選入選論文集》（台北：中華民國書法教育學會，1991年），頁玖～7。此種淺執可使掌中具更大迴旋空間，使筆端更加靈活。

〔註92〕 《寒山帚談·用材》。頁324。

椅閣而已。後世巧作臺椅，案逸自逸，少而習之，不知身手死矣。
　　及長而後知書法，將革前非，心手鬥逆，反稱甚難。苟能於小時，
　　始入家塾即教正法，何嘗不順，更有何難？〔註93〕

唐以前慣於坐床而不用椅子，趙宧光以此推斷古人之書必全爲懸腕〔註94〕。
而「將革前非，心手鬥逆，反稱甚難。」一句，亦可觀趙宧光對於良好習慣
建立之重視。

　　趙宧光主張懸腕之說，當自運腕看起。姜夔《續書譜》云：「大抵要執之
欲緊，運之欲活。不可以指運筆，當以腕運筆。執之在手，手不主運，運之
在腕，腕不主執。」〔註95〕趙宧光之說與姜夔之說相近。執筆之關鍵於手指，
而手指間須重，但運筆之關鍵仍在於手腕。以手腕運筆，能較手指運筆發出
更大之力量，特別以懸腕運之，靈活、力量皆勝於指。但不同於姜夔主張「手
不主運，運之在腕」，趙宧光則主張需指、腕並用，腕以運筆、指以轉筆，藉
此達到更靈活之技法，此與姜夔之說又異。而以腕運筆能縱橫自如一說則可
觀明代徐渭（1521～1593）《論執管法》云：「古人貴懸腕者，以可盡力耳，大
小諸字，古人皆用此法。若以掌貼桌上，則指便黏著於紙，終無氣力。」〔註96〕

〔註93〕　《寒山帚談·用材》。頁325。
〔註94〕　柯家豪〈椅子與佛教流行的關係〉：「綜上所述，對上古人而言，坐法是身分
　　　　衡量、休養及心態的重要指標之一，……顯然，在這套禮節的規範之下，當
　　　　時的人不可能垂腳而坐於椅子上。這種現象在漢代畫像石中亦可看見。……
　　　　到了唐代，室內的陳設開始改變。凳椅問世，而坐禮亦隨之改變。……我們
　　　　只能說，從盛唐以來，椅子大概日益流行，而最遲在宋初已經相當普遍。」
　　　　收入自《中央研究院歷史語言研究所集刊》第69本4分（台灣：中央研究院
　　　　歷史語言研究所，1998年），頁730～731。又，馬國權《孫過庭書譜譯註》：
　　　　「初唐時，桌椅尚未使用，人們寫字，或坐榻上執卷而書，或伏案而書，方
　　　　式與現在完全不同。」（台北：明文書局，1988年），頁53。椅子之使用爲胡
　　　　漢交流下的影響，乃是時代必然趨勢。而趙宧光批評後世「巧設臺椅」，因此
　　　　對於書學反造成了困境，此部分則難以說通。言唐以前未普遍使用椅子是有
　　　　資料佐証的，但言唐以前爲全爲懸腕則太過武斷，如馬國權所言即有「伏案」
　　　　情形。若說古人如此，故今時必也如此，更有些牽強附會之感。但此處須了
　　　　解，趙宧光本身提倡懸腕，其眞正原因或許爲書寫更加靈活，也或許其內心
　　　　眞正認爲今人必須全仿古人。無論如何，趙宧光因遵古而對於此兩部份均重
　　　　視，因此將此二部分結合在一起，而得到此結論。趙宧光引此段話之目的，
　　　　一方面爲證明己說，一方面爲提倡古法。而有關唐以前席子及席地而坐更詳
　　　　細的論述，可參照尚秉和：《歷代社會風俗事物考》（臺北：臺灣商務印書館，
　　　　1985），頁281～291。
〔註95〕　南宋·姜夔：《續書譜》，收入盧輔聖主編《中國書畫全書》第2冊，頁446。
〔註96〕　清·孫岳頒：《御定佩文齋書畫譜》卷四，收入於《景印文淵閣四庫全書》819

此說則與趙宦光相同。以懸腕運筆能靈活自如，不受桌、紙摩擦力之限制，而運轉之際也更爲流暢。此亦爲趙宦光言古人所勝之因。

　　大抵而言，趙宦光認爲執筆需由手指控制，而指間須重字方有骨力。但考量到靈活之表現，其亦主張指間不欲執死，仍需有轉筆之靈動空間。而運筆之主要力量來自於腕，故需懸腕運筆，雖以腕運筆，但仍需與指靈活使用。

二、不期正而正：「中鋒」

　　承前述，趙宦光強調懸掌爲古人順境，其云：

　　　　（古人）固懸掌不期懸而懸，正鋒不期正而正〔註97〕

此一句亦從時代角度觀之，趙宦光認爲古人得習書之良好環境，因此自然養成懸腕之法。但其後又云「正鋒不期正而正」，可知其認爲正確懸腕可使筆鋒自然調正，如此，則可探討其對正鋒之看法：

　　　　書不正鋒，一筆非是，即有他善，枉費功夫〔註98〕

趙宦光對於正鋒提出「一筆非是」之說，以此觀之，可知其認爲書中筆筆都該以正鋒爲準，如此，則趙宦光對於正鋒極爲要求。又：

　　　　凡正側鋒，橫正豎側，已非佳書。近代此道茫昧，橫豎皆側，依然

　　　　作大名士。〔註99〕

自「凡正側鋒」一句觀，可知其「正鋒」與「側鋒」爲相對之概念，此正鋒即爲「中鋒」。又其言「橫正豎側，已非佳書」，以此觀，則知趙宦光認爲橫畫欲達到正鋒容易，豎畫欲達到正鋒困難。其曾言：「正鋒不難於橫畫，而難於豎畫。」〔註100〕書寫正鋒時定須起筆回鋒，而書寫橫畫時因爲由左至右，故與手腕之自然運動方向相符，維持筆鋒之凝聚亦較容易。而豎畫時則因筆鋒方向與手腕自然運動方向不相盡，故豎畫正鋒難度則較高，此可爲書寫弊病之一。而趙宦光自此提出，書寫時應爲筆筆正鋒，即便橫正豎側亦不可。觀歷代書論，提倡正鋒之法亦不在少數，如南宋姜夔《續書譜》：

　　　　常欲筆鋒在畫中，則左右皆無病矣。〔註101〕

　　　　冊（台北：臺灣商務出版社，1983年），頁171。
〔註97〕《寒山帚談・用材》。頁324。
〔註98〕《寒山帚談・金石林序論》。347。
〔註99〕《寒山帚談・格調》。頁302。
〔註100〕《寒山帚談・格調》。頁302。
〔註101〕南宋・姜夔《緒書譜》，收入盧輔聖主編《中國書畫全書》第2冊，頁447。

又如北宋米芾：

> 作字須欲得筆，苟得筆，則細若絲髮亦佳，不得筆，雖大逾尋丈終
> 無骨氣。〔註102〕

「筆鋒在畫中」一句可以傳東漢蔡邕（132～192）《九勢》觀，其言：「藏頭，圓筆屬紙，令筆心常在點畫中行。」〔註103〕書寫中鋒時必定有起筆回鋒之動作，而蔡邕之藏頭即為書寫中鋒之必然途徑。而其指中鋒為「圓筆」則與米芾所言相同，若筆鋒能集中有力，則點畫觀之飽滿渾圓，若筆鋒無法聚集，則點畫看來鬆散。一為具有立體感之渾圓，一為平面之鬆散狀，兩者相去亦遠，此亦為米芾言「不得筆」之關鍵。而姜夔之說則直接繼承了《九勢》，「左右皆無病」為自點畫觀之，苟若點畫能集中使力，則筆心平穩運行，點畫邊緣自不容易抖動破損。而其關鍵則為「筆鋒在畫中」，此處之筆鋒與蔡邕之筆心相同，兩者同為要求須以中鋒運筆。

可知，中鋒之使用主宰線條扁平，故歷代書論對於中鋒均重視。但可注意一點，以書學觀之欲筆筆中鋒實為困難，苟若筆筆中鋒，則書寫表現性亦被侷限。故知，欲於書寫時橫正豎側全為中鋒實有難度，一來不易二來無須。但觀趙宧光之意則不同，其「中鋒」為必然如此。

欲釐清趙宧光對中鋒之要求，當自此觀之：

> 世無人耳，悲夫！毋論字畫惡劣，即作書時橫側豎側，必其手腕筆劄一皆臬兀不安，而後得成此字乎！〔註104〕

> 唐以前得法者多無論矣，宋已下惟米氏縱橫正鋒，然不能袪籧篨之病。〔註105〕

趙宧光對於正鋒之要求可自兩點觀，一為對於時人之針砭，二為古人必然如此。其言「世無人」，並批評近代人作書全為側鋒，不知用筆之法。其又以唐、宋為分界，提出唐以前以正鋒為正法，唐後則僅有米芾能得法，但仍無法全得〔註106〕。其對於正鋒之要求，仍為「尊古」之條件。推趙宧光想法，其認

〔註102〕明・陶宗儀《書史會要》卷九，收入盧輔聖主編《中國書畫全書》第3冊，頁621。

〔註103〕明・陶宗儀《書史會要》卷九，收入盧輔聖主編《中國書畫全書》第3冊，頁614。

〔註104〕《寒山帚談・格調》。頁302。

〔註105〕《寒山帚談・用材》。頁324。

〔註106〕「籧篨」為指人體癰腫、不能下俯的病。「戚施」則指背曲而不能仰之人，後

為「古人」書全為正鋒，並認為近代人失傳古法已久，故字字均為側鋒。又因其尊古，其大力提倡正鋒，並以「正鋒」作為「調」之要求，要求「一筆非是」。實質上，欲筆筆正鋒實為難行，而此種對於正鋒之過度要求，亦為趙宧光「以尊古為上」之最佳論證。

除提倡中鋒之外，趙宧光亦談及中鋒運行之法：

> 正鋒全在握管，握管直，則求其鋒側，不可得也。握管袤，則其求鋒正，不可得也。鋒不正，不成畫，畫不成，字有獨成者乎？鄙俗審矣！〔註107〕

對於中鋒之運行，趙宧光提出「握管直」一說。以實際情形觀之，苟若握管直，則筆桿、筆鋒與紙張角度呈現直角，則筆鋒中心自然凝聚於紙上，此情形即為正鋒，〔註108〕故趙宧光言握管直時「求其鋒側，不可得也」。反之，苟若握筆不得正，筆桿、筆鋒與紙面不成直角，則書寫時以筆肚畫過紙面，易出現點畫邊緣破損之情形，此時即為偏鋒。又：

> 正字全在用腕，用腕似難而實易，管直則其求用指不能也。若置腕使指，蜂腰鶴膝，邐箊咸施〔註109〕

「握管直」為指所管，此為執筆之法，乃言執筆時須求筆桿得正。而除執筆得正外，趙宧光亦主張「正腕」，而其正腕之法則言「管直」。此「管直」與「握管直」不同。「握管直」為執筆須得正，而「管直」則應與「求用指不能」並觀。此「求用指不能」乃使指鎖死，不以指運筆而以腕運筆，故趙宧光後言「置腕使指」為錯誤之法。若以實際情形言之，則執筆須先得打直，而打直後則不再用指運筆，使執筆始終保持在與紙面垂直之姿態，如此則可得之正鋒。又，因以腕使筆，則腕法必得懸腕，如此方能左右操控自如，此亦為趙宧光推崇懸腕之因。而與前並觀，手指仍有使用餘地，但僅限於「轉筆」，使筆鋒調整於各種方向，而執筆之姿須始終保持不變。如此，則趙宧光中鋒之法明瞭。

來比喻為醜陋之人。此處除了譏諷字醜外，更譏諷字之結構俯仰有問題。

〔註107〕《寒山帚談・用材》。頁324。

〔註108〕高尚仁《書法心理學》：「手腕要『直豎』的目的，為的是確保筆尖經常保持與紙面垂直的關係，以達到中鋒書寫的要求。」（台北：東大圖書，1986年），頁47。以高尚仁之看法印證趙宧光之說，可知趙宧光之說確為有理。

〔註109〕《寒山帚談・用材》。頁324。

第三節　書品之調

　　趙宧光之「調」除指「鋒勢」外亦可爲「風格」之指稱，於《寒山帚談》中，以「風格」指「調」爲最大宗用法。書家風格，本爲書學之一大特色，而趙宧光之風格論散落於《寒山帚談》各篇章中，其中又以〈評鑒〉、〈法書〉最爲重要。底下即自「善書者鑒」、「品第論」、「古人氣象」三點探討趙宧光風格之調

一、善書者鑒

　　調既然涉及風格一指稱，此中亦包含趙宧光對於書學之評價，而此種評價問題，則爲歷代書論所言之「鑒」。傳東晉衛夫人《筆陣圖》云：

> 善鑒者不寫，善寫者不鑒〔註110〕

若按此說，則書家與鑒賞家爲分隔的，難以同時身兼二職。而此說亦影響後世書家評書，如北宋黃伯思（1079～1118）《法帖刊誤》序即言：

> 古語有之：「善書不鑒，善鑒不書。」僕自幼觀古帖至多，雖毫墨積
> 習未至，而心悟神解，時有所得。故作《法帖刊誤》凡論眞僞，皆
> 有據依，使鍾王復生，不易此評矣。〔註111〕

按其說，黃伯思對於評書極有自信，乃敢言鍾王不易其評。若此，則其對於書學必有經年累月之了解，但其又言自己不擅於書，甚至「毫墨積習未至」。雖不擅書，但卻擅於評，而評之根本來自於「觀古帖至多」。此處，將評與寫拆成二事來觀。以眼力到而手未到而言是可能的〔註112〕，但黃伯思是否不善於書，則可觀北宋李綱（1083～1140）《黃伯思墓誌銘》所言：

> 正、行、草、隸皆精絕，初仿歐、虞，後乃規模鍾、王，筆勢簡遠，

〔註110〕傳東晉・衛夫人《筆陣圖》，收入《法書要錄》卷一，頁5。

〔註111〕宋・黃伯思：《法帖刊誤》卷上，收入於《景印文淵閣四庫全書》681冊（台北：臺灣商務出版社，1983年），頁379。

〔註112〕陳振濂《書法學》下冊：「賞評書法的知識體系可以說是非常多的，大致可以分爲書內和書外兩類。……這兩類知識體系無法窮盡，各人構成不同，對書法賞評的深度與廣度也就不一樣，甚至由於預備知識不足會引起賞評的差錯。……書法賞評有一個很重要的內容，就是探索書法作品的藝術淵源。沒有古典書法賞評經驗的累積，沒有閱讀過古典書論，恐怕就很難展開這一賞評內容。」（台北市：建宏出版社，1994年），頁796～797。書法賞評面象極爲多廣，但此些均建立於觀者之先備條件，而先備條件則爲學習而來。可知苟若學力夠深，則能鑒不能書爲可能的。

有魏晉風氣，得其尺牘者多藏弆。〔註113〕

黃伯思本身善書，乃至於李綱稱其四體皆能，或許為墓誌銘溢美之辭，但觀「初仿歐、虞，後乃規模鍾、王」一句與「僕自幼觀古帖至多」相吻合，可知黃伯思至少於古帖臨習中費了一番功夫。又，李綱稱其「筆勢簡遠，有魏晉風氣」，則知黃伯思定善於書，即便為溢美，亦不至像黃伯思所言「毫墨積習未至」，可知黃伯思言自己不知書實為過謙之詞。或許黃伯思因謙讓而言自己不知書，或者因其眼界高遠而認為自己不知書，但總之其舉了「善書不鑒，善鑒不書。」一句，「不書者能鑒」之觀念也在其言論印證。黃伯思受「善鑒不書」影響，雖能書能鑒卻只能擇一，實為可惜。而趙宧光於談及評鑒時，首先駁斥「善書者不鑒」此思想：

昔人言：「善鑒者不書，善書者不鑒。」一未到，一不屑耳。謂不能

鑒者，無是理也；果不能鑒，必不能書。〔註114〕

趙宧光認為善鑒者不書可矣，眼可能高於手，甚至學書者眼本應高於手，如此才可資於學習，如：「閱名人書，須具有隻眼。不然未得其佳處，先蹈其敗筆，效顰之態，見之欲嘔。是則不如無學，翻有一分自適處。」〔註115〕其認為在學書前應須具備一定之評斷眼光，可師者師之，不可師之者去之，如此才不至於「先蹈其敗筆」。而此種觀點，可說明趙宧光認為能書者應要能鑒，或者說——不能鑒者必不能書。〔註116〕

因此，善鑒者能不書，但其否定善書者不鑒一說。其從兩方面剖析「善書者不鑒」之可能原因，一為眼力未到，二為不屑鑒定。寫字乃心手相連，除技術之純熟外，主觀意識、鑒賞能力培養、眼力高低均為影響之關鍵，若無鑒賞能力，則不可能得之佳字。臨帖須眼力所及手腕方能跟進，苟若無辨識優劣之能力，則於敗筆效顰、佳筆錯失，如此亦不可能善書。因此，其所

〔註113〕 宋・李綱：《梁谿集》卷一百六十八，收入於《景印文淵閣四庫全書》1126
冊（台北：臺灣商務出版社，1983年），頁757。
〔註114〕 《寒山帚談・評鑒》。頁328。
〔註115〕 《寒山帚談・評鑒》。頁329。
〔註116〕 黃藥眠〈美是審美評價：不得不說的話〉：「而審美能力是許多的審美判斷來
的。審美判斷的反覆進行，加上日常生活的知識教養、習慣傳統等種種力量，
就培養成了審美能力。有了審美能力才能成為藝術，故，如果離開審美的能
力與判斷，一開始就講藝術，則藝術從何而來的問題就未能解決。」收入自
《文藝理論研究》1999年03期，頁12。誠如黃藥眠所言，審美之建立為藝
術創作之先決條件，若無長期培養之鑑賞觀，則藝術之發展無所本。

謂之「未到」實指書家能力不足，以至於「不鑒不書」或者「只鑒不書」，但並未有「不能鑒而善書」一情形。而二則爲不屑鑒定，此可先觀下列一段引文：

> 國朝吾吳以書畫甲天下，惜乎風氣所鍾，又陷於「善書不鑒」一語。趨其華，不趨其實，遂令名世者多，傳家者寡。苟不必爭名，即不必避善鑒不書之誚。〔註117〕

由趙宧光之言可知，「善書者不鑒」於當時已蔚爲風氣。明朝之吳門爲書畫重鎮，其中書家如恆河沙數，一如文徵明、祝允明皆名重當時，而該區書畫全盛時更堪執中國牛耳，後雖沒落，但於書法一事仍具極大影響力。於此文人雅士之交遊聖地中，「善書者不鑒」一觀念傳播開來必影響書家交流圈。苟若陷於此種風氣下，書家必不能跳出稱本身善於鑒賞，一旦脫口，等於否定本身書學之造詣。而此風氣爲主流〔註118〕，違背主流無異於脫離書畫圈，亦喪失所積之聲名地位。趙宧光認爲於名聲驅使下，「善書者不鑒」之說亦無人戳破，雖可博取一時盛名，但終無益於後學之人。因此其提出「苟不必爭名，即不必避善鑒不書之誚。」能不在意名利問題，自然亦不用在意於「善書者不鑒」一說，而能回歸事實層面。

〔註117〕 《寒山帚談・拾遺》。頁360。

〔註118〕 此處乃依趙宧光所言之吳中地區爲探討，事實上，明中、末仍有「善書者能鑒」之人存在，如華亭之董其昌，黃惇於《中國書法史・元明卷》云：「董其昌是明代萬曆後期（17世紀初葉）中國書法史、繪畫史上最重要的一員。他是一位傑出的書法家，又是一位傑出的山水畫家和精明的鑒賞家。」（南京：江蘇教育出版社，2009年），頁322。董其昌爲雲間書派之代表，以眼光精明善鑒聞名，其曾於《墨禪軒說》言：「又長安（指北京）官邸，收藏鑒賞之家不時集聚，復於項氏所見之外，日有增益。如韓館師之《內景黃庭》，楊義和書；殷司空之《西升經》，褚登善書；楊侍御之《絕交書》，王右軍書；王常奉之《汝南公主志》，虞永興書；王司寇之《太宗哀冊》，褚河南書；米元章之《西園雅集》小楷、楊凝式之《韭花帖》正書，更僕不數。皆得盤旋玩味，稍有悟入。」收入《容臺文集》卷五，收入《四庫全書存目叢書》集部171。（濟南：齊魯書社，1997年），頁403。其以此種鑒賞爲樂，並依鑒賞所得習書，甚至於心領神悟中將此事記錄於紙上，如此，則趙宧光所言之「不屑」則說不通。又，以董其昌於華亭之地位，苟若董其昌能津津樂道於此事，則說書法家不齒亦說不通。可知，至少雲間書派未受「善書者不鑒」一詞影響太大。筆者以爲，趙宧光所言乃吳中地區之風氣，爲言大部分之情形，並非所有人均然如此。至於其言吳中「風氣所鍾」雖缺乏多重證據，但亦可作爲史料證明之一。而筆者此處之意，爲引趙宧光之言證明趙宧光對於「不屑」一說之看法，目的在於詮釋趙宧光之想法。

　　觀趙宧光對於「善書者不鑒」一說是駁斥的，不論是書家功力未到，或者書家趨於名利，總之被譏爲華而不實。而此種駁斥「善書者不鑒」之想法，亦促成其撰《寒山帚談》之目的：

> 余作《帚談》、《緒論》，知無不言，言無不盡，評論金石，窮案極斷。試令軒、頡、籀、斯，當必爲我擊節。上古無論，切按丞相、中郎、太尉、右軍以及晉、唐而下名世大家，無不有筆法，條論具在。其間託名僞作者無論矣，其人自書勒石者何限，而謂「善書不鑒」，「善鑒不書」正不然也。〔註119〕

觀趙宧光之言，其作《寒山帚談》乃有評斷之企圖在。一者晉、唐前之名家均有作品理論傳世，可做爲學習之典範，但後世以古之名仿作情形多，因此傳世贗品亦不少。二者私家碑刻煩雜，而其涉及書家、刻碑者能力，因此得之佳本亦不容易。在此種條件下，良好的學習典範亦逐漸湮沒於時代之中，趙宧光亦以此點評「善書不鑒」無道理。依其言，書家本須負起「鑒」之責任，須爲後世留存良好典範。書家「書」之功力越高，負起「鑒」之責任亦越大。依「風氣所鍾」觀之，趙宧光能跳脫時代窠臼，而以保存後世典範之角度點破「善書不鑒」一說亦不容易。

二、品第論——「五品」、「六品」

趙宧光於《寒山帚談》中除以古、雅、俗等詞彙進行風格評斷外，其亦使用品第之方式闡述其風格觀。而以品第分書家優劣此法歷來有之〔註120〕，如南

〔註119〕《寒山帚談・拾遺》。頁360。

〔註120〕黃念然《中國古典文藝美學論稿》：「一般認爲，『品』作爲批評概念的出現，興於東漢後期，盛於魏晉，而其餘波流響又蕩及整個南北朝……東漢以降，品評活動最初邁在功利化道路上，其具體表現是人倫品鑒……隨著政治上的『徵辟』、『察舉』乃至『九品中正法』等選拔措施應運而生，臧否和品藻人物蔚成風氣，成爲影響深遠的社會現象。但這時的『品』尚未完成向藝術性鑒賞與批評的轉換……魏晉以來，隨著老莊思想的抬頭，玄風逐漸興起，對朝政的『清議』之風因現實的黑暗與恐怖而逐漸轉爲富於思辨色彩的遠離現實之岸的『清談』之風。對人物的品藻也由人倫品鑒或善惡價值評價逐漸轉爲對人物自身儀形、氣度、風神及生命情調的品評。品評之風開始從政治、道德領域泛化到整個文化領域，而其焦點隨後又集中在藝術領域。」（桂林：廣西師範大學出版社，2010年），頁101～102。觀「品評」一詞的轉化是漫長的，大抵而言，自漢朝開始因政治關係須品第人物，進而推演到品評人物神態、精神，以至於藝術層面。而魏晉時期隨著品評之風開始盛行，亦將此種品第方式套用到書家之上，形成了品第書家的方式。

朝梁庾肩吾《書品論》便將書家分爲九品，其言：「推能相越，小例而九，引類相附，大等而三」〔註121〕，以「上中下」配以「上中下」得之九品，再以九品評斷書家優劣藉此將書家分爲九等。而除了以上中下直接品第書家外，亦有以書體作爲等第區分者，如唐代張懷瓘《書斷》：「書有十體源流，學有三品優劣。今敘其源流之異，著十贊一論，較其優劣之差，爲神妙能三品，人爲一傳。」〔註122〕其將書跡分爲神、妙、能三品，再以書家之各體書分別評等第，相較於前，此種等第法更能明確品第書家所擅長。

觀趙宧光之方法較類似於張懷瓘，其將品第分爲「奇、高、庸」三等，亦有「逸、高、能、俗、低」五等。以下先就「奇、高、庸」觀之：

> 字有三品：曰庸，曰高，曰奇。庸之極致曰時，高之極致曰妙，奇
> 之極致便不可知。不可知，其機甚危，學足以濟之，識可以該之，
> 則超乎高妙；學識不足以該濟，而但思高出人上者，野狐何有哉！
> 〔註123〕

趙宧光將字分爲三品——庸、高、奇，而庸、高、奇三品又可再分出「極致」，故總爲六品論。庸之極致可稱爲「時」，而「時」字爲負面評論，依趙宧光意，庸俗之字終有極限，而極限僅爲時俗，單能取媚於世俗之人不可流傳後世。而高之極致則上一層，進入「妙」。而奇又更上一層，但奇之極致卻不可知。如此，則趙宧光六品論排列爲庸、時、高、妙、奇、奇之極致。而奇之極致則較爲特別，因「不可知」，故趙宧光亦未命名。

然而，趙宧光認爲「不可知」並非無法達到，又說若要達到此境界，則需靠學習、長期鑒賞，若能定心苦學，最終仍能達到前人所未有之境界——奇之極致。趙宧光既說不可知，則知其生平並未目睹可稱爲奇之極致之書，但他仍提出此一境界，此爲較特別之事。趙宧光認爲學書之最佳典範爲晉人，晉中又大力推崇鍾、王，特別爲王羲之，趙宧光給予極高之地位。但於品第上，趙宧光並未將「奇之極至」封予鍾、王。筆者以爲，趙宧光雖遵於晉，以晉爲師，但其心中仍認爲晉人是可超越的。因此其敢言「學足以濟之，識可以該之，則超乎高妙。」苟能努力學習，定可再臻書法之境界。雖然趙宧光自始自終強調「學晉」，但其心中仍有著超越「晉人」之雄心壯志。

〔註121〕南朝梁‧庾肩吾：《書品論》，收入《法書要錄》卷二，頁43。
〔註122〕唐‧張懷瓘：《書斷》，收入《法書要錄》卷七，頁160。
〔註123〕《寒山帚談‧評鑒》。頁329。

「學足以濟之」，反之若學識不足、努力未足卻有太多心思，趙宦光評此為野狐。但觀趙宦光評等時並未有將「野狐」定入等第之意，如此，則「野狐」是否能與「庸品」為同一等第，此則可與趙宦光第二種品第並觀：

> 畫後策，豎後打，謂之能品。策如馬頭，打如鶴膝，謂之俗品。不策能藏，不打能正，藏不頹，正不銳，謂之高品。隨勢而施，無所拘礙，謂之逸品。若乃皮相飛黃、野狐骨胳者，怪妄自不能外掩，可謂低品。是以書法不道，世多蹈此，故稍及之。〔註124〕

此處又將品第分為低品、俗品、能品、高品、逸品五等，相較前述而言，此處品第標準則較為清楚。基本點畫未達，無該具之法為俗品，而能做到則稱為能品。進一層筆畫質感更佳，則進入高品，若能反璞歸真、隨勢而動，則是趙宦光所謂之逸品。而低品者，當為不具字形結構、點畫線條無法者，而其評低品又使用「野狐」一詞，可知此「低品」當與六品論之「野狐」同等。筆者試將趙宦光兩種品第方式以表格呈現：

分法　　　　等級	六品	五品
佳書	奇之極致	無
	奇	逸品
	妙	高品
	高	能品
劣書	時	俗品
	庸	
	野狐	低品

筆者以為，「庸」品仍能帶有基本之點畫、結構，故為「庸俗」，而趙宦光之「野狐」為六品之中最下，故不入品。而以「野狐」與「低品」之敘述相對照，兩者之情形相同，故將「低品」與「野狐」擺為同一等第。而若俗品直接相對應於高品則又不合，故以為俗品應與「庸」、「時」擺為同一品，之後則可依序排列。

但趙宦光之五品論中仍有不合理處。其一，趙宦光之敘述方式為「畫後

〔註124〕　《寒山帚談・評鑒》。頁329。

策，豎後打，謂之能品。策如馬頭，打如鶴膝，謂之俗品」，以「鶴膝」、歷代書論模式觀之，可知俗品之品第定在能品之下〔註125〕。按等第而言，其應先敘述俗品而後接能品，如此方不使讀者混淆。其二，趙宧光對於低品之敘述詳盡多於其他品第，又將低品之敘述擺於最後，觀之更似以低品爲重點。種種跡象觀來，趙宧光之五品論更似爲了陳述「低品」而鋪陳。

而趙宧光既訂定了兩種品第模式，其於風格評斷時理應套用此二種模式。但據筆者所觀，《寒山帚談》中僅有評論狂草時使用一次：「漢張芝、杜度不可多得，唐張旭、懷素始有流傳，楊凝式爲奇逸之品。」〔註126〕列入名單之張芝、杜度（約 76 年在世）、張旭（658～747）、懷素、楊凝式（873～954）均爲草書大家，故「奇逸之品」當爲「逸品」或「奇」，此處確爲品第模式。但此外於《寒山帚談》中未見任何品第之言，與五品論、六品論之敘述並觀共三則。如此則可思考，趙宧光之品第模式是否眞爲品第之用。

觀趙宧光五品論之敘述方式，與前提「格」之體法、「調」之鋒勢相同標準，如逸品爲「隨勢而施，無所拘礙」，此則與「以結構持心」相通。故筆者以爲此種品第論並非眞正用於品第，而爲闡述書學觀、格調論之工具〔註127〕。觀前提五品論之種種不合理處，知趙宧光之重點確擺於「低品」，而六品論之中趙宧光亦將「野狐」擺於最後。其建立此二說之目的當在於批評近人之書，也因此其評低品時言「書法不道，世多蹈此，故稍及之。」言野狐時欲加「學識不足以該濟，而但思高出人上者」。此種品第論一方面闡述趙宧光之格調論，一方面亦批評近人之書，凡符合格調者即可進入「逸品」、「奇」，而所謂「不知書」者則擺於最低等。此外，「奇之極致」亦爲一大重點，一方面鼓勵書家定心學習，以求更高境界，一方面也表明了趙宧光之雄心壯志。此種雖爲品第模式卻不爲品第用之品第論，亦是趙宧光闡述格調之一大特色。

〔註125〕 前言張懷瓘之品第方式爲神、妙、能，而能品雖爲最低下，但能入張懷瓘品第者亦非一般書家，可知「能品」仍爲俱備值得留名之書學功力。而雖未以「俗品」編入正式品第方式，但提及俗品者多爲不佳、批評之詞。

〔註126〕 《寒山帚談・今石林緒論》狂草部。頁 329。

〔註127〕 趙彥輝《趙宧光《寒山帚談》研究》中有提及趙宧光之品第模式，但其忽略「奇之極致」、「野狐」、「低品」三項，僅於其餘列爲表格，故誤以爲趙宧光之品第模式爲實際品用，此有誤。參《趙宧光《寒山帚談》研究》（吉林大學碩士學位論文，2004 年），頁 45～46。

小結

　　趙宦光雖以「調」作爲鋒勢，但因《寒山帚談》行文關係，「調」亦可涉及一切用筆之態勢變化、風格等二種指稱，其中又以調作爲「風格」爲最大宗。而趙宦光鋒勢之調則以「逸調」爲理想典型，欲達此逸調，則須避免過熟、獷野等缺失。而用筆潔淨之追求亦爲趙宦光所注重，對於潔淨之法，其則提出映帶爲「寧無不重」，此外亦須善用筆鋒、適量用墨。而排除野筆亦爲用筆潔淨之重點，此則有賴於書家取師於二王，此外，書寫速度亦須以慢爲主、以快爲輔。而趙宦光之用筆論爲帖學，尊古成爲學習用筆之唯一途徑，其也依此批評近人不知取法、不知書。對於用筆，趙宦光從執筆法提出，其雖認爲執筆須有力，但也需指間虛實並用，並非一昧執死。爲使運筆靈活，腕法則提倡懸腕。此外趙宦光從骨力問題稱字必中鋒，而中鋒之關鍵則在於執筆正。

　　風格上，趙宦光反對「善書者不鑒」一言，其認爲能鑒爲善書者之先決條件，此外善書者亦有鑒定以傳佳帖之責任。其於《寒山帚談》提出五品、六品等品第論，但目的並非實用於評等，而爲闡述其書學觀。其眞正的評鑒標準仍以「書學格調論」爲原則，凡合其「格調」者可稱爲「古人氣象」，不合者則爲時俗野狐。大抵而言，其「古人」即爲「格調」之縮影，「古人氣象」即爲「格高調古」。

第六章 《寒山帚談》「格調說」於書篆學習之運用

　　趙宧光「書學格調說」之格與調前已析論，其用筆、結構、評鑒觀亦已剖析。而《寒山帚談》除囊括趙宧光字學法度思維外，亦包羅書學相關理論。誠如黃惇《中國書法史‧元明卷》所言：「就許多具體的關於臨摹、創作、鑒賞、品評的論述來說均可看到他的獨到見解。」〔註1〕其以尊古為上的鑒賞觀、獨特的品評論均受人所矚目，但此些僅為〈格調〉、〈評鑒〉、〈法書〉等章節，對於〈力學〉、〈臨倣〉、〈用材〉等篇章反為人所忽略。事實上，《寒山帚談》每一章節無不與趙宧光之格調說有觀，如以〈力學〉、〈臨倣〉一章觀之，則知其學習論與風格、尊古有莫大關係，而此些又源自於格調。或如〈用材〉一章，雖為文房四寶之使用，但深入剖析可知其挑選原則仍不離格調二字。整體而言，《寒山帚談》每一章節均為以不同方式闡述格調爾。

　　既如此，則我們可以前提之「格調」觀《寒山帚談》其餘章節，並自此將「書學格調論」補充得更加完備。底下即以「學習方法」、「用材選取」、「篆刻論」等三個面向分點論之。

第一節　學習之方法

　　《寒山帚談》〈學力〉、〈臨倣〉二篇均在探討學習之方法，但不同的是，〈學力〉篇為強調學習之重要性，並探討對於學習之心理建設、正確觀念。

〔註1〕黃惇：《中國書分法法史‧元明卷》（南京：江蘇教育出版社，2009 年），頁430。

相較下，〈臨倣〉篇可謂〈學力〉篇之續論，著重的是臨帖方法。本節即以此二篇爲基準，輔以其他篇論述補充，藉此架構趙宦光之學習觀。底下，即分「加深基底」、「化爲我用」、「敗處爲功」三點論之：

一、加深基底

書學之基礎起於臨倣，先自古人書中得之筆法、觀念，後方可書。但趙宦光於學習前更重視學書之心理建設，其言：

> 名家書有下筆便佳者，有用意輒好，不用意即不佳者；有不用意反好，用意即不佳者，此天工人工之異也。天工是其先世之人工，人工是其後世之天工。天人交至，上也；得人無天，次也；得天無人者，見世過世俱無利益者也。〔註2〕

天工與人工之爭自古有之〔註3〕，如張懷瓘《書斷·上》云：「故得之者先於天然，次資於功用。」〔註4〕此處之天然即爲天工。按張懷瓘言，天工乃生而所得，人工爲後學而追，雖同爲可書，但天工之資乃爲人工所不及。而趙宦光則對天工有不同解釋。其言人之資質有所不同，如得之佳書有「下筆便佳」、「用意」、「不用意」三種狀態。「下筆便佳」者當爲天分所有，故此爲天工所致，而「不用意」者亦爲天工所有，故不用意反造自然。但「用意」者即爲須致力於書，此當屬人工範圍，爲後天可至。雖言天工與人工之異，但最後同可達「名家」。

趙宦光強調書家有努力之必要，歷來書家亦如此主張，如元代盛熙明《法書考》言：「翰墨之道，通於神明，故必積學累功，心手相忘。」〔註5〕積學累功爲習書之必要條件，唯有徹底求學後方能通於神明，此種觀點於歷來書論亦不斷提及。趙宦光雖強調於書家努力，但亦不否認天資影響，故其將書家分爲三等，得天得人者爲上，得人不得天者亦可有功，爲次，得天無人者則被趙宦光評爲最低等。觀其說，書家之用功一直被擺在重要地位，若不用功仍難有所成。但趙宦光亦提出「天工是其先世之人工，人工是其後世之天工。」一句，天工爲天生所有，可視作未出世前即致力於學書，但「人工是其後世之天工」則何解，此有賴於此則引言：

〔註2〕 《寒山帚談·格調》。頁311。
〔註3〕 此問題於第三章已提及，可參照第三章。
〔註4〕 唐·張懷瓘：《書斷·上》，收入於《法書要錄》卷七，頁169。
〔註5〕 元·盛熙明：《法書考》卷六，收入盧輔聖主編《中國書畫全書》第3冊，頁394。

切莫自委，自委即自棄矣。其不用意即不佳者，佳非我有也。不用
意亦佳者，胸中無有不佳之物也。無有不佳，全在識量。識量似天
而實人，人可不學乎！〔註6〕

天分爲天生所有，實難以後學而成，學之，至多能補足天分所不足，但卻難
以將「天分」學入。但趙宦光此處以「胸中佳物」解釋天分之存在，其言天
分即爲胸中「本無不佳字」，故隨意所書均得佳字。以此觀，則天分即爲胸中
佳字多寡爾。此處趙宦光將天分作爲「實」，爲胸中佳字，並非如前人之天分
虛無飄渺，既爲實，則爲後天之學可補足，故趙宦光言此種天分即爲「識量」。
此處之「識量」更近於品評眼光，即爲趙宦光之「格調」，既爲格調，則更須
依靠學習古人而成。「下筆便佳」、「不用意」者爲本有「識量」，故腕中能得
佳書，而無天工者僅爲內心無「識量」，但此「識量」卻並非不可學。故知，
趙宦光之人工勝於天工，即便生來不具有「天分」者仍可靠學而致之，換言
之，趙宦光是「人工」至上者。

趙宦光強調於人工，而人工者，當自臨倣古人起始：

臨倣法書，要明明指出何處不如古人，不妨十數改作，必肖而後已。
既能肖，必令熟；若不能肖，又不能自顯其不合處，而一時眩惑者，
則將權且放下，宜別作字，待後更臨。更臨不似，如前暫止，三四
臨摹，無有不肖矣。〔註7〕

對於臨倣，趙宦光首求於貴似，而此「貴似」則來自於眼力之高低，此與唐
代孫過庭《書譜》所言：「察之者尚精，擬之者貴似。」〔註8〕相同。於臨倣
時當先仔細觀察，將古人之字樣了然於心中而後書，此即「察之者尚精」，亦
爲趙宦光之「指出何處不如古人」。書後再層層比對，必求之於肖〔註9〕。特

〔註6〕 《寒山帚談·格調》。頁311。
〔註7〕 《寒山帚談·臨倣》。頁319。
〔註8〕 唐·孫過庭《書譜》，收入《景印文淵閣四庫全書》812 冊（台北：台灣商務
出版，1983 年），頁35。
〔註9〕 陳振濂《書法教育學》：「鑑於書法教學是一種以視覺藝術爲對象的藝術教學。
眼睛的看在整個審美活動中具有頭等重要的位置，因此整個教學程序的設計
也以『視』爲第一性。」（浙江：西泠印社，1992 年），頁69。此種視覺之直
觀教學爲學書首要，須先強調「視」之能力，而後方能進展於手。而陳振濂
亦言此種「視」之「直觀教學」以實際操作效用最大，其云：「形象本身即具
有人們審美所需要的一切……當我們努力強調王羲之書法姿媚，而這種姿媚
在歷史上曾起了相當積極的藝術作用時，學生們還是會惶惑不解。但只要把
王羲之的尺牘和《蘭亭序》（雖然他真偽莫辨）取出來給大家欣賞，再拿出如

別的是，趙宦光主張若再三臨習後仍不得似，則應暫時停止，使心慮澄靜後再繼續臨習。以實際情形而言，臨倣之瓶頸為當下盲點，若於盲點不斷徘徊則更易自陷困境。若能先臨他字，則可由他字觸類旁通，進而突破先前瓶頸，他山之石，可以攻錯。而趙宦光面對此種瓶頸之突破辦法還有一說：

> 臨倣法書，始而彷彿，不必拘泥，拘則難成而易倦。數臨不得形似，然後細閱古帖，求彼好處，求我惡處，參照相左在於何所，逐筆逐畫，依曲效直，詳細描寫，一字不似不已，一筆不似不已。〔註10〕

此處之「彷彿」，指的應為心態不該鑽牛角尖，如其說「拘則難成而易倦」，此亦為面對瓶頸之心態。但此「彷彿」亦非隨意臨摹，心態雖不該強求，但亦不該隨興。「彷彿」之目的僅為暫時性，待心慮澄靜後仍須回頭學成，因此其言「一字不似不已，一筆不似不已。」觀照其言，臨書遇瓶頸時不該過於執著，執著則破壞了書學的樂趣，亦使習者消磨耐心。而待心態調整後，則須敏銳觀察、重新比對字帖與所摹之字，再三比對，必求等而似之。此又與黃庭堅之說相近：

> 學書時時臨摹，可得形似，大要多取古帖細看，令入神，乃到妙處。
> 為用心不雜，乃是入神要路。〔註11〕

臨帖時首重於「細察」，細察後方可知其精妙，因此黃庭堅言「取古帖細看」，而其對於詳細的方法則提出「用心不雜」，此又與趙宦光「逐筆逐畫，依曲效直」之狀態接近。此種用心為上，務必於臨倣時求之相似之說為書論所通，如傳王羲之《筆勢論》：

> 若擬倣，學者要須似本，緩緩臨，時定其形勢，勿失規矩。〔註12〕

又如南宋姜夔《續書譜》：

陸機《平復帖》或漢隸諸作的古著平實風格來進行對比，並指出王羲之的精巧、洗鍊標誌著書法技巧的日趨自覺、日趨豐富——他就是發展歷史——這一結論之後，學生們只憑自己的直觀就能判斷這一看法是正確的。」頁70～71。陳振濂此處之方法為有導師帶領，而趙宦光雖無，但兩者的思想是相同的。面對於直觀視覺藝術，最好的方法就是大量的以實物比對，進而培養視覺能力。故趙宦光言「明明指出何處不如古人」，除閱讀書論外，此種功夫更不能或缺。

〔註10〕 《寒山帚談·臨倣》。頁321。

〔註11〕 摘自宋·桑世昌《蘭亭考》卷九，收入盧輔聖主編《中國書畫全書》第3冊，頁179。

〔註12〕 傳東晉·王羲之《筆勢論》，摘自宋·朱長文《墨池編》卷一，收入盧輔聖主編《中國書畫全書》第1冊，頁219。

夫臨摹之際，毫髮失眞，則神情頓異，所貴詳謹。〔註13〕

「似本」、「肖」、「眞」所指同爲臨倣須相像，先求仿之相像，後方可習爲我用。而對於臨倣之方法，黃庭堅、趙宦光等提出細察，但實際與《筆勢論》之「定其形勢」相同，而《筆勢論》所提出之「緩緩臨」更爲「始而彷彿」之關鍵。對於不能臨倣相似之弊病，則以姜夔之「神情頓異」最爲清楚，苟若不似，則字帖養分無法習得。大抵而言，趙宦光之「求彼好處，求我惡處」已道出臨帖之重要性，與歷代書論並觀，更能證明臨帖時定須細心。須將臨帖作爲學書第一事，全心求之，如趙宦光所謂字字相似方能有成。

而臨帖貴似，故趙宦光亦從「察」之層面談及：

臨摹法帖，不必字字趨步，泛覽一周，覺有得失，便握管擬作，伎癢不已，然後再閱，會心處喜不自勝。或依倣結構，或頓其波折而爲之，再四再三，不得即已，三四倣閱，妙跡自呈。〔註14〕

趙宦光於此點出了臨摹的重要觀念——讀帖，故趙宦光主張臨帖前應當泛覽於帖，進而留心於特別之處，舉凡結構、筆法、波折均是。而必定等到心領神會、自覺得失方可下筆，其稱此種狀態爲「伎癢不已」、「會心處喜不自勝」。然而並非次次心領神會後都能成功的學習，苟若於方才心領神會處臨之不似則亦不需拘泥，可再重新進行讀帖、心領神會、臨帖之動作，而此又近於黃庭堅所言：

古人學書，不盡臨摹，張古人書於壁間，觀之入神，則下筆字隨人意。〔註15〕

或董其昌《畫禪室隨筆》：

臨帖如驟遇異人，不必相其耳目、手足、頭面，而當觀其舉止、笑語、精神流露處。〔註16〕

「觀之入神」、「精神流露」與趙宦光之「會心處喜不自勝」狀態相近。讀帖除細察結構、筆法之異同外，亦要掌握氣質變化；雖需於外貌求形，但更需於精神求似。故黃庭堅言學書「不盡臨摹」，董其昌言「不必相其耳目、手足、頭面」，此皆與趙宦光「泛覽一周，覺有得失」相同，均爲自大方向觀之。而

〔註13〕 南宋・姜夔《續書譜》，收入盧輔聖主編《中國書畫全書》第 2 冊，頁 447。
〔註14〕 《寒山帚談・臨倣》。頁 321。
〔註15〕 清・卞永譽《式古堂書畫彙考》卷三，收入盧輔聖主編《中國書畫全書》第 8 冊，頁 614。
〔註16〕 明・董其昌《畫禪室隨筆》，收入盧輔聖主編《中國書畫全書》第 5 冊，頁 129。

此種強調讀帖之說，是十分有見識的，如劉小晴《中國書學技法評注》提及此段時云：「臨帖之法，不必開卷即臨，當與讀帖交替進行，讀帖可幫助理解，可增強記憶；臨帖可幫助體味，可增強腕力。讀帖讀到會心處，然後再臨，則自有事半功倍之效。」〔註17〕此種「體味」之功較難從臨習習得，因臨習時專注於字之筆畫、結構，一重於細節，反而難於精神處掌握。故須於讀帖時掌握全體面貌，會之於心再進行臨摹，如此對於臨書能有更大體會。

　　至此，可注意趙宧光之「臨習」分為二層次。一為臨習前須泛覽群帖，因讀帖可得字帖之全體面貌、精神，亦能對於臨習時有更大體會。而讀帖後則可進入第二層次——臨帖。臨帖則與讀帖不同，讀帖為掌握外形全貌、精神，故言「泛覽一周」。但臨帖則須深入細察，細細比對其中異同，故言「依曲效直，詳細描寫」。而臨帖後再與字帖相比對，觀察兩者之異同，而後再進行讀帖、臨帖，如此等而數次後必然有所得失。至此，則可將字帖之妙處收納於心，進而建立基本之「格調」，即趙宧光所謂「心有佳字」：

　　　　如是數過，字字記憶，筆筆不忘。至不用意亦不誤時，然後著念自
　　　　己筆端，自有一得意佳字在我眼中矣。〔註18〕

臨習至此地步，則初步成功，古人之結構、筆法已了然於胸，此即為心有佳字。而至此種狀態，則可補足天工之不足，進入「不用意亦佳者」之階段。因心中有古人之格調、識量，則心中無所不佳，自然「不用意亦不誤」。可知，趙宧光之人工可及天工，僅為臨帖努立與否。而此種「心有佳字」亦與孫過庭《書譜》相近：

　　　　心不厭精，手不忘熟，若運用盡於精熟，規矩闇於胸襟，自然容與
　　　　徘徊，意先筆後；瀟灑流落，翰逸神飛。〔註19〕

熟之狀態，應為創造之基本元素；能熟，方能變化，方能為我所用。孫過庭稱此種熟為「規矩闇於胸襟」、「意先筆後」，而趙宧光稱為「得意佳字在我眼中」，兩者異曲同工之妙。而此種階段，應類似匠人之熟，如趙宧光所言「不用意亦不誤」，此熟為技術之純熟。雖然，任何創造層面都基於此，手腕必先得瀟灑俐落，心中必先得懷有佳字，如此方能進入下一階段——化為我用。

〔註17〕　劉小晴：《中國書學技法評注》（上海：上海書畫出版社，1991年），頁447。

〔註18〕　《寒山帚談‧臨倣》。頁321。

〔註19〕　唐‧孫過庭《書譜》，收入《景印文淵閣四庫全書》812冊（台北：台灣商務出版，1983年），頁34。

二、化爲我用

臨帖始於相像，能臨帖，方能自古人取得格調。但將古帖臨得爛熟亦非最終目的，一爛熟，則失去格調流落於俗。故臨帖之最終目的應爲化爲我用，因此趙宦光言：

> 心手相適，古今不倍，書乃淳雅，爲我之物矣。既得則須求熟，能熟而後任意縱橫，小大損益，無所不宜，故曰得意。不循此功，而但拘拘爲之，不過書奴，則見書苦。未到此境，而莽莽爲之，遂作野狐，不知書樂。〔註20〕

「熟」爲習書之必要階段，按趙宦光言，熟而後心中能有佳字亦自有天工。但趙宦光亦非一昧求熟，其亦認爲熟而後須變，故言「熟而後任意縱橫」，此又與前提孫過庭之「瀟灑流落，翰逸神飛」相同。但既然「任意縱橫」，則知定與所臨之帖不同，此時必然涉及是否該一昧仿書之問題。前言仿者以「肖」爲貴，故無須個人巧思、心神，僅需將字形、精神牢記與心，求之相像。但趙宦光此處又言「任意縱橫，小大損益」即便如此仍無所不宜，並稱此種階段爲「得意」。而此種得意階段，則爲臨帖熟後所必然。

依其言，精熟後具二種發展情形，一爲進入創建之階段，爲得意，亦爲孫過庭所謂「翰逸神飛」。二爲進入爛熟之階段，趙宦光則稱爲「拘拘爲之」，而此種「拘拘爲之」又被評爲書奴，此則可以唐代釋亞棲《論書》解釋：

> 凡書通即變……歐變右軍體，柳變歐陽體，永禪師、褚遂良、顏眞卿、李邕、虞世南等，並得書中法，後皆自變其體，以傳後世，俱得垂名，若執法不變，縱能入石三分，亦被號爲書奴，終非自立之體。是書家之大要。〔註21〕

釋亞棲連以多位名家證明「書通即變」之道理，並言若不能變即爲書奴，此又與董其昌題言：「古人不能變體爲書奴也。」〔註22〕相通。按趙宦光與二人之理論，得帖中精神後即應求變，進入創新階段，而非一昧拘於形似。若僅

〔註20〕　《寒山帚談·臨倣》。頁321。

〔註21〕　唐·釋亞棲《論書》，摘自明·汪珂玉《珊瑚網》卷二十三上，收入盧輔聖主編《中國書畫全書》第8冊，頁224。

〔註22〕　明·董其昌題趙孟頫〈鵲華秋色圖〉，摘於清·孫岳頒《御定佩文齋書畫譜》卷八十五，收入於《景印文淵閣四庫全書》822冊（台北：台灣商務出版，1983年），頁614。

為形似，則終究難離書家陰影，亦不能為古人第二〔註23〕。而趙宦光又指「書奴」與「野狐」為同一境界，均為「不知書樂」，但若以「野狐」觀之，則知趙宦光之「書奴」實為不知書。可知，趙宦光對於臨帖後須發展出個人風格是認可的，甚至是必然如此。

基於此點，趙宦光言：

> 倣帖不是不記前人筆畫，又不得全泥前人筆畫。比量彼之同異，生發我之作用，變化隨疑，始稱善學。若鈔取故物，傭奴而已。即不失形，似屋下架屋，士君子不取。字字取裁，家家勿用，方得脫骨神丹。苟不精熟，勢必紀念舊畫，雜亂繫心，何由得流轉不窮之妙，求成就不可得也。〔註24〕

此段更清楚的點明其看法：「變化隨疑，始稱善學。」苟不能學而後生發，則成為書奴爾。但趙宦光亦非一昧求變，其變化為有所基底而非憑空而來。變化應來自於先前之博學、臨帖，經由讀帖、臨帖反復至熟稔，再將古人筆法融會貫通，進而化為我用。而此融會貫通需於先前基底扎實，基底扎實方可變化；若不扎實，則在變化時心手混亂，亦不得流轉自如，此即「勢必紀念舊畫，雜亂繫心」。又如元代郝經（1223～1275）《論書》：「熟則筆意自肆，變態自出。」〔註25〕變之基本在於熟，而熟後心無罣礙，自然心手相調、隨意而適。此處趙宦光雖推崇變，但其關鍵並非於「變」，而是「不可拘泥」。其不斷強調臨摹之功用，但又畏於臨摹過深困入泥淖，反走不出所習風格。熟稔的下階段為變化，苟不順其自然，反拘於臨摹得維妙維肖，如此反使習者故步自封。因此趙宦光言「字字取裁，家家勿用」。

熟後必變，而變亦有階段，趙宦光言：

> 臨帖作我書，盜也，非學也。參古作我書，借也，非盜也。變彼作我書，階也，非借也。融會作我書，是即師資也，非直階梯也，乃

〔註23〕 李天道《「古雅」說的美學解讀》言：「如就『古雅』之境的創構而言……不是要求『復古』，而是通古貫今，以創構新穎獨特、充滿生命活力的藝術之境。即詩文創作構斯必須融匯古今，不能不古不今，更不能習古人語言之跡，冒以為古。」收入自李天道主編《古代文論與美學研究》（北京：商務印書館，2005年），頁130。此處雖為言詩之古雅，但實則書法亦通。趙宦光對於二王推崇，但其亦非「冒以為古」，其強調的仍是融會古今進而達創新階段。

〔註24〕 《寒山帚談・臨倣》。頁318。

〔註25〕 清・倪濤：《六藝之一錄》卷二百八十，收入於《景印文淵閣四庫全書》836冊（台北：台灣商務出版，1983年），頁124。

始是學。〔註26〕

此處將臨帖分四個層次，盜、借、階、師。「盜」一層次強調於以「臨帖」作我書，若僅於「臨帖」階段，則字形、結構、筆法均停留於字帖層面，如此則與古人無異，仍爲先前所言之「書奴」。而「借」一層次則較高，以「參古」作爲臨書之標準。參古，當著重於參考之意，即以古人書爲基底，融合己意，進而形成自家之書風。此可以董其昌之言觀之，其於〈臨柳禩帖題〉云：「柳誠懸書《蘭亭》，不落右軍《蘭亭敘》筆墨蹊逕，古人有此眼目，故能名家。」〔註27〕同爲臨倣蘭亭，但柳公權（778～865）之臨倣即不同於前人，此當爲帶有個人之筆意在。兩者相而比較，則知「臨帖」、「參古」二階段之差在於是否有己意。

而「階」與「師資」以字面觀之均爲化用，是否有其差異？筆者以爲，「階」仍有部分層面仍停留於結構、外形。此亦可以董其昌之言觀：「宋蔡、蘇、黃、米書皆出於顏平原《爭坐位帖》，而各有變局，世未有學古而不變者。」〔註28〕同爲學師於顏眞卿（709～785）《爭坐位帖》，但蘇、黃、米、蔡四人之風格亦不同。書法之學習始自於臨倣，而臨倣習得養分後即該化爲我用，此時結構、筆法開始變化，不再似「借」之階段僅爲帶有個人筆意，而爲將字形融於胸中。苟若兼之博學，則此時期之字應帶有多家影子。

而「階」與「師資」之差別當於「融會」之多寡，若「階」爲帶有各家影子，則「師資」階段爲全融入個人風格，前人之形影僅能於細節觀之。此階段接近於黃庭堅：「隨人作計終後人，自成一家始逼眞。」〔註29〕臨倣之目的並非於隨人作計，而爲以古人之法爲我師，將前人之筆法、結構了然於心，進而開創出自我風格。臨倣至熟稔後定須脫去字帖樣貌，故趙宧光言：「字熟必變，熟而不變者庸俗生厭矣。」〔註30〕熟稔後經由變化爲必然，若不變化則反爲不合法。而此階段之變化已將前人之帖化爲我用，一筆一畫均心法，此時期此可以自成一家。此種階段亦可以表格呈現：

〔註26〕　《寒山帚談・臨倣》。頁 318。
〔註27〕　明・董其昌《畫禪室隨筆》，收入盧輔聖主編《中國書畫全書》第 5 冊，頁 132。
〔註28〕　裴景福編撰：《壯陶閣書畫錄》下冊（北京：學苑出版社，2006 年），頁 410。
〔註29〕　摘自明・汪珂玉《珊瑚網》卷二十四上〈黃涪翁跋蘭亭諸帖〉，收入盧輔聖主編《中國書畫全書》第 8 冊，頁 256。
〔註30〕　《寒山帚談・評鑒》。頁 332。

階段	表現
盜	臨帖作我書
借	參古作我書
階	變彼作我書
師資	融會作我書

圖 6-1 趙宦光草篆《李白七言詩絕句》〔註32〕

如此，則趙宦光臨倣之進程清楚。最初為臨帖，此時期務必求於像，先得像後方能體會古人之味；但因僅求於像，故此時並無個人意識於內，為盜。得之像後則臨帖始帶有個人風格、意識，但此僅為部分，整體觀之仍是前人影子，故言借。而到「階」之階段，則可以將各家書風融入於個人風格內，雖融合而不衝突，形成個人風格。但此時期前人影子仍未消磨殆盡，故僅能為階。而至「師資」階段則古人全為我所用，前人之技法已完全融入個人風格內，此時期之融合已達反璞歸真，始可自成一家。而書學既是藝術，則理應求個人思維、技法之表現〔註31〕，故最後之階段趙宦光稱為「融會」。此則與「臨」、「參」、「變」不同，「融會」者當無形跡可循，此亦真正作我書，亦為趙宦光之「學」。如趙宦光自創之草篆，即為其臨訪各家後奪胎換骨所成。

而「盜」之階段雖為最粗淺，但卻是不可忽略之階段，此種臨帖之熟即是自古人習得「格調」之方法。對於臨帖，趙宦光亦言：

> 字變必熟，變不由熟者妖妄取笑矣。故熟而不變，雖熟猶生，何也？非描工即寫照耳，離此疏矣。變不由熟，雖變亦庸，何也？所變者非狂醒即昏夢耳，醒來恥矣。〔註33〕

〔註31〕黃念然《中國古典文藝美學論稿》：「由此可見藝術與主體、造化與筆墨、道與藝之間，各體生命意識的突顯使中是古代藝術創作的亮點。正是強烈的生命意識使古代藝術家們認為藝術間媒介手段的限制只是一種型面下的障礙——在最大限度地敞現生命的本真性上，各種藝術在生命表現的最深層是可以異質同構的。」（桂林：廣西師範大學出版社，2010年），頁72。趙宦光以「師資」最為作後階段，而此階段之目的則不同以往，尋求的是各人的融會與表現，此種藝術之最高精神是互通的。

〔註32〕趙宦光草篆《李白七言詩絕句》。摘自故宮博物院編：《中國書蹟大觀2‧故宮博物館》（北京：文物出版社1994年），頁106。

〔註33〕《寒山帚談‧評鑒》。頁332。

可知熟與變本為一體兩面，若無熟，亦無變。而變之深淺亦來自於熟之深淺，臨帖得之越多、越深，則變之基底越穩，亦可開創更長遠之道路。故其說熟而不能變者為「雖熟猶生」，因此熟仍是「模倣」，與初學之心態無異。但又言變不由熟者為「雖變亦庸」，因其變毫無根據。而變不由熟為「醒來恥矣」，熟而不變為「離此疏矣」，兩者相較下，趙宧光仍是認為寧可「雖熟猶生」而不可「雖變亦庸」。

變與不變間一體兩面，而身處於何種階段書家自須清楚，故趙宧光言：

> 能具此念而作書，即筆筆臨摹，無妨盜比，但問初心何心耳。若中
> 道而廢，肝膽未易明白。〔註34〕

學習為循序漸進之過程，故最初只知一昧臨倣亦無不可。但習書之路定須邁開，書家心中須有成見，應知最終目標在於「師資」而非「盜」。臨倣者，當自古人良帖建立上等結構，習得良好筆法，進而得之基本。但得之基本後，仍應從臨帖中思及變化，因字熟必變。趙宧光此處注重的是習書之觀念，即便處於初臨倣之階段亦無須氣餒，僅記熟後需變，而臨倣至熟亦不可駐足不前，故言「筆筆臨摹，無妨盜比，但問初心何心耳」。故，此處可用趙宧光之說總結：

> 初臨帖時，求其逼眞，勿求美好。既得形似，但求美好，勿求逼眞。
> 〔註35〕

習書為階段性的，書家須有自覺，最終目的為自成一家。求其美好者，為去敗筆、留佳書，並導入個人想法。既是階段性，後期則不可一昧臨習，得法後而不知變法，如此終難成一家，亦與「格高調古」無緣。

三、敗處為功

臨倣當以古人佳帖為上，取其可師處師之，並以其中精神、筆法、結構為我所用，如清代周星蓮（約1868在世）《臨池管見》言：

> 初學不外臨摹。臨書得其筆意，摹書得其間架。臨摹既久，則莫如
> 多看、多悟、多商量、多變通。〔註36〕

初學之筆意、間架均由臨摹而來，臨摹為書家必經之路。而臨摹之工亦可加

〔註34〕《寒山帚談·臨倣》。頁318。
〔註35〕《寒山帚談·臨倣》。頁332。
〔註36〕清·周星蓮《臨池管見》，收入黃賓虹、鄧實編：《美術叢書·3》初集第六輯（臺北縣：藝文出版社，1975年），頁13。

深書家觀察細膩度，故言臨摹如多看、多悟〔註37〕。趙宧光亦主張臨帖，且字帖以古為尊，但其對於古帖並非一昧照臨，除熟後須變外，對於字帖是否全可師之亦有看法，其言：

> 閱名人書，須具有隻眼。不然未得其佳處，先蹈其敗筆，效顰之態，見之欲嘔，是則不如無學。〔註38〕

> 仿書知其好處固要，知其不好處尤要。敗筆人人不免，名家即不過差少過失耳。善學者取其長，不善學者兼其短。何也？無眞鑒也。〔註39〕

趙宧光雖尊古，但此段引文也反應趙宧光對於古帖仍有辯證精神。名家書固然可學，但非指名家書全無敗筆，趙宧光所謂「名家即不過差少過失耳」可謂一針見血。一者，以大幅書作觀之，稱一連數百、千字全無敗筆亦不太可能，或多或少會有些缺失，故其指出敗筆為書家之共通現象，僅為多寡耳。二者，以時期觀之，書家青少、中年、老年三時期狀況均不同，以老年觀之青少，則青少時期之作品亦可稱之「敗筆」。隨著書家之狀況不同，書作亦有所差，即便同一時期書作亦受健康、心境、工具影響。若僅以掛古人之名即通學，是為不智。

而對於習者將敗筆全然學入，趙宧光是不以為然的，故其言「見之欲嘔」、「不如無學」，可知習者於習帖時亦須明辨敗筆、佳筆，並謹慎求之。而以「固要」、「尤要」觀之，可知其認為去敗筆比留佳筆更為重要。此可以其言觀：

> 凡為道，不損則益。……書學小道，亦然。於百醜退轉，斯為不退轉。譬如人面，諸醜不靈，便是佳人〔註40〕

〔註37〕 轟振斌《稽古征今論轉化──中國藝術精神》云：「『頓悟』之法，廣泛運用於藝術創作和藝術欣賞之中，充實了中國審美批評理論。在思維方式上，中國自古就重視悟性體驗……這種思維方式發展到唐宋，由於加入了禪宗的思維方式而更加成熟起來。主要表現就是禪宗『頓悟』說的提出，從理論上加深了對悟性體驗這一思維方式的認識，並且直接將與藝術──審美聯繫起來。」（上海：錦繡文章出版社，2010年），頁68。如同轟振斌所言，周星蓮亦將「悟」運用於書論之中，而此「悟」則強調瞬間經驗的取得，進而得到更高層的視野。但此種瞬間經驗亦不容易取得，唯一之法，僅有多加思維機會，以此抬高得到「悟」的機會，也因此，周星蓮言「莫如多看」「多商量」。

〔註38〕 《寒山帚談‧評鑒》。頁329。

〔註39〕 《寒山帚談‧評鑒》。頁334。

〔註40〕 《寒山帚談‧學力》。頁315。

此處之精神不在於「留」，而在於「去」。以書作觀之，苟若通篇皆無敗筆，則可稱之爲佳書，此亦與趙宦光人面之喻相同。同理，臨倣時能將敗筆去除，則所留自然全爲佳筆，古人便在其中矣，此時亦得臨書之真味。

敗筆固然不可學，習者亦非不知，其中難處在於視得敗筆，故趙宦光言「須具有隻眼」、「真鑒」，此又回到鑒賞層面：

> 加功在讀書譜，改圖在玩法帖。至於識鑒，雖曰非人所能，然未有耽玩日久而識鑒不稍爲之開發者矣。〔註41〕

> 學者玩法書，必如是重重互案，等而上之，等而下之，無不燭照數計，始可以爲鑒賞之眞。如是賞鑒，其書必進，跡不從心者亦或有之。〔註42〕

對於鑒賞之培養，趙宦光仍強調於人工之重要。其指出書學並非一朝一夕之事，唯有深入學習、閱讀書論、觀摹法書，日積月累地眼觀心思後方可成就。而學習之要點即在於不斷比對法帖，故爲「重重互案」、「等而上，等而下」，此當立於書家之博學。此又可以明代屠隆（1543～1605）之言並觀，其言：「吾人學書，當兼收並蓄，聚古人於一堂，接丰采於几案。」〔註43〕「聚古人於一堂」點出訓練眼力之關鍵，若僅單察一帖則難有所成，此點趙、屠二人是相同的。而培養鑒賞眼光之過程必然辛苦，但其也認爲努力後必然可成，故言「未有耽玩日久而識鑒不稍爲之開發者矣」。此與先前之人工論相同，法帖閱覽達一定數量，則心中自然有佳字，帖中敗筆、佳筆更如水鑒無所遁逃。

而眼力需至何種程度方可辨識敗筆？筆者以爲「跡不從心者亦或有之」爲關鍵。依趙宦光說，眼力之程度必然高於手，須先培養鑑識，緊接著放手而追，此爲書學定理〔註44〕。若以此言，則知博覽群帖之重要性實不亞於臨

〔註41〕 《寒山帚談・學力》。頁310。
〔註42〕 《寒山帚談・評鑒》。頁335。
〔註43〕 清・倪濤：《六藝之一錄》卷二百八十，收入於《景印文淵閣四庫全書》836冊（台北：台灣商務出版，1983年），頁136。
〔註44〕 游國慶〈漢字書法本質內涵的新呈現——從漢字文化節與藝術節的活動說起〉：「自古有『眼高手低』的，不見『眼低』而能『手高』者。視野放寬，熟悉書法世界的各種書體、書風，是『眼界』；深入作品，體會出空間的疏密經營、線條的疾遲澀滑、運筆的快慢節奏以及提按翻轉，甚至更深層的感受到書者的性情與書寫時的情緒，這是『眼力』。好的書家，必然有豐富廣博的『眼界』，又有深邃敏銳的『眼力』，只可惜數位時代很容易的帶來了前者，卻令後者更遠離了我們、讓我們更忽略『眼力』的重要性！」收入林錦濤、

帖，唯有先能辨識敗筆、佳筆，方可稱之善學。而能去除敗筆後，則臨倣之
際無所罣礙，目光所及皆爲佳筆，此時即有「不損則益」之妙。

　　而能去敗筆後，趙宦光進一步提出以敗處爲功：

　　　　識得敗筆，一生不誤；敗處爲功，一生不窘。〔註45〕

　　　　十數翻摹，古人敗筆亦已不掩。能辨得失，敗筆皆我師資。〔註46〕
敗筆不可學，但反之亦可以敗筆爲鑒。觀其言，臨帖時除須以佳筆爲師外，
亦可以從敗筆處思考，思慮敗筆之成因、敗筆於通篇之影響，如此於書家更
爲有益。去敗筆留佳筆爲益，以帖中之敗筆去除自身之敗筆更爲有益，故言
「敗處爲功，一生不窘」。而此種思維亦反映在趙宦光所稱「善學書者多於敗
處爲功，始見名家脂髓」〔註47〕之上，唯有識得書家之優劣，而非一昧崇於
古人，如此方能見名家之眞實境界。

　　綜觀之，趙宦光之「敗筆論」可謂臨帖關鍵。一方面以去除敗筆得「不
損則益」之妙，一方面又以敗筆爲借鏡，爲「敗處爲功」。而此種同時留意於
敗筆、佳筆，並認爲二者均可爲師之思考方式是較爲特別的，亦突顯出「敗
筆論」之見識。

第二節　用材之選取

　　《寒山帚談》〈用材〉爲趙宦光對於文房工具挑選之看法，其提要云：「用
材，論筆墨硯紙及運用法也。」〔註48〕以實際而言，此篇之內容確多爲探討
筆、墨、紙、硯之挑選。但若深入細察，則知趙宦光之挑選標準仍不離於格
調。底下以「擇」與「不擇」、「紙惡大病」、「興到論」三點分點論之。

一、「擇」與「不擇」——筆

　　趙宦光對於筆之挑選可分二層面，一方面趙宦光主張書必軟毫，若無軟

　　　　劉素眞主編：《2011 漢字藝術節：兩岸當代書法學術研討會論文集》（新北：
　　　　國立台灣藝術大學，2011 年），頁 242。此處雖言現代之情形，但亦證明「眼
　　　　高手低」爲自古學書之必然現象，亦爲正確現象。
〔註45〕　《寒山帚談・了義》。頁 342。
〔註46〕　《寒山帚談・臨倣》。頁 321。
〔註47〕　《寒山帚談・臨倣》。頁 320。
〔註48〕　明・趙宦光：《寒山帚談》，收入崔爾平選編點校《明清書論集》上冊（上海：
　　　　上海辭書出版社，2011 年），頁 289。

毫（羊毫）則不得書，但另方面，趙宧光又主張書不擇筆。此種矛盾思維，
則須分二層面探討之：

（一）書必軟毫

對於筆之挑選，趙宧光主張書必軟毫，其言：

> 造筆合法，全在軟毫，固柔而不弱，能大能小，且能經久。法書碑
> 帖可想見矣。〔註49〕

趙宧光稱以羊毫造筆為合法，並大力推崇羊毫之使用。以筆性觀之，羊毫因
柔軟故筆鋒受壓程度亦較大，故能大能小；而因筆毛柔軟，使用時亦不容易
損毀，亦較硬毫耐用。但句末其又言「法書碑帖可想見矣」則為個人臆測偏
多，依其言，則古人全用羊毫。此種猜想亦有一則：

> 強紙用弱筆，弱筆用強紙。而說並後世人語也。案前人帖，初無強
> 筆，所謂惡筆乃敗筆耳。亦無弱紙，紙之疏弱皆後世俗工所為。宋
> 以上無此法，況晉、唐乎！〔註50〕

「強紙用弱筆，弱筆用強紙」一語當來自於傳東晉王羲之《筆勢圖》，其言：
「虛紙用強筆，若書強紙用弱筆，強弱不等則蹉跌不入。」〔註51〕以虛與實
相對應，強筆所指當為硬毫筆，而弱筆則為軟毫筆。若以紙言，則虛紙為吸
水之生宣，為趙宧光之弱紙；而強紙為不吸水之熟宣，為趙宧光之強紙。而
古人則以為強弱須互相對應，使用不吸水之生宣時須以軟毫緩書，而使用吸
水之熟宣時則應以硬毫書之。此處傳王羲之《書論》收錄於《墨藪》，而《墨
藪》為唐代韋續所作，雖然韋續生卒年不詳，但至少確定成書於唐。以此觀，
則知至少於唐以前就已有「虛紙」、「強紙」、「弱筆」、「強筆」等四種稱呼。
既有稱呼及用法，亦可轉證唐以前即有此四物存在。此外，明代潘之淙（1627
在世）《書法離鉤》亦言：

> 右軍云：紙剛用軟筆，紙柔用硬筆，純剛如錐畫石，純柔如泥洗泥。
> 〔註52〕

〔註49〕　《寒山帚談・用材》。頁325。
〔註50〕　《寒山帚談・用材》。頁327。
〔註51〕　傳東晉・王羲之《筆勢圖》，摘自唐・韋續《墨藪》卷二，收入收入盧輔聖主
　　　　編《中國書畫全書》第1冊，頁22。
〔註52〕　明・潘之淙《書法離鉤》卷六，收入盧輔聖主編《中國書畫全書》第6冊，
　　　　頁75。

以「錐畫石」、「泥洗泥」為喻，更能表現硬筆、軟筆、硬紙、軟紙四物之交疊使用。另方面，此譬喻之精準應非猜想，如此亦可證硬筆、軟紙於晉時即有。

　　而硬毫筆之使用於歷代書論亦有其他記載，如唐代白居易〈紫毫筆樂府詞〉：

　　　　紫毫筆，尖如錐兮利如刀。江南石上有老兔，喫竹飲泉生紫毫。宣城工人採為筆，千萬毛中擇一毫。……管勒工名充歲貢，君兮臣兮勿輕用。〔註53〕

　　又如傳東晉衛夫人《筆陣圖》：

　　　　筆要取崇山絕仞中兔毛，八九月收之，其筆頭長一寸，管長五寸，鋒齊腰強者。〔註54〕

據筆陣圖之描述，魏晉時硬毫技術已有一定水準，其對於兔毫之習性瞭若指掌，以至於採收月份、筆鋒適合長度均有記載。又觀白居易所言，唐時兔毫之使用更為發達；又以「充歲貢」觀，則知兔毫之發展已近完備，以至於能作為進貢之文房用具。種種文獻觀之，則知趙宧光對於「宋以上無此法，況晉、唐乎！」一言為猜想成分居大。

圖 6-2　趙宧光《篆書四箴》〔註56〕

〔註53〕 摘自宋・朱長文《墨池編》卷十九，收入盧輔聖主編《中國書畫全書》第 1冊，頁 367。

〔註54〕 傳東晉・衛夫人《筆陣圖》，收入《法書要錄》卷一，頁 4。

〔註56〕 趙宧光《篆書四箴》局部。摘自中國古代書畫鑒定組編：《中國古代書畫圖目

　　而此種猜想，當與趙宦光之喜好相關，其曾言：「作篆時每闕此筆，頗覺不便。」〔註55〕以篆書之用筆觀之，使用羊毫爲較適當之工具，因羊毫柔軟度高，對於篆書起筆、收筆回鋒均能適當處理。另方面，羊毫之彈性不似硬毫，且含墨量高，此亦使羊毫於連續圓轉之點畫表現較硬毫好。而趙宦光以篆書聞名，特別又以草篆傳世，對於羊毫之偏好自然於情理之中。如其草篆《篆書四箴》，其中大量飛白、濃淡、粗細變化，若用硬毫筆則難以表現。趙宦光偏好於羊毫爲書體之取材，但其將對羊毫之愛好投射與「古人」則爲較特別之事：

　　　　做晉、漢以上書，不特今時強筆勿用，必資軟毫柔穎而後可。〔註57〕
此處之情形與先前第五章所言「古人氣象」相同，凡與「格調」相合者，趙宦光均稱爲古人之法，而此「格調」即爲趙宦光之書學理論。趙宦光對於羊毫之崇尚是無庸置疑的，而其亦將此種對於羊毫之崇尚轉嫁至「古人」，以至於言「做晉、漢以上書，不特今時強筆勿用」，並稱此爲合法。而是否「今時」全爲強筆？則又不然，在歐陽中石等所著之《書法與中國文化》言：「宋元以來以硬毫爲主，軟毫爲輔的局面，隨著廣大書畫家對軟毫筆的需求加大以及明代製筆業的發展，至明清以來則變爲軟毫筆大勝。」〔註58〕趙宦光爲明末人，則至少趙宦光所處之時代已爲羊毫大盛。觀趙宦光此處之說仍以「古」、「今」相對，古人必合法，今人必俗書。又趙宦光對於羊毫偏好，進而推想古人書必羊毫，此亦爲不合其「格調」即爲不合法、不合「古人」之例。

　　此外，趙宦光亦試著以器具之性質解釋羊毫合法，爲求瀏覽方便，筆者試以表格呈現：

筆毫	用法	結果
弱毫	重墨輕用	佳書
	輕墨重用	書惡
	輕墨輕用	書纖
	重墨重用	書俗

　　　　冊 15》（北京：文物出版社，1997 年），頁 116。
〔註55〕《寒山帚談・用材》。頁 325。
〔註57〕《寒山帚談・用材》。頁 327。
〔註58〕歐陽中石等著：《書法與中國文化》（北京：人民出版社，2000 年），頁 478。

	輕墨輕用	不腴
強筆	重墨輕用	不潤
	輕墨重用	獷而離
	重墨重用	粗而俗〔註59〕

以表格呈現，則知筆毫二種、墨法二種、用法二種共有八種結論。對於墨之挑選，趙宦光主張以烏爲主〔註60〕，故輕墨可排除，而沾墨則需沾滿，前亦言及。而以用而言，則與用筆之「調」所要求「鋒勢」有關，壓至筆根之重用定不合法。既然輕墨、重用均不得佳書，可知佳書之標準必存於重墨輕用中，如此，則剩二種情形。相較於羊毫重墨輕用下，硬毫之用筆則較顯森森楚楚，故趙宦光言「不潤」。反之以羊毫重墨輕用，則可使墨色明顯，同時亦具有水分之潤感，故言得佳書。實質上，書法之表現性千變萬化，而此又與材料之挑選有莫大關係，並非僅有羊毫重墨輕用方可。此處之理論，可視爲趙宦光對於合「格調」之看法，其亦以此理論作爲古人必選羊毫之根據。

　　整體觀之，言古人書必羊毫是難以成立的。但可確定的是，趙宦光以自己的喜好、書學格調稱羊毫爲佳筆，又以此種格調說做爲古人必然如此，進而推衍「宋以上無此法，況晉、唐乎！」一言，雖然正確性有待加強，卻也反映了其「格調論」即爲其口中「古法」，此爲需注意之事。

（二）書不擇筆

　　雖然趙宦光對於筆之挑選主張羊毫，但其亦並非羊毫不可，其言：

　　　昔人言能書不則筆，有旨哉！擇筆而書，筆也，非書也，雅士不爲。
　　　　〔註61〕

相較於先前提出「書必羊毫」一說，此處則與先前全然不同，趙宦光認爲能

〔註59〕　《寒山帚談·用材》。頁327。原文爲：「弱毫重墨輕用得佳書，輕墨重用其書惡，輕墨輕用其書纖，重墨重用其書俗。強筆輕墨輕用則不腴，重墨輕用則不潤，輕墨重用則獷而離，重墨重用則粗而俗，四者無一可也。是以古人必須弱毫。」

〔註60〕　趙宦光於《寒山帚談·用材》言：「墨須如漆」，頁327。又，其於〈毛生百厄疏〉中將「灰墨」擺於第八（《寒山帚談·用材》），頁326。以此二條觀之，可知趙宦光對於墨之烏黑是講究的。此外，其亦於《寒山帚談·用材》言：「古人晨起作墨。及用墨時，墨稍過，字便醜，有餘墨而不用，乃得佳書。」頁326。以「墨稍過」便丟棄觀之，亦可知趙宦光對於墨極爲要求。

〔註61〕　《寒山帚談·用材》。頁323。

書者不擇筆，以至於說擇筆者爲「雅士不爲」。但觀前言，趙宧光自各方面提出書必羊毫，並以合法、合古人、重墨輕用等各種層面倡導，如此則自相矛盾。此處，當以此觀之：

> 偏才擅場，如眞、楷、篆、隸不能兼善者無論已。即器用亦復如是，
> 有善用敗帚者，有必須佳毫者。毫之剛柔人各異取，苟所遭相左，
> 即所造殊功。此無他，心守權耳！能權之士無所不宜，權正兼濟，
> 斯稱大方。〔註62〕

此處趙宧光試以「能權」解釋「書不擇筆」，又可以兩方面觀之。以五體而言，書家應爲五體均善，苟若一體不善則難稱大家，而擇筆亦同。此處趙宧光將擇筆層面抬高，不以羊毫、硬毫爲比較，而改以「敗帚」、「佳毫」爲比較。相較於前者爲毛料不同以至於表現不同，後者之差異更爲相去甚遠，此亦從使用習慣抬高到技術層面。相較下，能「善用敗帚」方爲書家，此爲第一方面。第二，趙宧光此處對於硬毫、軟毫之要求亦降低，僅言「人各異取」，並無批評硬毫之意。其舉此例，僅爲「苟所遭相左，即所造殊功」一句，目的仍在「能權之士無所不宜」。

　　「心守權」可說爲趙宧光「書不擇筆」之關鍵，其認爲眞正能書者當無所不宜，不因筆而書，而此種思維又可與底下二說並觀。南宋劉子翬（1101～1147）《屏山集》：

> 善將不擇兵，善書不擇筆，顧所用如何耳。〔註63〕

　　北宋陳師道（1053～1101）《後山集》：

> 善書不擇紙筆，妙在心手不在物也。〔註64〕

「善書不擇筆」爲此思想之核心，依劉子翬、陳師道之言，手中之筆應爲書家所制，苟若因筆而書則爲不知書，故言「顧所用如何」，又言「妙在心手不在物也」。而此種典範又可以歐陽詢爲例，北宋蘇易簡（958～996）《文房四譜》云：「歐陽詢書不擇紙筆，皆能如意。」〔註65〕此種「皆能如意」亦爲不擇筆所要求。觀趙宧光與劉、陳二人之言均同，書寫時應能隨時而制筆，不爲筆所制。

〔註62〕　《寒山帚談‧用材》。頁 323。

〔註63〕　宋‧劉子翬：《屏山集》卷六（台北：台灣商務出版社，1986 年），頁 6

〔註64〕　宋‧陳師道：《後山集》卷十八（台北：中華書局，1971 年），頁 6。

〔註65〕　宋‧蘇易簡：《文房四譜》卷一，收入於《景印文淵閣四庫全書》843 冊（台北：台灣商務出版，1983 年），頁 13。

　　而筆者以爲，趙宧光之「心守權」所指應爲將筆之特性發揮至極限，如其言：「筆銳宜法方，筆穎宜法圓。」〔註66〕以此句觀之，可知趙宧光之「心守權」即爲掌握筆毛之特性，進而發揮筆毛特點。又，趙宧光言銳對方、穎對圓，此則可以南姜夔《續書譜》觀之：

　　　　轉折者，方圓之法，眞用多折，草用多轉。折欲少駐，駐則有力，

　　　　轉不欲滯，滯則不遒〔註67〕

　　　　方圓者，眞草之體用，眞貴方，草貴圓。〔註68〕

依姜夔所言，方者當爲折法，如楷書之轉角即多用方法，反之圓者當爲轉法，如草書之轉角即是。而楷書轉角時貴在於有力、字口鮮明，此則需使用筆鋒，故趙宧光言「筆銳宜法方」。相較於楷書之轉角字口鮮明有力，草書之轉角則較爲圓轉，故對於筆鋒之要求較低，因此言「筆穎宜法圓」。據此，則知趙宧光「不擇筆」要求的是應筆而運，敗筆有敗筆之功用，佳筆有佳筆之功用，一切端看書家而使，故曰此爲「心守權」。而基於此情形，其言：

　　　　用草書筆做楷，具眼者不昧；以眞書筆做草，能者亦乖。俗人反是

　　　　者，其中無主，聽令於筆耳！聽令於筆，尚可謂之書乎？〔註69〕

與前並觀，草書筆所指爲筆穎，而楷書筆爲筆銳。而不論以「草書筆做楷」，或以「眞書筆做草」均爲不合筆之特性，故趙宧光不喜。而其後批評俗人「聽令於筆」，即在批評俗人不知發揮筆之特性。可知趙宧光之不擇筆並非隨意執筆而書，而爲在有限條件下發揮筆之特性。其不強求以無筆鋒之筆寫出筆鋒，而爲要求以筆之特性爲用。具筆鋒者一種寫法，不具筆鋒者一種寫法，隨時而變，因時而制。

　　既不擇筆，何以趙宧光又要求「書必羊毫」，筆者以爲此有以下原因。一者，趙宧光之「不擇筆」爲最低限制，爲無所挑選之情形，故必須因材而用。但於可挑選時，其仍主張以羊毫爲用，此爲可選擇與不可選擇之情形。二者，趙宧光對於羊毫乃言「古人之法」，而此種古人本有與今時相對之意義，其強調羊毫，具有反對今時用材之意，亦可視作趙宧光之「尊古賤今」〔註70〕。

〔註66〕　《寒山帚談・用材》。頁323。
〔註67〕　南宋・姜夔《續書譜》，收入盧輔聖主編《中國書畫全書》第2冊，頁445。
〔註68〕　南宋・姜夔《續書譜》，收入盧輔聖主編《中國書畫全書》第2冊，頁448。
〔註69〕　《寒山帚談・用材》。頁326。
〔註70〕　事實上，趙宧光對於羊毫之尊崇仍有另一原因，即「興到」，此於第三小節會再提及。

綜合以上，可知趙宧光對於筆之擇取彈性較大：無筆可選時需「心守權」，能適時而用，而有筆可選時定選羊毫，如此方合古法。

二、紙惡大病——「強紙」、「弱紙」

　　相較於「書不擇筆」，趙宧光對於紙則有絕對要求：

　　　　學書不需佳筆，須佳紙，用惡筆使後不擇筆，用佳紙使後不懾。〔註71〕

此處「用惡筆使後不擇筆」亦可反應趙宧光「不擇筆」之思想，使用惡筆，有助於書家學力長進。但相對於「惡筆」仍能有正面看法，趙宧光對紙則提出絕對之要求。其言用佳紙能使書家不懾，而「懾」一字當自此觀之：

　　　　擇筆則事皮肉而忘其骨，紙疏則墨捉不堪留筆，即有善思無從自見，

　　　　即有醜態無從自考。余故曰：筆欠佳不妨，紙惡大病。〔註72〕

不擇筆之關鍵即在於書家能根據筆之特性運行，進而使佳筆、劣筆爲我所用，但紙之情形則與筆不同。對上劣筆，書家可根據筆鋒、筆毛擇定五體，並配合手腕運行，藉以達到預想之書風，苟若對上劣紙，則紙之特性難以靠技法改變。而自「紙疏」、「墨捉」、「不堪留筆」三點觀知，可知此處劣紙所指爲吸水之生宣，即爲趙宧光所言之「弱紙」。其反對「弱紙」之因在於生宣吸水性高，以至於筆鋒無法久留，一久留則墨色大幅暈染，故其言「有善思無從自見」、「有醜態無從自考」〔註73〕。若以此角度解釋，可推斷趙宧光前言之「懾」具有恐懼之意涵，書家須先得自見好壞，心神方能踏實，進而落筆不懾。

　　而此處亦從學習角度比較「劣筆」、「劣紙」。其言劣筆有助於學，苟能操控劣筆，則手持佳筆更爲如魚得水。但劣紙於最初即使書家無法自見，此外

〔註71〕 《寒山帚談・用材》。頁 323。
〔註72〕 《寒山帚談・用材》。頁 324。
〔註73〕 邱振中《書法藝術與鑑賞》：「由於宣紙（以及其他易於滲化的紙張）的特殊性能，由於水、墨對紙張變化無窮的滲化效果，更由於毛筆筆毫部分與紙相觸時可能產生的無限變化，使書法線條對運動具有極爲敏銳的感應能力，就是說，運動能很好地保存在線條中。這種特點，造成了書寫時線條的種種微妙區別。可以想見，這培養了人們對線條細微區別的分辨能力和感受能力，促使人們去體會線條一切細微差別所帶來的不同的心理效應，而書法藝術的發展，筆法技巧的變化，正是在一心理背景上展開的。」（台北：亞太圖書出版，1995 年），頁 4。以此觀，則知趙宧光「無從自見」並非須言。紙張對於點畫線條的影響力極大，此種墨色暈染會影響到書家對於筆毫靈敏度之建立，此亦涉及到書家分辨能力和感受能力的培養，而趙宧光對於紙的要求正是建立於此。

「不堪留筆」亦是一大弊病，此於前言書學須慢相違背，故趙宧光對於紙材之要求遠高於紙。因此其言：

> 墨須如漆，紙須如皮，研須如盂，……一物不稱，終作時俗之書而已。〔註74〕

墨之要求在於烏，而硯則須挑選凹硯〔註75〕，紙則須「如皮」。而如皮者，當指光滑不吸水之熟宣，明代屠隆《紙箋》云：「洒金紙：有白箋，堅厚如板，兩面研光，如玉潔白；有印金五色花箋；有瓷青紙，如段素，堅韌可寶。近日吳中無紋洒金紙爲佳。」〔註76〕由「如玉潔白」、「堅厚如板」可知明代製紙技術已發達，已能使用研光技術使紙質緊密，亦可推斷熟宣之製造技術已達極高水平。而其中亦提到吳中「無紋洒金紙」爲熟紙中佳者，趙宧光同爲吳中地區書畫家，以此觀「紙須如皮」一言，則知其的確具有挑選資格。而

〔註74〕《寒山帚談・用材》。頁327。

〔註75〕趙宧光《寒山帚談・用材》言：「晉、漢已往硯用鳳池，唐宋而下翻作峻阪，甚至鏊心，遂令筆鋒帶扁，或歧而二三者有之，書生不覺其病，故字皆側鋒，及乎閣筆重書，歸罪於筆。」頁326。此部分趙宧光將字之側鋒怪罪於硯臺，並又出現不合古法之例，欲解此，當自鳳池、峻阪、鏊心三種硯觀起。南宋・高似孫（1158～1231）《硯箋》〈歙硯說〉言：「右軍端樣外方，內峻阪。墨下入水中，不費研磨。」（上海：上海古籍出版社，1985年），頁323。宋・米芾《畫史》言：「晉唐皆鳳池研，中心如瓦凹，故曰：『研瓦』，如以一花頭瓦安三足爾。墨稱螺，制必如蛤粉。此又明用凹硯也。一援筆因凹勢鋒已圓，書畫安得不圓。本朝硯始心平如砥，一援筆則褊，故字亦褊。唐詢字彥猷始作鏊心凸研，云：『宜看墨色。每援筆即三角，字安得圓哉。』」收入盧輔聖主編《中國書畫全書》第2冊，頁262。峻阪硯，應爲外方但內部爲斜之硯：而鳳池硯，則中間凹下如瓦，又稱硯瓦；鏊心硯，則是硯心突起。米氏說法中，最佳者爲鳳池硯，因中心凹下，故在順筆時可輕易將筆鋒用圓、筆尖調尖。而硯心若是平的、斜的、凸的，則不易將筆鋒調圓，容易成平的或三角。趙宧光在此繼承了前人之說，其認爲因工具選取本身即有問題，因此筆鋒無法調正，所作之字容易偏鋒。而此種論點趙宧光於《寒山帚談・用材》還有一段論述佐證：「鳳池墨阿，飲筆不及阿底而墨自足。峻阪鋒石，半著鏊心。則二器全相把取，烏得不扁且歧乎？」，頁328。以實際情形觀之，凹圓底之硯臺的確便於舐筆，亦可使筆鋒之含墨量足夠，故趙宧光稱「研須如盂」亦非空穴來風。此外，沈尹默於《論書叢稿》亦云：「唐以前的硯台都是中凹，像瓦頭一樣，所以前人把硯台又叫作硯瓦。這種硯式，是和墨的應用有關係的。」（台北：華嚴出版社，1997年），頁50。此則可證明趙宧光言「晉、漢已往硯用鳳池」並非爲虛，且亦證明此種硯之產生、運用是有緣故的。

〔註76〕明・屠隆：《考槃餘事・紙箋》，收入《續修四庫全書》1185冊（上海：上海古籍出版社，2002年），頁358。

趙宧光對於熟紙推崇，但其亦言若不能挑選適當工具則爲俗書，此當自前述「有醜態無從自考」觀之：

> 常戲之語曰：靠筆成畫恰似描樣，靠墨成形何如塑像。兩意似殊，
>
> 總之一致。〔註77〕

觀趙宧光對於「醜態」之癥結在於「靠墨成形」，而拙筆之所以能掩又因爲墨暈，此則於紙有關。趙宧光挑選佳紙之目的在於善思自見、醜態自考，故須字字清晰，點畫分明，苟若使用生宣則墨色大幅暈染，對於習書進步則有礙。觀趙宧光之書學格調論，其「筆法之調」中強調書風潔淨，而此又可涉及古人氣象、風格，可知其對於墨色暈染極爲排斥。而此種排斥，亦使趙宧光對於紙質有所挑選，苟欲得之潔淨書風，則先須挑選熟紙。於書學有害爲一因，然而，趙宧光亦指出此種生宣墨色並非「無意」，故其言「靠墨成形」。而此「靠墨成形」當與晚明書風有關〔註78〕，明以前，傳統書法以冊頁、手卷之形式書寫爲主，而手卷之上下空間有限，因此以小字爲主，至大亦不過至二、三字。而其中雖偶有以一大字佔一行者，但仍爲局部技法表現而非全局。在此種條件下，書寫當以精緻、潔淨爲主，因此相對於明後墨色變化較少。但於明後，楹聯、調幅、中堂等各式直立紙材出現，因此書寫亦有了變化。對於大幅的作品，其表現更強調氣勢奔騰、宏觀，故不再以精緻、潔淨爲追求，改以奔放、張揚之筆法表現行雲流水之氣勢，此種情形下墨色之使用必然有所變化。特別晚明書作可至八尺、丈二〔註79〕，如此大幅作品若將字形縮小、無墨色變化，必定於視覺上佔劣勢。故此時不但於形體結構有變，亦於墨色之乾溼濃淡有了更繁複的要求。

此種環境中，書作之多元化有了大幅提升。但相對於此，較爲精細之書

〔註77〕 《寒山帚談‧用材》。頁 328。

〔註78〕 陳維德〈從晚明浪漫書風看書藝的發展〉：「及至明朝，由於紙絹等製作的進步，以及楹聯之盛行，使書寫之形式，由橫向之推展，進而擴展到以直立之形式，由上一氣直下地傾注奔騰。……因爲立軸的寬度既可以自由調節，而其縱深更可隨心所欲地延展，足以因應書法家縱情地揮灑。無論是線條的變化，大小形體的參差錯落、墨趣的操控、氣勢的呈現，以及幅面的整體經營，都需更多的技巧。」，收入華人德主編：《明清書法史國際學術研討會論文集》（上海：上海古籍出版社，2008 年），頁 235。隨著作品形式改變，書家表現技法亦須隨之改變，此也使晚明書風走向更爲狂放浪漫一途。

〔註79〕 黃惇《中國書法史‧元明卷》：「在這股變革潮流中，對傳統的書法形式有了重大的突破，八尺到丈二的作品在這些書家手中如雲煙變幻，如飛瀑傾瀉，氣勢之大，史無前例。」（南京：江蘇教育出版社，2011 年），頁 336。

作必遭淘汰，而此亦為趙宧光惋惜之事。而此種風氣，亦可從王世貞《弇州山人書畫跋・三吳楷法二十四冊》觀之：

> 南安多狂草，吾吳人又不好收之，今此小行雜楷法，幾於優缽曇花〔註80〕

南安於今日之福建地區，與吳中同屬南方。而自王世貞之敘述，可知當時確實有狂草作品盛行，時人亦收藏此類書風。但相較於狂草一路，小行楷則不甚流行，甚至王世貞以「優缽曇花」〔註81〕形容，可知書風於時一變。而趙宧光對於此種書風不喜，其言：

> 後世以筆鋒掩書，以自俗謬。至於近代，又將以墨汁掩筆，大可怪也。古人未使無之，此偶然落筆，濃淡失所，謂不傷於書可耳。若遮此醜態，法果如是乎？譬之殘印章、爛畫片、折足鼎、闕池硯，妙處不再在破而在全，去其妙處，獨取殘闕，適者噴飯。〔註82〕

相較於「筆鋒掩書」，趙宧光對於「墨汁掩筆」更不以為然，此與其「筆法之調」中要求之「潔淨」亦有關聯。但此處可注意，趙宧光對於墨色暈染並非完全反對，其反對的是「刻意」的墨色暈染。其以破損之印、殘缺之畫片、缺足之鼎、破口之硯為例。此些古物歷經年代風雨，於部分已有破損、斑斕，以至於帶有古意存在，但此些古意源於殘存之部分，而非破損之部分。以破損之漢印觀之，或許邊欄斑駁、印面殘缺，但因其殘缺後仍能辨識方有歷史遺留之美。苟若印面鑿之過半、全損，則徒留遺憾。

殘印如此，書法亦如此。趙宧光對於墨色全然掩蓋字面不喜，一來於字面模糊不清，二來於筆鋒落處亦無從所見，故其言「去其妙處，獨取殘闕」。種種原因使趙宧光對於佳紙情有獨鍾，亦認為作佳書定須佳紙：

> 紙有三品之異，量才施用。一古佳紙，如宋經箋、高麗繭之類；二宣德紙、涇縣古箋之類；三則滿世疏漏惡札是也。上紙須用古作法，中紙隨亦皆可，下非飛白、稿草不能就其獷劣也。〔註83〕

〔註80〕 明・王世貞：《弇州山人書畫跋・三吳楷法二十四冊》，見崔爾平編：《歷代書法論文選續編》（上海：上海書畫出版社，1993年），頁394。

〔註81〕 唐・李延壽撰：《南史》，楊家駱主編：《新校本南史》卷七十九：「國中有優缽曇花，鮮華可愛。」（台北：鼎文書局，1976年），頁1986。優缽曇花或作優缽曇，具有曇花一現之意，可喻為極為珍寶。

〔註82〕 《寒山帚談・評鑒》。頁330。

〔註83〕 《寒山帚談・用材》。頁327。

筆者以爲，「量才施用」爲其中關鍵。推其想法，佳書定須有佳紙表現，苟若無佳紙，則至多能作中下等書。此處又可分三處觀之。首先爲「古佳紙」，明代文震亨（1585～1645）《長物誌》：「引首須用宋經箋、白宋箋，及宋、元金花箋，或高麗繭紙、日本畫紙俱可。」〔註84〕引首爲題字所用〔註85〕，故引首之紙質必須質地細密，如此方可使字跡表現清楚，觀之正式。而趙宧光稱此種宋經箋、高麗繭爲上古佳紙，因質地細密可以表現筆鋒之運動，適合書寫潔淨一路書風，故其言「上紙須用古作法」。相較於質地最爲緊密的「古佳紙」，宣德、涇縣則次一層。文震亨《長物誌》言：「涇縣連四最佳」〔註86〕清代鄒炳泰（1741～1820）《午風堂叢談》：「宣紙至薄能堅，至厚能膩，箋色古光，文藻精細……邊有『宣德五年造素馨紙』印。白箋堅厚如板，面面硏光如玉。」〔註87〕涇縣以造紙聞名，而宣德五年之宣德紙更爲佼佼者，若以資料觀，可知此二種紙均爲上等之紙。但趙宧光於評等時，僅將此二種紙列入中等，並言「隨亦皆可」，此帶有較爲隨興之意，由此亦可推測，趙宧光認爲即便習書也應使用佳紙。相較於上述二種，最後之「疏漏惡札」趙宧光並未言明爲何，僅言「滿世」，其中亦帶有批評之意。其又說此種惡紙僅能供草書使用，亦反應其理想之「佳書」須有佳紙爲伴。

　　總言之，趙宧光擇取佳紙，一方面爲了使字跡清楚，達到潔淨書風，二方面也可視作對於當世書風之不滿。若欲合其「古人氣象」，仍須使用質地緊密之佳紙。

三、興到作書

　　觀趙宧光對於用材之挑選，除了符合其書學之格調說外，其中亦包含「興到」之層面。其於《寒山帚談·小引》言：

〔註84〕　明·文震亨《長物志》卷五，收入於《景印文淵閣四庫全書》872 冊（台北：台灣商務出版，1983 年），頁 55。

〔註85〕　歐陽中石等著《書法與中國文化》：「明代卷軸畫心前增加『引首』，用絹鑲上下邊是最大的特點。引首，或稱之爲『迎首』，是指卷軸天頭後、畫心隔水前用於題字的部位。」（北京：人民出版社，2000 年），頁 473。此種引首爲作品首先入眼之處，紙材亦特別挑選，故文震亨所舉之紙皆爲佳紙。

〔註86〕　明·文震亨《長物志》卷七，收入於《景印文淵閣四庫全書》872 冊（台北：台灣商務出版，1983 年），頁 73。

〔註87〕　清·鄒炳泰《午風堂叢談》卷八，收入《續修四庫全書》1462 冊（上海：上海古籍出版社，2002 年），頁 15。

興到作書，乃述書第一義。〔註88〕

《寒山帚談·小引》為趙宧光替《寒山帚談》所作之引言，以作為書前之引，又為作者本身所作，可知其重要性不斐，而既稱「述書第一義」，則知「興到」為作書之先決條件。而此「興到」是否為狀態，則可以崔爾平選編點校《明清書論集》解釋：

> （趙宧光）同時他又主張作書要「興到」，只有「一時興到」纔能得佳書。所以他認為「興到作書，乃述書第一義」。趙氏之「興到」說，實即今人藝術創作中所謂之「靈感」。〔註89〕

崔爾平以「靈感」解釋興到能說通，書家須先具備一定靈感而後動筆，如此方能得之佳書，但此種「靈感」自何而來則成為了關鍵。此則可先觀下述引言：

> 古有以白堊帚作字，一時興到，遂得佳書。及以善豪楮墨更作，翻去之遠矣。〔註90〕

此處「白堊帚」之典故當來自於蔡邕：

> 按漢靈帝熹平年，詔蔡邕作《聖皇篇》，篇成，詣鴻都門上。時方修飾鴻都門，伯喈待詔門下，見役人以堊帚成字，心有悅焉，歸而為飛白之書。〔註91〕

蔡邕所創之飛白書乃於無心，為其見匠人刷壁心有所得，故能創飛白書，此即崔爾平所謂之「靈感」。而趙宧光以此為例，亦可知其「興到」確實即為「靈感」。而趙宧光認為此種靈感為創作時之先決條件，故言「一時興到，遂得佳書」。特別的是，其又言「及以善豪楮墨更作，翻去之遠矣。」筆者以為，此句可分二層面觀之。其一，創作時若得佳質之文房四寶，配合偶得之靈感，如此則可使書作更富有價值。其二，佳質之文房四寶可助於書家之「興」。

於第一點，配合優良之文房四寶確實可使書家之功力發揮得更加透澈，此亦於前詳談。但第二點之「興」則可再加探討。若以「靈感」解釋，則為得到優良之文房工具可增加書家之「靈感」，如此似乎又牽強。可知，趙宧光之「興」實際上不單一種指稱，如此，則須從另一層面探討「興」。趙宧光言：

〔註88〕 《寒山帚談·小引》，收入盧輔聖主編：《中國書畫全書》第 5 冊，頁 491。
〔註89〕 崔爾平選編點校：《明清書論集》上冊（上海：上海辭書出版社，2011 年），頁 298。此為書中替《寒山帚談》所作之前言。
〔註90〕 《寒山帚談·小引》，頁 491
〔註91〕 唐·張懷瓘《書斷·上》，收入《法書要錄》卷七，頁 170。

描字不必憎惡楮，塑字不必厭灰墨，若運管舒毫，惡材絕不堪用已。

不爲膩澀難於始轉，即對之敗興，寧得佳書？〔註92〕

此處之「敗興」可解釋「興」之另一意涵。觀趙宧光此處之取材，與先前探討紙、筆些許不同，依先前言，趙宧光對於工具之擇取講究，特別於紙，其稱「紙惡大病」，但此處卻言「描字不必憎惡楮」，何也？筆者以爲，此處當自比較觀之。於練習時，趙宧光對於器物之要求較低，其要求儘爲「暫用」，故言「描字」、「塑字」，此狀態下寫字僅爲練習。但於正式書寫書作時，趙宧光則要求須筆墨紙硯皆精良，否則對之「敗興」。此「興」，當具有「興趣」、「興味」之意涵。而此「敗興」則有二因，一爲書寫工具不佳，難以使用，使得書家喪失書寫之樂趣，此爲「膩澀難於始轉」。二爲書寫工具不佳，使書家觀之便喪失興趣，使得書家原先之靈感消去大半。不論何者，均爲使書家喪失「興趣」、「興味」，此又可與唐代孫過庭之語並觀：

神怡務閒，一合也；感惠徇知，二合也；時和氣潤，三合也；紙墨相發，四合也；偶然欲書，五合也。心遽體留，一乖也；意違勢屈，二乖也；風燥日炎，三乖也；紙墨不稱，四乖也；情怠手闌，五乖也。乖合之際，優劣互差。得時不如得器，得器不如得志〔註93〕

孫過庭所言之「五乖五合」與趙宧光之理論實爲同一體系。據孫過庭言，欲得佳書須有五條件，分別爲：「精神愉悅嫻雅」、「感激德會、酬答知心」、「時節調適溫潤」、「紙墨精良應手」、「偶然得興等五種」，而五乖則逆而行之。孫過庭之第五合與趙宧光「興之靈感」相同，同爲要求創作前須先有靈感。而第四合之「紙墨相發」亦與趙宧光「對之敗興」相同，同屬器物層面之要求。但觀一、二、三則與精神狀態有關，此與趙宧光之「興趣」、「興味」當屬同一理論。書寫時書家須心神寧定、內心閒雅，苟若外務纏身則進而削弱靈感，亦難達佳書，故孫過庭之五乖有「意違勢屈」、「風燥日炎」、「情怠手闌」等。而孫過庭對於「興趣」、「興味」來自於內心狀態，但趙宧光卻來自於「器物」，兩者是否能相同而比？觀趙宧光前言「興趣」、「興味」雖屬用材層面，但筆者以爲「用材」僅爲其中之一：

惡筆無妨，惡墨有妨；惡墨可，惡楮不可；三惡尚可，詞惡最不堪

〔註92〕《寒山帚談・用材》。頁 328。

〔註93〕唐・孫過庭《書譜》，收入《景印文淵閣四庫全書》812 冊（台北：台灣商務出版，1983 年），頁 33。

也。而世間不免，天地可逃。〔註94〕

此處可分四個等級：惡筆、惡墨、惡紙、惡詞，而又依嚴重情形排列之。以實際而論，筆、墨、紙的確對於書寫有影響，此為器物好壞之問題，但苟若書家能寫，則所寫內容應不影響書家作品好壞。既如此，則可從另一方向觀之。趙宧光言「詞惡最不堪」乃從心靈狀態探討，苟若所書之詞拙劣不雅，則書家觀之「敗興」，亦難得佳書。可知，趙宧光之「興到論」不單存於用材層面，心靈狀態亦包含於內。若如此，則趙宧光之「興到」與孫過庭所言之五乖五合相同，可說趙宧光繼承孫過庭之理論。

而趙宧光之四等級「惡筆、惡墨、惡紙、惡詞」，亦能反應孫過庭之「得時不如得器，得器不如得志」一想法。與其俱備良好之環境，不如具備良好之器物，故趙宧光對於器物之要求講究，因其中牽涉到創作狀態。而器材雖須好，但又難比心理之神逸，故趙宧光對於「詞」之要求更高，因劣詞觀之即敗興。王仁鈞於《書譜導讀》云：

> 「得時不如得器，得器不如得志。」意謂雖然各種情況都來自主體客體兩方的交會，可是客觀的形式不可預計，而主觀的條件操之在己。〔註95〕

以客體、主體而言，天氣、環境均屬於客體，此些無法改變。而酬答、靈感、精神愉悅嫻雅雖屬主體，但此些主體實難與書家隨心所變，多仍受客體所影響。以此觀，則知最易改變之客體仍為「筆、墨、紙、詞」等四項。佳筆、佳墨、佳紙為得器，但佳詞僅為得志條件之一，可知得志比得器難上許多。而孫過庭之最終目的於「得志」，趙宧光之最終目的於「得興」，均是求取心靈狀態之閒逸〔註96〕，須先有自發意願，而後方能得靈感。

趙宧光之「興」為佳書首要條件，若不得「興」則不得佳書，此又與「格調」相輔相成。趙宧光之「格調」著重於雅，排斥於俗，而其對於用材之要

〔註94〕《寒山帚談·用材》。頁324。

〔註95〕王仁鈞：《書譜導讀》（臺北：蕙風堂出版社，2013年），頁72。

〔註96〕此種心靈之閒逸除有助於書家靈感，亦對於書寫狀態有幫助。陳政見、蔡明富《書法教學與治療》言：「歷來書論其均認為書寫之前，不要緊張，要輕鬆、安詳、自然，通過全身的調和，順乎人的本性，這樣才能把字寫好，如果受到外界事物干擾，即使有最好的書寫工具也是寫不好字的。」（嘉義：紅豆出版社，1997年），頁97。此種說法實與趙宧光之興到相呼應，雖然趙宧光以器物層面談起，但選取器物之目的仍在於身心愉悅，亦可使精神達到最專注之狀態。

求則提出「一物不稱，終作時俗之書而已。」筆者以為，「興到」之理論更在「格調」之上。「格調」為書學技法、觀念，但「興到」為創作之心靈狀態，此又在「格調」之前。苟若不得「興到」，則書家亦難以發揮「格調」。故孫過庭言：「若五乖同萃，思遏手蒙；五合交臻，神融筆暢」〔註97〕苟若心神狀態不合，則心靈滯塞、手腕難行，此為「思遏手蒙」，亦為趙宧光「終作時俗之書」〔註98〕。必得靈感、器物、狀態三者得之閒雅，方能達到創作之最好狀況，達到趙宧光之「興到」、孫過庭之「神融筆暢」，如此方可發揮心手之「格調」。

　　而趙宧光於實際創作時亦尊崇此種「興」之要求：

> 凡字先作稿，即不得佳書，興盡故也。鄙言惡楮，即不得佳書，興不到故也，乃有不韻之客謂難其事，大不然哉。未始不勉應人，徒增世間一可憎事。何所取之，戒勿更作。〔註99〕

「先作稿」為扼殺靈感之原因，此亦為趙宧光言「白堊帚作字」之例。明代沈顥（1586～1661）《畫塵》言：「胸中有完局，筆下不相應，舉意不必然，落楮無非是機之離合，神之去來，既不在我，亦不在他。」〔註100〕此處雖為言畫，但實則書畫均通。即便稿已先成，但於實際創作時仍會遇及不同狀況，以至落筆與原先不合。而此種創作之靈感趙宧光稱之為「興」，沈顥稱之為「神」，同樣為無法掌握之狀態，故其說興盡則不得佳書〔註101〕。至於「鄙言

〔註97〕 唐・孫過庭《書譜》，收入《景印文淵閣四庫全書》812 冊（台北：台灣商務出版，1983 年），頁 33。

〔註98〕 高尚仁《書法藝術心理學》：「古人早就把『心』和『手』的連結關係，體會得非常正確，心就是我們現在所說的『認知活動』，『手』則是『肌肉控制』（Motor activities）。一切書寫的動源，起於心中的思考、設計、安排等等斯為活動，憑這些活動的結果，才能產生書寫的肌動行為。所謂『心能轉腕』，『手能轉筆』，就是說明這個原理。」（台北：遠流出版，1993），頁 111。以此種角度觀，我們可將「興」不到視為「認知活動」不夠強烈，以至無法發揮肌肉控制，而此種認知又為「運思」、「設計」。但此又與書家於書前刻意布稿不同，此處強調的認知是書家不主導的而非有意的。

〔註99〕 《寒山帚談・了義》。頁 341。

〔註100〕 明・沈顥：《畫塵》，收入盧輔聖主編《中國書畫全書》第 6 冊，頁 431。

〔註101〕 蔡鍾翔、袁濟喜《中國古代文藝學》言：「『發於意』是指得心應手的運用筆墨將預構的意象物化於紙上，這應該說是相當不容易了，然而並不是繪畫的最高境界。最高的境界是『發於無意』，當走筆運墨之時，心手兩忘，天機自動，超出了原先的擬想，因而達到了高度的自然，又高度的完美。」（北京：人民文學出版社，2010 年），頁 162。觀此種說法極類似王羲之書寫蘭亭序之

惡楮」更為扼殺「興趣」、「興味」之首害，故亦須排除。觀趙宧光之言，其於狀態不合時不願作書，故其言「勉」。此種「興到」一方面主管著書作之好壞，一方面也影響書家對於雅道之要求，若無法避免為一大憾事，成為其言之「世間一可憎事」。此種創作之甘苦談很能反應書學一事。

總而言，趙宧光之「興」雖為崔爾平所言之「靈感」，但此「靈感」實來自於「興趣」、「興味」。而此「興趣」、「興味」雖自「用材」談起，但最終目的仍與孫過庭「得志」相同，二人同樣要求創作之心靈狀態。故僅以「靈感」闡釋「興到」則太過單一，因其興到含有太多層面。

第三節　篆刻論

趙宧光除以草篆聞名外，其於篆刻理論亦有流傳。清代羅振玉（1866～1940）言：「洎金一甫、趙凡夫諸家，使反而求兩京遺矩，於是制印之術一進。」〔註102〕此處之兩京當為漢朝之長安、洛陽，所指為趙宧光追求於漢印，進而使漢印發陽光大，故言「制印之術一進」。以此觀，則知趙宧光於印學上是有研究貢獻的。但《寒山帚談》八章中並無印學專論，而傳為其所作之《篆學指南》雖為印學專論，但亦於楊亮《篆學指南辨偽》中遭到駁斥，證明為托名趙宧光，剽竊明代楊士修（生卒不詳）《周公僅〈印說〉刪》之作。〔註103〕如此，則欲了解趙宧光之印學為較難之事。然而，筆者於整理《寒山帚談》時發現趙宧光仍有些許篆刻理論散落於中，故將此些散落理論匯整，望能釐清趙宧光之篆刻觀。以下就「章法」、「印學與字學」二點分論。

一、通篇結構──「章法」

相較於「書學格調論」中具有結構、筆法二層面，於印學中主要以印面布排為主，而此又涉及結構問題，以下就此分二點論之：

（一）「章法」與「字法」

趙宧光對於篆學乃從尊古入手，其曾言「篆隸必秦、漢，秦、漢而下不

狀態。趙宧光之「興」為不先假設之靈感，為不得不書之心情，出現此種興後方能得佳書。而文中所言「發於無意」為創作之際，趙宧光所言「興」則為創作前之狀態，雖時間不同，但兩者實指同一件事。

〔註102〕韓天衡：《歷代印學論文選》（浙江：西泠印社出版，1999 年），頁 703。
〔註103〕參照第一章，頁 9。

取。」〔註104〕此與「書學格調說」同出一轍。既如此，則趙宧光對於漢印、古印必然下過一番工夫，清代吳狄（約 1784 在世）云：

> （趙宧光）其摹古印，直逼古人，鑑賞家攘取一二，把玩不能釋手。
> 〔註105〕

吳狄稱其摹古印「直逼古人」，若此，則可觀底下兩方趙宧光之摹刻：

圖 6-3　《吳臂》趙宧光摹刻〔註106〕　　　圖 6-4　《關中侯印》趙宧光摹刻〔註107〕

觀趙宧光摹刻之古印與漢印，不論精神結構均到位，可知吳狄所謂「直逼古人」並非虛言。以此而言，則趙宧光對於漢印、古印之苦心可見一斑，而此亦與其「篆隸必秦、漢」一言相合。而趙宧光既以漢印爲師法對象，則其篆刻章法亦由漢印而來：

> 一字結構謂之字法，前言議之詳矣。通篇結構謂之章法，譬之「白」、
> 「曰」二字爲行列，則「白」首出之局外；「田」、「甲」二字爲行列，
> 則「甲」垂出之局外；「主」、「甲」二字爲行列，則首足皆出。摹印
> 闊邊，特設此格是也。即摹印家多不解此，況書家乎！〔註108〕

於「書學格調說」，趙宧光以「體法」爲「格」，而結構亦屬於此一層面，結構下又分爲「結法」、「構法」，一爲「一字成形之法」，一爲「結構之外在形狀」，而趙宧光於此稱爲「字法」。但趙宧光於論印時則不再區分結與構，僅以「通篇結構」名「章法」，此處當自其所舉之例觀起。按其言，當白、日兩字布於印面時，日之底部橫畫與白之底部橫畫會在同一條線上，雖白之一撇

〔註104〕《寒山帚談・法書》。頁 337。
〔註105〕韓天衡：《歷代印學論文選》（浙江：西泠印社出版，1999 年），457 頁。
〔註106〕明・趙宧光摹刻《吳臂》。摘自〔日〕小林斗盦編：《篆刻全集 3 官印・私印／文彭・何震 他》（東京：二玄社，2001 年），頁 164。
〔註107〕明・趙宧光摹刻《關中侯印》。摘自〔日〕小林斗盦編：《篆刻全集 3 官印・私印/文彭・何震 他》（東京：二玄社，2001 年），頁 164。
〔註108〕《寒山帚談・格調》。頁 305。

突出，但兩字之重心是平穩相對的。但田與甲則相反，因甲除了田外底部還多了一豎劃，故兩字之上端橫畫須對齊。若以此觀，則知趙宧光此處之「結構」並非一字「結構」，轉爲「通篇結構」，著重的並非一字之點畫結合，而爲數字間之平衡穩定，而其稱此種數字間平衡穩定之方法爲「章法」。

而此種章法著重於數字間穩定，又類似趙宧光一字之「格」。以「格」而言，書學每一字要求乃爲點畫排列須平穩，符合書體之法，故稱爲「體法」，而此處之「章法」、「通篇結構」則將此種要求擴大至整個印面所有點畫。而趙宧光又將印面的範圍稱之爲「格」，此「格」當爲「格界」之意，與「書學格調說」之「格」無關，此又須注意。故我們可說，印文一字之結構稱爲「字法」，印面之結構爲「章法」，印面之邊界爲「格」。

印面之「格」爲邊界，此取之於石材，可調整範圍不大，故刻印時所剩之問題存於「字法」、「章法」。而「字法」、「章法」之比較則可以下引文觀之：

> 筆愈少，字愈難，猶印之有章法。字法死，章法活。〔註109〕

趙宧光此處點出印學一大難事——點畫多寡之問題。以印學而言，點畫多不難處理，特別爲漢印，僅需視當的控制大小、格界即可。但遇及「筆愈少」之情形則較爲棘手，因印文點畫過少，以至可變動範圍有限，故趙宧光稱之「字法死」。另方面，考慮及紅白分布問題，筆畫少之字於布排時相對困難，此與書法之「布白」〔註110〕相同。相對字法死，趙宧光則認爲「章法活」，並要依章法而變，而此種章法之變動，當如上述「白、日、田、甲」四字之處理情形。觀上文之敘述，趙宧光遇及兩字點畫不相等時，其並未採取九疊文、異體等處理方式，而是以「章法」之調動取得印面平衡，而此種方法確實可不改變「字法」，此種觀念又與「書學之格」有相通。特別的是，於書學之格中，遇及類似問題時趙宧光主張可自結體、章法二方面處理〔註111〕，但於印學中，其則主張使用「章法」而不使用「字法」，此爲二者不同處。

〔註109〕《寒山帚談・格調》。頁 307。

〔註110〕王靜芝《書法漫談》：「『布白』，用最簡單的說法，就是：『將黑字寫在白紙上面，要看看黑色佔了全面積的多少，所餘的白色占了全面積的多少。這白色是由黑色之餘透露出來，它本身並不美，而襯出黑字之色。因之這白也就是表現美的要件。這種空餘的白，是書法家布置出來的。所以叫布白。』」（台北：台灣書店，2000 年），頁 195。印面之紅白也可視作於「布白」，雖然陰陽刻法不同，導致留紅、白不同，但同屬於「留」的問題。而筆畫多時，可以靠滿來處理留之多寡，但筆畫少時，則更需謹慎處理空間切格。故趙宧光言「筆愈少，字愈難」。

〔註111〕參照第四章

（二）章法三等

趙宦光於書學尊古賤今，於印學亦然，其言：

> 古人書自然合法，不加強附，即後世名家亦多不離廓，是以古印章
> 如璽書，先秦之法，直作數字而章法具在。至漢而後，章法字法，
> 必相顧相須而成，然後合法。〔註112〕

此處章法、字法問題仍與趙宦光之「古人氣象」有關，仍不離格調尊古範疇。依其言，古人之印全為「自然合法」，而漢以後章法、字法須「相顧相須而成」，此意當指漢以前字法、章法是不須相顧的。但字法為一字之點畫安排，章法為印面之點畫安排，若不互相配合何以成字？筆者以為此可以「古印」、「漢印」之別解釋。

以金文印為例，金文之風格誠如趙宦光所言，印文注重於字形、結構，而空間則任其自然，因此呈現一種天真的趣味。而到了漢印，印文不再如金文那樣天真有趣，開始產生規律性。為了配合印面之方整，字亦逐漸方整、規律，此時的章法始有了較為統一的走向。而章法既統一，則字法之安排亦隨之方整，如此方能配合漢印之章法，故趙宦光言「必相顧相須而成」。與漢印相對較，金文印之字法活潑任率，字字獨立成形，大多不需因印面安排而變形，趙宦光乃言「直作數字而章法具在」。看似不用字法，但此不用字法為任一字內點畫自然安排，因此無須用法。反之，漢印因印面章法，故一字之點畫亦須配合變形，此情形下使字需要字法。而此種思想，亦反應在其友人朱簡（1570～？）身上：

> 先秦以上印，全有字法，故漢晉莫及。然漢晉雖以章奪字，而字尚
> 完。其增損不成字樣者，近代印也，不可為法。〔註113〕

此種將字法、章法區分，並認為漢印章法掩蓋字法之思想是與趙宦光相同的。一方面，二人雖認為漢印已不如先秦，但同時亦承認漢印之章法仍有其價值在。二方面，雖言「漢晉莫及」，但亦言「以章奪字，而字尚完」，可知漢印之字法仍受二人承認。而其「近代印也，不可為法。」一言，則與趙宦光之尊古如出一轍。如此，則知於趙宦光印學理論中，最上層須如同金文無須章法、字法，自然而成。其次則如漢印以章法、印法為用。而此二種之下，則

〔註112〕　《寒山帚談‧格調》。頁307。
〔註113〕　明‧朱簡：《印章要論》，收於《續修四庫全書》第1091冊（上海：上海古籍
　　　　　出版社，1995），頁636。

是「配合章法」：

> 後世無其學而不勉效其事，遂有配合章法之說，此下乘也。猶之古
> 無韻書而詩不廢者，韻學具也。沈氏始能作韻，後世依韻題詩，亦
> 下乘矣。詩法絕似印法，故比量言之。〔註114〕

此處趙宧光以沈約製韻〔註115〕為例，以詩法說明印法。相較於漢印章法仍為
「相顧相須而成」，趙宧光則認為後世之印為「配合章法」，此二者觀之類似，
但實於本質不同差異。依其言，漢印之「相顧相須而成」為刻印者配合章法
而調動，為刻印者審美主觀，此時仍具有個人意識。但「配合章法」則為依
固定結構填字，雖與漢印之法相同，但卻不具有個人意識，故其評為「下乘」。

既如此，則「相顧相須而成」與「配合章法」極難拿捏，而筆者以為此
當與趙宧光之學習論有關。觀趙宧光此處詬病在於「填字」，而填字之蔽當與
「章法活」相違背。依前述學習理論觀之，趙宧光認為書家須有個人創見，
而非依字而描，否則即便熟稔仍為書奴。

趙宧光對於印學仍主張自漢印而始，此與其「書學格調論」有關，此於
前言及，而其亦言：

> 漢摹印雖云雅俗互用，然其法度位制有不易者在〔註116〕

趙宧光並非反對漢印，其抨擊的乃時人以「配合章法」學習漢印，漢印之結
構、章法仍為習篆刻者必經之階段，觀趙宧光於漢印所下功夫即可略知一
二。而「法度位制」為學習漢印之關鍵，須能與字法、章法熟稔，並於其平穩中
求變，此為較難之事，故其言「有不易者在」。而雖為不易，但習者仍須於熟

〔註114〕《寒山帚談·格調》。頁 307。

〔註115〕唐·李延壽撰：《南史》，楊家駱主編：《新校本南史》卷四十八：「永明時，
　　　　盛為文章，吳興沈約、陳郡謝朓，琅邪王融，以氣類相推轂。汝南周顒善識
　　　　聲韻，約等文皆用宮商，將平上去入四聲，以此制韻，有平頭、上尾、蜂腰、
　　　　鶴膝，五字之中，音韻悉異，兩句之內，角徵不同，不可增減，世呼為永明
　　　　體。」（台北：鼎文書局，1976 年），頁 1195。沈約為永明詩派代表人物之一，
　　　　而永明詩派又以聲律之要求聞名。特別沈約於詩歌之貢獻在於替詩歌制定明
　　　　確格律，使得之後詩歌快速發展，亦對於唐詩格律有深遠影響。誠如林家驪
　　　　〈沈約詩歌的評價和在文學史上的地位〉所言：「（沈約）使得詩歌的發展向
　　　　前一大步，由古體向著講求聲律對仗的近體演變。以後，唐代詩歌的繁榮，
　　　　就是在此基礎上形成的，其工不可沒。」《杭州大學學報（哲學社會科學版）》
　　　　1991 第 2 期（1991 年 5 月），頁 61。以此觀，則沈約之聲律說對於詩學是有
　　　　正面幫助的，亦使詩學之推廣發展具加速作用，此則不同於趙宧光之批評。

〔註116〕《寒山帚談·拾遺》。頁 357。

稳後將章法融爲我用，此與其學習論同轍同源。
如此，則知三等之中最上爲「任其自然」，而此須
取於古文，此下又可再分二層「相顧相須而成」、
「配合章法」，而此間差異此則仰賴能學與否。

二、「印學」與「字學」

圖 6-5《關内侯印》趙宧光摹刻〔註117〕

　　印文之布排一方面來自於「章法」、「字法」，此爲技術之層面，但另方面，
趙宧光亦著重於字義問題，此則可分二點探討：

（一）「字學」闡釋

　　趙宧光精通於篆文，其亦認爲學印亦須由寫篆而來，其言：

> 不知字學，未可與作篆。不知篆書，未可與作印。作篆可，全篆不
> 可；作印可，全印不可。全篆謂小大長短，全印謂紅白陰陽。短篇
> 可，長篇不可；白篇可，紅篇不可。〔註118〕

觀此言，則知趙宧光之「字學」爲「篆」之根本，而「篆」習成後方可與作
「印」。既如此，則有必要釐清「字學」之意涵。前言「字法」時稱「一字結
構謂之字法」，若以字法之「結構」解釋「字學」，則成爲先得結構而後得篆，
此則邏輯顛倒，實則應是先得篆後而得結構。如此，可知「字法」與「字學」
不相等。而趙宧光於《寒山帚談》亦曾提及字學：

> 仿書時，不可先著宋人以下纖媚之筆入眼。嚴滄浪所謂不可令下劣
> 詩魔落吾肺腑，餘謂字學尤甚。〔註119〕

以「纖媚之筆」觀之，可知此處字學爲談論書學。又以所舉嚴滄浪論詩觀之，
可知此處「字學」爲「書法」之代稱。但若以此「書法」闡釋「不知字學，
未可與作篆」亦不通，如此，當自其他文獻探索。趙宧光曾言：「印處六義，
猶詩在六經。六義端不在文字，而印唯點畫寓色。」〔註120〕此處之六義爲六
書，爲文字造字之法。而趙宧光以六經之首「詩」喻印，亦可知其認爲六義
對於印文極重要。按其言，六義爲文字之表現，而其中又僅有印文能「點畫

〔註117〕 明・趙宧光摹刻《關内侯印》。摘自〔日〕小林斗盦編：《篆刻全集 3 官印・
　　　　私印/文彭・何震 他》（東京：二玄社，2001 年），頁 164。
〔註118〕 《寒山帚談・拾遺》。頁 355。
〔註119〕 《寒山帚談・格調》。頁 308。
〔註120〕 韓天衡：《歷代印學論文選》（浙江：西泠印社出版，1999 年），452 頁。

寓色」，如此，則印文一方面承載文字美感，一方面又承載著文字之法。而不同於書作，印文全爲篆文，特別爲秦以前之古璽、古印，更保留完整之古文面貌，故其言「印處六義」。

　　而筆者以爲，以此種「六義」解釋「不知字學」是較爲合理的。其言「不知字學」即爲不知文字六義，不通於文字之學；而不通於文字之學，自然難以將篆書習好。而趙宧光對於字義重視，此於先前談及「破體」時已言明，此處亦同。以此觀，則知其認爲須先通六書，而後習篆，最後習印。

　　回到「不知字學，未可與作篆。不知篆書，未可與作印」一句，則知需先了解字學而後能習篆，習篆後而能習印。趙宧光認爲篆文先通，而後方能將篆文之長短結構控制得合宜，故稱「全篆謂小大長短」。再以此觀「全印謂紅白陰陽」，則知篆文對於印面布排亦有極大影響，須通篆文，方能於排布間游刃有餘。其特別言「白篇可，紅篇不可」，此亦與篆書結構有關。「白篇」所指當爲漢印之白文印，而「紅篇」爲朱文印。其對於白文印言：「一曰摹印，漢白文印用之。」〔註121〕又言「漢人獨印章擅美……古篆隸眞，一皆採摘，填滿爲式，是其用心。」〔註122〕可知此種漢白文印以「填滿」爲要求，既以「填滿」爲要求，則於結構上較易掌握，僅須掌握「滿」原則布稿即可。但相對於白文印，則朱文印難度則略高。因布朱文印時須考量及空間分布、字形結構，此不同於白文印以「滿」爲原則，須靠布稿者對於篆書之熟稔。基於此，趙宧光言不知字學則「紅篇不可」。

（二）「字學」六等

　　對於此種字義問題，尚有一引言可印證趙宧光之理論：

> 後世刻印，即能刻者不能書，能書者不知字義，審義者不能博采，
> 能采者不知邪正，能正者不知變通。……然則如何而可，請加學力，
> 徐徐動手。〔註123〕

觀此處言，則可分爲六個等級：能印、能書、知字義、博采、知邪正、變通。能印者當爲最低階，此與先前「填字」同蔽，均爲能刻者但不能排，此類似於匠。而進一階則爲「能書」，但此能書仍在於「知字義」之下，爲先前所言「不知篆書」。再往上一層則進入「知字義」，此則同於先前「知字學」。至此，

〔註121〕《寒山帚談‧權輿》。頁 297。
〔註122〕《寒山帚談‧權輿》。頁 299。
〔註123〕《寒山帚談‧拾遺》。頁 355。

趙宧光前言「字學、篆文、印」三個層面都囊括於中，但前言之「字學」已
為最高，此處又多「博采、知邪正、變通」等三項，此又可再探討。

　　「博采」立於「字義」之上，可知「博采」必來自於字義，此則為文字
層面而非結構安排。如此，則博采應解釋為除篆文之外亦精通其餘古文，此
可借其友人朱簡之言：

　　　　趙凡夫曰：「今人不會寫篆字，如何有好印？」摹印家不精《石鼓》、
　　　　款識等字，是作詩人不曾見《詩經》、《楚辭》，求其高古，可得乎哉！
　　　　〔註124〕

朱簡與趙宧光之理論極為相近。按朱簡言，則學篆須《石鼓》、鐘鼎款識均有
涉獵，而趙宧光亦言：「學篆，必《籀鼓》、《斯碑》，博之以《壇山》、《詛楚》
諸金石」〔註125〕依其說，則大小二篆、李斯小篆、金石碑拓均須有所涉獵，
如此方能博通於篆。而博通於篆後則需「知邪正」。趙宧光身兼文字學家，對
於此種篆書合法亦為強調，此處之「知邪正」即具有分判之義。而此分判，
筆者以為又可自「字義」、「篆書分類」兩方面觀之。第一為字義：

　　　　（古文）旁搜奇形異狀，必有所據，始可下筆。或金石模糊，傳寫
　　　　舛謬，乃得以意正之。〔註126〕

依此觀，則知趙宧光對於古文強調於「根據」，而此「根據」即自字義而來，
此亦為趙宧光主張六書之因。另外，其也點出「金石模糊」、「傳寫舛謬」等
兩大問題，而此種文字脫落斑駁亦為書家所需注意。學篆雖須上溯根源，但
於深究時亦須注意文字正確與否，此為「知邪正」之第一方面。第二方面則
為「篆書分類」問題，其言：

　　　　篆書之名尤為渾亂。自周太史籀始立篆名，秦相效作，謂之小篆。
　　　　因秦書通行，遂但以籀稱大篆，亦已贅矣，何乃無古無今，概呼作
　　　　篆？〔註127〕

趙宧光對於篆書之名實極為在意，在其《寒山帚談》中更將篆書分為十種〔註128〕。

〔註124〕明・朱簡：《印章要論》，收於《續修四庫全書》第1091冊（上海：上海古籍
　　　　出版社，1995），頁636。
〔註125〕《寒山帚談・學力》。頁311。
〔註126〕《寒山帚談・權輿》。頁298。
〔註127〕《寒山帚談・權輿》。頁296。
〔註128〕其於此引言後將篆書分為「古文」、「雕戈文」、「籀篆」、「大篆」、「小篆」、「繆
　　　　篆」、「玉箸篆」、「飛白」、「刻符」、「摹印」等十種。參照《寒山帚談・權輿》，
　　　　頁296。而此處僅為舉證趙宧光對於篆書名實之講究，加之篇幅關係，故不

以此觀，則其對於篆書之名實確爲不滿，大篆須爲大篆，小篆須爲小篆，兩
者斷不可混然不分，而此也成爲其主張「知邪正」之一。以第一點而言，文
字之字義正確與否、字形是否脫落確實需講究，因文字本有紀錄性〔註129〕。
但相較於字義正確，則篆書之種類名實似乎不那麼重要，古文、大小篆之分
判於印文似乎無太大影響。而此點，則須自此觀起：

> 用筆須淳，不可雜出。金石款識之雜出者，法未定時之作也，定則
> 規矩製度一毫不可逾矣。古文用銳，倒薤、柳葉用捺，大小二篆用
> 圓，刻符描印用方，刻符借古，摹印借篆，分隸、徒隸方圓任取。
>
> 〔註130〕

此處可釐清幾個問題。趙宧光對於印稿之布排仍講求於筆意，故言「用筆須
淳」，〔註131〕，而此用筆須淳則成爲「規矩製度一毫不可逾矣」之來源。依其

對此十種篆書深入探究。

〔註129〕 吳俊業〈從書寫到書法──個身體現象學的考察〉：「書法作品作爲文字與記
號層次的存在，可進一步從『能指』『所指』兩面闡釋。就其『能指』一面而
言，書法與書寫有別，他意指意義的功能不離字符的最纖微具體的感觸知覺
內容，突顯其各體性的經驗字符自身承擔起『能指』的工作」收入自《清華
學報》新四十卷第三期（2010年9月），頁312。文字之表意爲基本功能，其
須負擔起「能指」之工作，而印章本具標記人名之功能，故更須著重於字義。

〔註130〕 《寒山帚談・拾遺》。頁358。

〔註131〕 趙宧光此種「筆意」之影響，亦由其友人朱簡身上反應。清・魏錫曾（？～
1882）言：「修能爲趙宧光製印甚多，其篆法起訖處時作牽絲，頗與趙宧光草
篆相類。何夙明嘗述尊甫夢華先生語云：『鈍丁印學從修能出。』今以朱文刀
法驗之，良然。」收入自韓天衡《歷代印學論文選》下冊（浙江：西泠印社，
1999年），頁452。其又言：「修能用凡夫草篆法，筆畫起訖，多作牽絲，是
其習氣，從來所無。」收入自韓天衡《歷代印學論文選》下冊（浙江：西泠
印社，1999年），頁525。此處說明，朱簡之刀法於起、收處時常產生游絲，
與趙宧光之草篆類似。而前文所提及的「行刀細如掐」指的也是同一件事。
黃光男《筆歌墨舞──書法藝術》云：「趙宧光的草篆係以『天發神讖碑』爲
基礎……傳統篆書中的停勻平整被刻意打破，字畫簡捷，更出現不少連筆，
謂之『草篆』即與草書中常見的連字映帶有相近之意。」（台北：國立歷史博
物館，1999年），頁229。因草法的摻入，使趙宧光的草篆粗細不勻，而朱簡
於印刻中粗細不均勻亦受此影響，進而使朱簡用碎刀表現。而從以上資料亦
可看出，朱簡於篆刻中融入了筆意、且注重篆書的學習，此等以書入印的想
法正是來自於趙宧光。而魏錫曾言，其以趙宧光粗細不均勻、行筆筆意極強
的草篆入印，趙宧光於朱簡影響可知。而鈍丁指的當是丁敬，丁敬爲浙派開
山祖，於清代篆刻有著不可抹滅的影響。依此觀之，此段的影響是一脈相連
的，由趙宧光至朱簡，朱簡至丁敬，丁敬至浙派。而李一《中國古代美術批
評史綱》云：「朱簡是明末著名的篆刻家，治印學何震風貌外，另闢蹊徑，創

言，則古文須以尖筆爲主，大小二篆須以圓筆爲主，而其餘亦有各自筆法。既如此，則古文、大小篆各具不同風格，如此則不可布於同一印面上。由此可知，則其「知邪正」分爲二方向，一爲字義問題，二爲篆書種類問題，而篆書種類又來自於筆意說，進而影響至印面風格之和諧。而此種對於筆意之要求，亦反應前言「書學格調」之「調」，此種講求於用筆正確之理論，兩者是互通的。

於「博采」、「知邪正」均能了然後則進入最後的「變通」階段，而此變通則與先前所言學而後能變是相通的。一方面，此與先前「師資」、「融會作我書」相同，求的均是書家能將所學化爲我用。二方面，此種印文之「變通」亦於「格」有關。第三章言趙宧光遇及結構難處理時，可用「破體字」來替代，如其所舉之「鹽」，而此理論亦可應用於印學之上。相較於書學可用墨色、通篇布局來改變，印面能調動範圍有限，此時或可仰賴異體之法。

而「變通」之前爲「知邪正」，「知邪正」所求爲正確字義，故無其他轉圜空間。相較之下，則「變通」須先博采眾字，自眾字中擇取正確者，並能適時變通作字，此難度則高於前二者，故趙宧光將「變通」擺於最末。而此種理論，亦來自趙宧光書學之格──「以結構持心」。觀其自刻之《寒山》，已將漢印之結構法度融合於內，而此種古雅之風格則與其「書學格調論」相同。最後，對於此六種學習階段，趙宧光以「請加學力」做結，此種強調「書學必人工」的觀念亦是以一貫之的。

圖 6-6《寒山》趙宧光刻〔註132〕

小結

趙宧光於「天工」、「人工」乃強調「人工」，其認爲「天工」爲「胸有佳

用短刀碎切，開清代浙派丁敬之先河。」（哈爾濱：黑龍江美術出版社，2000年），頁347。朱簡對於丁敬之影響是受認可的，由此角度觀之，則趙宧光之以書入印、篆在印先之觀念越傳越遠，對於後世有著一定的影響。

〔註132〕明・趙宧光刻《寒山》。摘自中國歷代藝術編輯委員會編：《中國歷代藝術・書法篆刻篇》（上海：上海書畫出版社，1994年），頁299。

字」，故主張學必而能。而學習當來自於臨帖，臨帖則須於讀帖下工夫，使帖中之精神、字形、筆法均了然於心，且務必求於形似。而得形似後，則須進一步有所創見，否則淪爲書奴，而趙宦光將此種臨帖階段又分爲「盜、借、階、師」等四層。而讀帖一方面可使習者對於其中佳處了然於心，另方面亦可察及帖中敗處，進而使「敗處爲功」，此亦爲其理論特點。

於取材，趙宦光則主張「書不擇筆」，但於可選擇時，其仍主張使用羊毫。相較於筆可不擇，趙宦光對於紙之要求講究，主張非熟宣強紙不可，而此種選擇，則與其「調」要求潔淨有關。其用材一方面爲書寫條件，一方面又與其「興到論」有關，苟若無上等筆、墨、紙、硯，則對之敗興。此種「興到論」與孫過庭之「五乖五合」接近，同樣強調創作時之靈感與狀態。

而《寒山帚談》雖未有篆刻專篇，但仍有零星理論散落於各章，其篆刻之用詞與格調略有不同，但理論則可互通。於布排上，其主張「章法」重於「字法」，且又將章法分爲三等，自然爲上，章法字法相配合爲中，以章法塡字爲下。於字義上，其則主張須先能六書而後能篆，能篆後方能印。此外，其將字義分爲：能印、能書、知字義、博采、知邪正、變通六等級，此亦與其學習理論有關。

第七章　結　論

　　本文所探討之重點為《寒山帚談》，特別又著重《寒山帚談》中之「書學格調說」。綜合前述，約可歸納以下幾點研究所得：

　　第一，晚明為不再以傳統思維看待的年代，於各種時代衝擊中，經濟、官場、思想各方面均有了不同以往的改變。市場經濟發達、百姓生活水平抬高、富人尚奇、收藏等炫富行為使得書畫價格水漲船高，市場需求日益擴大。同時，晚明建築配合屋內擺設，傳統小品書作不再為主流，取而代之的是四尺、六尺的中堂大幅。另方面，心學、獨抒性靈的崛起，也使得文人更追求自我表現，不再拘泥於傳統。種種原因下，書法轉向更為狂放、強調視覺表現之走向，也使得晚明草書大盛。而明中期吳門書派崛起，一洗臺閣體了無新意之弊病，一時天下書法以吳中地區為優。但吳門晚期後繼者追隨前人腳步，多學師承，並未能開創新局，步入臺閣體之弊病，導至吳門沒落、華亭崛起。種種情形均影響著趙宧光《寒山帚談》之思想。

　　而本文主角趙宧光家世顯赫，自先祖趙壁起即有龐大家產，但隨著後世子孫經營不善而逐漸沒落。至趙宧光時家產雖然大不如前，但靠著父輩傾囊資助地方之佳名，亦使趙宧光有了廣交天下的優勢條件。趙宧光性至孝，於父亡後便依先人遺言開闢寒山，築寒山別業，與其妻陸卿子、其子趙均終身隱居寒山未仕。而趙家與陸師道、吳門文氏均有姻親關係，特別至趙宧光之後與文氏之往來更為密切。此外，趙宧光亦與吳門書家多有往來，此亦使趙宧光以吳門自居。除吳門外，趙宧光與趙用賢、王世貞、馮時可等均有往來，此形成了開放的交遊網路，可擴及華亭書派、南北書風。一方面，趙宧光雖受時代、地域沒落影響，但另方面也靠著友人不斷增進其見識，形成了有利

書學理論建立之條件。

第二，格調說最早運用於詩學之中，李東陽以格作為格律，調作為音律。而格為詩之形式、句式長短、內容之表現，故為「判調定名」者。而調除指音調，亦涉及文字表現、詩歌情感，此為內涵層面，故為詩之實體。而王世貞之格調說則能以「出之自才，止之自格」解釋，「格」為限制之所在，但詩之根本仍源於「才」，此種詩家之才情表現於思慮，而思慮又體現於「調」，一方面繼續展現「風格、情調」，一方面又規範於詩歌之聲韻，使之讀來「完氣成調」，最後再規範於「格」中，使之有明確之體範而能成章。

而趙宧光以格調喻書，並以「體法」為「格」，「鋒勢」為「調」。「格為體法」即將「格」視為「一書體之法式」，此「一書體之法式」雖偏向結構層面，但同時包含了書體之筆法等多層次概念。而「調」為「鋒勢」，鋒勢則為「一切用筆之態勢變化」，又因「鋒勢」主管用筆變化，因此也涉及了結構等一切外形變化，然而「調」之本質仍在於用筆，此為與「格」最大的不同。而趙宧光「書學格調論」與王世貞「詩學之格論」相類似，不論體法之法式、鋒勢之正確性，均具有規範之意涵。蓋趙宧光所處之時代風氣對於書體之規範逐漸消失，於此情形下，也使得趙宧光「書學格調論」更似為了抗衡時代風氣而來。

第三，趙宧光以「詩歌格調說」帶入「書法格調說」，其「格」為「體法」但偏向結構層面。而結構之下再分「結法」與「構法」，「結法」為「一字成形之法」，為內在脈絡，而「構法」則為「結構之外在形狀」，為外在表現，「結法」、「構法」一為內一為外，兩者合而成之即成了趙宧光之「結構」。基於「用筆」為「結法」之元素，「結法」亦涵蓋「用筆」，但此元素僅為其中一小部分，整體而言，「結法」仍側重於結構問題，而至「結構」時「用筆」元素又縮之更小。用筆與結構雖難以分割但卻不能言兩者相同，僅為側重多寡耳。

此外，趙宧光於「格」亦提出「以結構持心」一說，主張心中若有「佳格」，則自然不被結構之繁複所困惑，此亦導向習者需加深本身學力。除提出持心，趙宧光亦嘗試舉出實際之例與持心說相對應，以此予讀者學習之實際方法。

而趙宧光雖為二王系統之書家，但其又主張「結構為上」，與歷代「用筆為上」不同。其自天然人工、前人忽略結構、用筆為結構元素，以及對於當代的反動等四點，企圖重心建立起對於二王之學習方式、重建結構地位。而

趙宧光「格」之「破體」亦與書論常言之「小王破體」不同，其「破體」乃自文字學角度觀起，爲「異體」之義。而其《寒山帚談》中對「破體」偶有微詞，此爲趙宧光自六書角度觀之。事實上，趙宧光尊崇正體，但亦不排斥異體，認爲異體仍有使用之必要，其反對之因在於「盲從」，並譏此些不學六書之書家爲野狐。此點，亦是研究者所需注意。

第四，趙宧光雖以「調」作爲鋒勢，但因《寒山帚談》行文關係，「調」亦可作爲風格，而作爲「風格之調」時乃爲「格調」之縮寫，作爲「鋒勢之調」時方爲與「格」相呼應之「調」。

而趙宧光「鋒勢之調」則以「逸調」爲理想典型，欲達此逸調，則須避免過熟、獷野等缺失。而用筆潔淨之追求亦爲趙宧光所注重，對於潔淨之法，其則提出映帶爲「寧無不重」，此外亦須善用筆鋒、適量用墨。而排除野筆亦爲用筆潔淨之重點，此則有賴於書家取師於二王。此外，書寫速度亦須以慢爲主、以快爲輔。趙宧光重雅調，尊古成爲學習雅調之唯一途徑，其也依此批評時人不知取法、不知書。對於用筆，趙宧光亦從執筆法提出，其雖認爲執筆須有力，但亦認爲指間須虛實並用，並非一昧執死。爲使運筆靈活，腕法則提倡懸腕。此外趙宧光亦從骨力問題稱字必中鋒，而中鋒之關鍵則在於執筆正。

於「風格之調」，趙宧光則反對「善書者不鑒」一言，其認爲能鑒爲善書者之先決條件，此外善書者亦有鑒定以傳佳帖之責任。其於《寒山帚談》中提出五品、六品等品第論，但目的並非實用於評等，而爲闡述其書學觀。其真正的評鑒標準仍以「書學格調論」爲原則，凡合其「格調」者則可稱爲「古人氣象」，不何者則爲時俗野狐。大抵而言，其「古人」即爲「格調」之縮影，「古人氣象」即爲「格高調古」。

第五，《寒山帚談》之〈臨仿〉、〈用材〉、〈評鑑〉、〈法書〉亦可自「書學格調說」觀起，又可分以下二項。學習論方面，趙宧光於「天工」、「人工」乃強調「人工」，其認爲「天工」爲「胸有佳字」，故主張學必而能。而學習當來自於臨帖，臨帖則須於讀帖下工夫，使帖中之精神、字形、筆法均了然於心，且務必求於形似。而得形似後，則須進一步有所創見，否則淪爲書奴，而趙宧光將此種臨帖階段又分爲「盜、借、階、師」等四層。而讀帖一方面可使習者於其中佳處了然於心，另方面亦可察及帖中敗處，進而使「敗處爲功」，此亦爲其理論特點。

　　於取材，趙宦光則主張「書不擇筆」，但於可選擇時，其仍主張使用羊毫。相較於筆可不擇，趙宦光對於紙之要求極高，主張非熟宣強紙不可，而此種選擇，則與其「調」要求潔淨有關。其用材一方面爲書寫條件，一方面又與其「興到論」有關，苟若無上等筆、墨、紙、硯，則對之敗興。此種「興到論」與孫過庭之「五乖五合」接近，同樣強調創作時之靈感與狀態。

　　第六，《寒山帚談》雖未有篆刻專篇，但仍有零星理論散落於各章，其篆刻之用詞與格調略有不同，但理論則可互通。於布排上，其主張「章法」重於「字法」，且又將章法分爲三等，自然爲上，章法字法相配合爲中，以章法填字爲下。於字義上，其則主張須先能六書而後能篆，能篆後方能印。此外，其將字義分爲：能印、能書、知字義、博采、知邪正、變通六等級，此亦與其學習論同一思想。

　　趙宦光爲晚明之人，其《寒山帚談》時而可見晚明思想之縮影。如其對於奴書之反對，對於個人精神之主張，或者其對於自創草篆之驕傲，種種強調於「個人」之思想均爲時代之產物。然而趙宦光雖強調於個人，卻又對古人難以忘懷。趙宦光自幼學習於父，熟讀於六書經典子籍，但於晚年卻又面臨新時代之崛起。一方面其仍主張尊古，但另方面卻又強調個人之創建；一方面對於時代抵抗、反動，但另方面卻又脫離不了時代影響。多種複雜思想交織，於大方向具有著精闢的見解，也使得《寒山帚談》可做爲細察晚明之窗口。

　　而本文以《寒山帚談》爲題，試圖爲趙宦光之「書學格調論」耙梳出一道脈絡，然而《寒山帚談》仍有許多筆者未涉及之處，也望能由此篇論文拋磚引玉，進而激發更多關於趙宦光、《寒山帚談》、晚明書風等議題討論。

參考書目

一、趙宦光相關文本

1. 明・趙宦光：《寒山帚談》，收入《文津閣四庫全書》第 819 冊（北京：商務印書館，2006 年）。

2. 明・趙宦光：《寒山帚談》，收入崔爾平選編點校《明清書論集》上冊（上海：上海辭書出版社，2011 年）。

3. 明・趙宦光：《寒山帚談》，收入盧輔聖主編《中國書畫全書》第 5 冊（上海：上海書畫出版社，2009 年）。

4. 明・趙宦光：《寒山帚談》明刊本，台灣國家圖書館——古籍與特藏文獻資源，取得時間 2014 年 5 月。

5. 明・趙宦光：《寒山蔓草》，收於《四庫全書存目叢書》第 348 冊（台南：莊嚴文化，1997）。

6. 明・趙宦光等撰：《寒山誌傳》，收入於清・趙詒琛、王保諲、王大隆：《乙亥叢編》，收自《四部分類叢書集成三編》（臺北：藝文印書館，1972）。

二、古籍類（依編著者朝代，其後以筆畫排序）

1. 漢・許慎撰，清・段玉裁注：《說文解字注》（高雄：復文圖書出版社，2008 年）。

2. 東晉・鳩摩羅什譯：《金剛般若波羅蜜經》（台北：圓覺文教基金會，2007）。

3. 南朝梁・劉勰《文心雕龍》，收入《景印文淵閣四庫全書》1478 冊（台北：台灣商務出版，1983 年）。

4. 唐・李延壽撰：《南史》，楊家駱主編：《新校本南史》（台北：鼎文書局，1976 年）。

5. 唐・方干《玄英集》，收入王雲五主編：《四庫全書珍本・三集》（台北：

臺灣商務，1972 年）。

6. 唐・韋續《墨藪》，收入盧輔聖主編：《中國書畫全書》第 1 冊（上海：上海書畫出版社，2009 年）。

7. 唐・張彥遠輯錄，范祥雍點校：《法書要錄》（上海：上海古籍出版社，2013 年）。

8. 唐・孫過庭《書譜》，收入《景印文淵閣四庫全書》812 冊（台北：台灣商務出版，1983 年）。

9. 宋・王正德《餘師錄》，收入王雲五主編：《四庫全書珍本別輯》（台北市：台灣商務，1975 年）。

10. 宋・王質：《詩總聞》，收入《景印文淵閣四庫全書》第 72 冊（台北：台灣商務出版，1983 年）。

11. 宋・朱長文《墨池編》，收入盧輔聖主編：《中國書畫全書》第 1 冊（上海：上海書畫出版社，2009 年）。

12. 宋・米芾《書史》，收入盧輔聖主編：《中國書畫全書》第 2 冊（上海：上海書畫出版社，2009 年）。

13. 宋・米芾《海岳名言》，收入盧輔聖主編：《中國書畫全書》第 2 冊（上海：上海書畫出版社，2009 年）。

14. 宋・米芾《畫史》，收入盧輔聖主編：《中國書畫全書》第 2 冊（上海：上海書畫出版社，2009 年）。

15. 宋・李綱：《梁谿集》，收入於《景印文淵閣四庫全書》1126 冊（台北：臺灣商務出版社，1983 年）。

16. 宋・岳珂《寶眞齋法書贊》，收入盧輔聖主編：《中國書畫全書》第 2 冊（上海：上海書畫出版社，2009 年）。

17. 宋・桑世昌《蘭亭考》，收入盧輔聖主編：《中國書畫全書》第 3 冊（上海：上海書畫出版社，2009 年）。

18. 宋・陳思《書苑菁華》，收入盧輔聖主編：《中國書畫全書》第 3 冊（上海：上海書畫出版社，2009 年）。

19. 宋・陳思《書小史》，收入盧輔聖主編：《中國書畫全書》第 3 冊（上海：上海書畫出版社，2009 年）。

20. 宋・陳師道：《後山集》（台北：中華書局，1971 年）。

21. 宋・黃伯思：《法帖刊誤》，收入於《景印文淵閣四庫全書》681 冊（台北：臺灣商務出版社，1983 年）。

22. 宋・董逌：《廣川書跋》，收入盧輔聖主編：《中國書畫全書》第 2 冊（上海：上海書畫出版社，2009 年）。

23. 宋・劉子翬：《屏山集》（台北：台灣商務出版社，1986 年）。

24. 宋・蘇易簡：《文房四譜》，收入於《景印文淵閣四庫全書》843 冊（台北：台灣商務出版，1983 年）。

25. 宋・蘇軾撰，孔凡禮點校：《蘇軾文集》（北京：中華書局，1986 年）。

26. 南宋・史浩《尚書講義》，收入王雲五主編：《四庫全書珍本二集》（台北市：台灣商務，1971 年）。

27. 南宋・朱熹撰，清・李光地、熊賜履等奉敕編：《御纂朱子全書》，收入於《景印文淵閣四庫全書》721 冊（台北：臺灣商務出版社，1983 年）。

28. 南宋・吳曾：《能改齋漫錄》（台北：木鐸出版社，1982 年）。

29. 南宋・姜夔《白石道人詩說》，收入清・何文煥、丁福保編：《歷代詩話統編》第一冊（北京：北京圖書館，2003 年）。

30. 南宋・姜夔《續書譜》，收入盧輔聖主編：《中國書畫全書》第 2 冊（上海：上海書畫出版社，2009 年）。

31. 南宋・姜夔《絳帖平》，收入於《景印文淵閣四庫全書》682 冊（台北：臺灣商務出版社，1983 年）。

32. 南宋・洪邁《容齋隨筆》，收入上海師範大學古籍整理研究所編：《全宋筆記・第五編》（鄭州：大象出版社，2012 年）。

33. 南宋・高似孫：《硯箋》（上海：上海古籍出版社，1985 年）。

34. 南宋・趙構：《翰墨志》，收入《歷代書法論文選》（上海：上海書畫出版社，1979）。

35. 南宋・蔡正孫：《詩林廣記》（台北：臺灣商務，1983 年）。

36. 南宋・嚴羽《滄浪詩話》，收入清・何文煥、丁福保編：《歷代詩話統編》第一冊（北京：北京圖書館，2003 年）。

37. 元・不詳：《書法三昧》，收入《景印文淵閣四庫全書》第 819 冊（台北：台灣商務出版，1983 年）。

38. 元・盛如梓《庶齋老學叢談》，收入王雲五主編：《叢書集成初編》328 冊（長沙：長沙商務，1939 年）。

39. 元・盛熙明《法書考》，收入盧輔聖主編：《中國書畫全書》第 3 冊（上海：上海辭書出版，2011 年）。

40. 元・陳繹曾《翰林要訣》，收入盧輔聖主編：《中國書畫全書》第 2 冊（上海：上海辭書出版，2011 年）。

41. 元・趙汸：《東山存稿》，收入《景印文淵閣四庫全書》第 1221 冊（台北：台灣商務出版，1983 年）。

42. 明・文秉《姑蘇名賢續紀》，收入顏一萍輯選：《叢書集成三編・甲戌叢編》一冊（台北：藝文印書館，1971 年）。。

43. 明・文震亨：《長物志》，收入於《景印文淵閣四庫全書》872 冊（台北：

台灣商務出版，1983年）。

44. 明・文震亨著，陳植校：《長物志》（江蘇：江蘇科學技術出版社，1984年）。

45. 明・王世貞：《弇州四部稿》，收入《景印文淵閣四庫全書》第 1281 冊（台北：台灣商務出版，1983年）。

46. 明・王世貞：《弇州四部續稿》，收入《景印文淵閣四庫全書》第 1284 冊（台北：台灣商務出版，1983年）。

47. 明・王世貞《弇州山人書畫跋》，收於崔爾平編：《歷代書法論文選續編》（上海：上海書畫出版社，1993年）。

48. 明・王守仁撰，吳光等編校：《王陽明全集》（上海：上海古籍出版社，1992年）。

49. 明・王錡：《寓圃雜記》（北京：中華書局，1984年）。

50. 明・王鏊：《姑蘇志》，收入於《景印文淵閣四庫全書》493 冊（台北：台灣商務出版，1983年）。

51. 明・朱載堉：《樂律全書》，收入《北京圖書館古籍珍本叢刊》第 4 冊（北京：書目文獻出版社，1988年）。

52. 明・朱謀垔《書史會要續編》，收入盧輔聖主編：《中國書畫全書》第 6 冊（上海：上海書畫出版社，2009年）。

53. 明・朱簡：《印章要論》，收於《續修四庫全書》第 1091 冊（上海：上海古籍出版社，1995）。

54. 明・朱簡：《印經》，收於《續修四庫全書》第 1091 冊（上海：上海古籍出版社，1995）。

55. 明・何良俊《四友齋書論》，收入崔爾平編：《明清書論集》上冊（上海：上海辭書出版，2011年）。

56. 明・吳省曾：《吳風錄》，收於《吳中小志叢刊》（揚州：廣陵書社，2004年）。

57. 明・宋嗇《書法綸貫》，收入盧輔聖主編：《中國書畫全書》第 6 冊（上海：上海書畫出版社，2009年）。

58. 明・宋濂撰：《元史》，楊家駱主編：《新校本元史》（臺北：鼎文書局，1977年）。

59. 明・李東陽：《李東陽集》（湖南：岳麓書社，2008年）。

60. 明・李東陽：《懷麓堂集》，收入《景印摛藻堂四庫全書薈要》411 冊（台北：世界書局，1986年）。

61. 明・李東陽原著，李慶立校釋：《懷麓堂詩話校釋》（北京：人民文學出版社，2009年）。

62. 明・李樂：《見聞雜記》（上海：上海古籍出版社，1986 年）。

63. 明・汪挺《書法粹言》，收入盧輔聖主編：《中國書畫全書》第 6 冊（上海：上海辭書出版，2011 年）。

64. 明・汪砢玉《珊瑚網》，收入盧輔聖主編：《中國書畫全書》第 8 冊（上海：上海書畫出版社，2009 年）。

65. 明・沈德符：《萬曆野獲編》，收入於《明清筆記史料叢刊》86 冊（北京：中國書店，2000 年）。

66. 明・沈顥《畫麈》，收入盧輔聖主編：《中國書畫全書》第 6 冊（上海：上海書畫出版社，2009 年）。

67. 明・周暉：《金陵瑣事・續金陵瑣事・二續金陵瑣事》（南京：南京出版社，2007 年）。

68. 明・孫鑛《書畫跋跋》，收入盧輔聖主編：《中國書畫全書》第 5 冊（上海：上海書畫出版社，2009 年）。

69. 明・徐𤊹輯：《徐氏筆精》，收入《叢書集成續編》第 17 冊（臺北：新文豐出版公司，1985）。

70. 明・徐渭：《徐渭集》（北京：中華書局，1983 年）。

71. 明・祝允明：《祝氏詩文集》（台北：國立中央圖書館，1971 年）。

72. 明・袁中道：《珂雪齋文集》，收於《續修四庫全書》1375 冊（上海：上海古籍出版社，2002 年）。

73. 明・袁宏道：《袁中郎全集》（台北：五洲出版社，1960 年）。

74. 明・屠隆：《考槃餘事》，收入《續修四庫全書》1185 冊（上海：上海古籍出版社，2002 年）。

75. 明・張丑《清河書畫舫》，收入盧輔聖主編：《中國書畫全書》第 5 冊（上海：上海書畫出版社，2009 年）。

76. 明・張紳《法書通釋》，收入盧輔聖主編：《中國書畫全書》第 4 冊（上海：上海辭書出版，2011 年）。

77. 明・莫是龍：《石秀齋集》，收入《四庫全書存目叢書》集部第 188 冊（濟南：齊魯書社，1997 年）。

78. 明・陶宗儀《書史會要》，收入盧輔聖主編：《中國書畫全書》第 3 冊（上海：上海辭書出版，2011 年）。

79. 明・陸卿子：《考槃集》（東京都：國立公文書館，2013，於台大電子資料庫取得）。

80. 明・焦竑：《俗書刊誤》，收入《景印文淵閣四庫全書》第 228 冊（台北：台灣商務出版，1983 年）。

81. 明・項穆《書法雅言》，收入盧輔聖主編：《中國書畫全書》第 5 冊（上

海：上海辭書出版，2011 年）。

82. 明・馮武《書法正傳》，收入盧輔聖主編：《中國書畫全書》第 14 冊（上海：上海書畫出版社，2009 年）。

83. 明・馮時可：《馮元成選集》，收入《四庫禁毀書叢刊補編》第 61 冊（北京市：北京出版社，2005 年）。

84. 明・黃宗羲：《明文海》，收入《景印文淵閣四庫全書》第 1458 冊（台北：台灣商務出版，1983 年）。

85. 明・黃姬水：《高素齋集》，收入《四庫全書存目叢書》186 冊（台南：莊嚴文化，1997 年）。。

86. 明・楊慎：《丹鉛餘錄》，收入於《景印文淵閣四庫全書》855 冊（台北：臺灣商務出版社，1983 年）。

87. 明・楊慎：《墨池璣錄》，收入崔爾平主編：《中國書畫全書》第 4 冊（上海：上海書畫出版社，1992 年）。

88. 明・楊慎：《升菴集》，收入《景印文淵閣四庫全書》第 1270 冊（台北：台灣商務出版，1983 年）。

89. 明・董其昌：《容臺文集》，收入《四庫全書存目叢書》集部 171。（濟南：齊魯書社，1997 年）。

90. 明・董其昌：《容臺集》（台北：國立中央圖書館，1968 年）。

91. 明・董其昌：《畫禪室隨筆》收入盧輔聖主編：《中國書畫全書》第 5 冊（上海：上海書畫出版社，2009 年）。

92. 明・趙崡《石墨鐫華》，收入王雲五主編：《叢書集成初編》1607 冊（長沙：長沙商務，1939 年）。

93. 明・潘之淙《書法離鉤》，收入盧輔聖主編：《中國書畫全書》第 6 冊（上海：上海書畫出版社，2009 年）。

94. 明・鄭敷教：《重編桐庵文稿》，收入《叢書集成三編》第 53 冊（臺北：新文豐出版公司，1997 年）。

95. 明・豐坊《書訣》，收入盧輔聖主編：《中國書畫全書》第 4 冊（上海：上海書畫出版社，2009 年）。

96. 明・魏濬《易義古象通》，收入王雲五主編：《四庫全書珍本三集》（台北：臺灣商務，1972 年）。

97. 清・卞永譽《式古堂書畫彙考》，收入盧輔聖主編：《中國書畫全書》第 9 冊（上海：上海書畫出版社，2009 年）。

98. 清・包世臣《藝舟雙楫》，收入崔爾平編：《明清書論集》下冊（上海：上海辭書出版，2011 年。

99. 清・朱彝尊：《靜志居詩話・下》（北京：人民文學出版社，2006 年）。

100. 清·宋曹：《書法約言》，收入《叢書集成續編》第 86 冊（上海：上海書店，1994 年）。

101. 清·杜文瀾：《古謠諺》，收於《續修四庫全書》第 1061 冊（上海：上海古籍出版社，2002 年）。

102. 清·沈季友：《檇李詩繫》，收入於《景印文淵閣四庫全書》1475 冊（台北：臺灣商務出版社，1983 年）。

103. 清·阮元《北碑南帖論》，收入華東師範大學古籍整理研究室選編：《歷代書法論文選》（上海：上海書畫出版社，1979 年）。

104 清·周星蓮《臨池管見》，收入黃賓虹、鄧實編：《美術叢書·3》初集第六輯（臺北縣：藝文出版社，1975 年）。

105 清·周銘：《林下詞選》，收入《續修四庫全書》第 1729 冊（上海：上海古籍出版社，2002）。

106 清·施若霖《璜涇志稿》，收入於清·時寶臣纂修：《雙鳳里志》（南京：江蘇古籍出版社，1992 年）。

107 清·倪後瞻《倪氏雜著筆法》，收錄於崔爾平選編：《明清書法論文選》（上海：上海書畫出版社，1994 年）。

108 清·倪濤：《六藝之一錄》，收錄於《景印文淵閣四庫全書·第 836 冊》（台北：台灣商務出版，1983 年）。

109 清·孫岳頒：《御定佩文齋書畫譜》，收入《景印文淵閣四庫全書》第 819 冊（台北：台灣商務出版，1983 年）。

110 清·徐崧、張大純著，薛正興點校：《百城烟水》（南京：江蘇古籍出版社，1999 年）。

111 清·高其倬、謝旻：《江西通志》，收入於《景印文淵閣四庫全書》515 冊（台北：臺灣商務出版社，1983 年）。

112 清·康有爲：《廣義舟雙輯》（臺北：台灣商務印書館，1965 年）。

113 清·張廷玉等撰：《明史》，收入《景印文淵閣四庫全書》第 301 冊（台北：台灣商務出版，1983 年）。

114 清·張廷玉等撰：《明史》，楊家駱主編：《新校本明史》（臺北：鼎文書局，1975 年）。

115 清·梁巘：《評書帖》，收入崔爾平編：《明清書論集》上冊（上海：上海辭書出版，2011 年）。

116 清·梁巘：《評書帖》，收於《歷代書法論文選》（台北：華正書局，1997 年 4 月）。

117 清·傅山《霜紅龕集》，收入崔爾平編：《明清書論集》上冊（上海：上海辭書出版，2011 年）。

118　清・馮武《書法正傳》，收入盧輔聖主編：《中國書畫全書》第 14 冊（上海：上海書畫出版社，2009 年）。

119　清・黃之雋等撰：《江南通志》（臺北：京華書局，1967）。

120　清・葉德輝：《書林清話》（北京：中華書局，1957 年）。

121　清・鄒炳泰：《午風堂叢談》，收入《續修四庫全書》1462 冊（上海：上海古籍出版社，2002 年）。

122　清・褚亨奭《姑蘇名賢後記》，收入於收錄於周駿富編：《明代傳記叢刊・148 冊》（臺北：明文書局，1991 年）。

123　清・趙耀《璜涇志略》，收入於清・時寶臣纂修：《雙鳳里志》（南京：江蘇古籍出版社，1992 年）。

124　清・趙耀輯：《寒山留緒》收入《叢書集成續編》史部第 39 冊（上海：上海書店，1994）。

125　清・劉熙載《藝概・書概》，收入華人正編：《歷代書法論文選》（台北：華正書局，1984 年）。

126　清・錢泳：《書學》，收於《歷代書法論文選》（台北：華正書局，1997 年）。

127　清・錢泳《書學》，收入華東師範大學古籍整理研究室選編：《歷代書法論文選》（上海：上海書畫出版社，1979 年）。

128　清・錢謙益：《列朝詩集》，收入《四庫禁燬書叢刊》集部 97 冊（北京：北京出版社，1995）。

129　清・顧炎武著，陳垣校著：《日知錄》下冊（合肥：安徽大學出版社，2009 年）。

三、近人相關論著（依作者姓名姓氏筆畫排序）

1.　〔日〕中田勇次郎：《中國書法理論史》（天津：天津古籍出版社，1987 年）。

2.　〔加拿大〕卜正民 Timothy James Brook：《縱樂的困惑──明代的商業與文化》（北京：三聯書店，2004 年）。

3.　毛文芳：《晚明閒賞美學》（台北：台灣學生書局，2000 年）。

4.　毛萬寶、黃君主編：《中國古代書論類編》（合肥：安徽教育出版社，2009 年）。

5.　王大智：《中國藝術欣賞》（臺北：國立空中大學，2003 年）。

6.　王仁鈞：《書譜導讀》（臺北：蕙風堂出版社，2013 年 3 月）。

7.　王壯爲等著：《中國藝術概論》（台北：中國文化大學出版部，1988 年）。

8.　王昌煥：《帖體字學研究》（台北：萬卷樓圖書有限公司，2002 年）。

9. 王靜芝：《書法漫談》（台北：台灣書店，2000 年）。

10. 王鎮遠：《中國書法理論史》（南京：江蘇教育出版社，2011 年）。

11. 白蕉《書法結構問體》，收入上海書畫出版社編：《二十世紀書法研究叢書・風格技法篇》（上海：上海書畫出版社，2008 年）。

12. 白謙慎：《傅山的世界：十七世紀中國書法的嬗變》（北京：生活・讀書・新知三聯書店，2013 年）。

13. 石守謙：《從風格到畫意——反思中國美術史》（台北：石頭出版社，2010 年）。

14. 朱保炯、謝沛霖：《明清進士題名碑錄索引》（上海：上海古籍出版社，1979 年）。

15. 何炎泉：《毫端萬象：祝允明書法特展》（臺北市：國立故宮博物院，2013）。

16. 余紹宋：《書畫書錄解題》（北京：北京圖書館出版社，2003 年）。

17. 宋民《中國古代書法美學歷史發展的三個階段》，收入上海書畫出版社編：《二十世紀書法研究叢書・審美語境篇》（上海：上海書畫出版社，2008 年）。

18. 宋楚瑜：《如何寫學術論文》（臺北：三民書局，2015 年）。

19. 李一：《中國古代美術批評史綱》（哈爾濱：黑龍江美術出版社，2000 年）。

20. 李天道主編：《古代文論與美學研究》（北京：商務印書館，2005 年）。

21. 杜松柏：《國學治學方法》（臺北：五南出版社，2013 年）。

22. 汪永江：《書法章法形式原理》（北京：中國社會科學出版社，2012 年）。

23. 沈尹默：《二王書法管窺》，收自上海書畫出版社《二十世紀書法研究叢書・風格技法篇》（上海：上海書畫出版社，2008 年 1 月）。

24. 沈尹默：《論書叢稿》（台北：華嚴出版社，1997 年）。

25. 周明初：《晚明士人心態及文學個案》（北京：東方出版社，1997 年）。

26. 周紀文：《中華審美文化通史・明清卷》（合肥：安徽教育出版社，2005 年）。

27. 周祖謨：《問學集》（台北：河洛圖書，1979 年）。

28. 周道振、張月尊纂：《文徵明年譜》（上海：百家出版社，1998）。

29. 孟森著：《明史講義》（上海：上海古籍出版社，2002 年）。

30. 尚秉和：《歷代社會風俗事物考》（臺北：臺灣商務印書館，1985）。

31. 邱振中：《書法藝術與鑑賞》（台北：亞太圖書出版，1995 年）。

32. 胡文楷：《歷代婦女著作考》（上海：上海古籍出版社，1985）。

33. 容庚：《叢帖目》第一冊（香港：中華書局香港分局，1980 年）。

34. 徐卓人：《趙宧光傳》（北京：高等教育出版社，2006）。

35. 馬宗霍：《書林藻鑒》（台北：臺灣商務印書館，1982 年）。

36. 馬國權：《孫過庭書譜譯註》（台北：明文書局，1988 年）。

37. 高尚仁：《書法心理學》（台北：東大圖書，1986 年）。

38. 高尚仁：《書法藝術心理學》（台北：遠流出版，1993）。

39. 高爾泰：《中國藝術與中國哲學》，收入自李天道主編《古代文論與美學研究》（北京：商務印書館，2005 年）。

40. 啟功：《古代字體論稿》（北京：文物出版社，1964 年）。

41. 崔爾平主編：《歷代書法論文選續編》（上海：上海書畫出版社，1993 年）。

42. 崔爾平選編點校：《明清書論集》（上海：上海辭書出版社，2011 年）。

43. 張建業主編：《李贄全集注》（上海：社會科學文獻出版社，2010 年）。

44. 張涌泉：《敦煌俗字研究》（上海：上海教育出版社，1996 年）。

45. 張涌泉：《漢語俗字研究》（長沙：嶽麓書社，1995 年）。

46. 張維昭：《悖離與回歸——晚明士人美學態度的現代觀照》（南京：鳳凰出版社，2009 年）。

47. 許明主編：《華夏審美風尚史：第八卷·殘陽如血》（河南：河南人民出版社，2000 年）。

48. 郭紹虞：《中國文學批評史》（北京：商務印書館，2010）。

49. 郭紹虞：《中國詩的神韻格調及性靈說》（台北：莊嚴出版社，1982 年 3 月）。

50. 陳亦純：《中國明代藝術史》（北京：人民出版社，1994 年）。

51. 陳良運等主編：《中國歷代詩學論著選》（南昌：百花洲文藝出版社，1995 年）。

52. 陳政見、蔡明富：《書法教學與治療》（嘉義：紅豆出版社，1997 年）。

53. 陳振濂：《書法教育學》（浙江：西泠印社，1992 年）。

54. 陳振濂：《書法學》（台北：建宏出版社，1996 年）。

55. 陳清輝：《李卓吾生平及其思想研究》（台北：文津出版，1993 年）。

56. 華人德：《歷代筆記書論匯編》（南京：江蘇教育出版社，2001 年）。

57. 黃光男：《筆歌墨舞——書法藝術》（台北：國立歷史博物館，1999 年）。

58. 黃念然：《中國古典文藝美學論稿》（桂林：廣西師範大學出版社，2010 年）。

59. 黃惇：《中國書法史·元明卷》（南京：江蘇教育出版社，2011 年）。

60. 楊仁愷：《中國書畫》（上海：上海古籍出版社，1990）。

61. 葉至誠、葉立誠：《研究方法與論文寫作》（台北：商鼎文化出版社，2002 年）。

62. 裴景福編撰：《壯陶閣書畫錄》下冊（北京：學苑出版社，2006 年）。

63. 劉小晴：《中國書學技法評注》（上海：上海書畫出版社，1994 年）。

64. 歐陽中石等著：《書法與中國文化》（北京：人民出版社，2000 年）。

65. 潘運告主編：《明代書論》（長沙：湖南美術出版社，2002 年）。

66. 蔡崇名：《宋四家書法析論》（台北：華正書局，1986 年）。

67. 蔡崇名：《書法及其教學之研究》（臺北：華正書局，1985 年）。

68. 蔡景康編選：《中國歷代文論選‧明代文論選》（北京：人民文學出版社，1993 年）。

69. 蔡鍾翔、袁濟喜：《中國古代文藝學》（北京：人民文學出版社，2010 年）。

70. 鄧散木等：《書法十講》（台北：華嚴出版社，1989 年）。

71. 錢鏡塘：《錢鏡塘藏明代名人尺牘》（上海市：上海古籍出版社，2002 年）。

72. 韓天衡：《歷代印學論文選》上冊（浙江：西泠印社出版社，1999 年）。

73. 韓天衡：《歷代印學論文選》下冊（浙江：西泠印社出版社，1999 年）。

74. 簡錦松：《明代文學批評研究》（台北：台灣學生書局，1989 年）。

75. 聶振斌：《稽古征今論轉化──中國藝術精神》（上海：錦繡文章出版社，2010 年）。

四、會議及期刊論文

1. 王立春：〈十六國北朝碑刻的破體現象及其成因〉，收入《遼東學院學報（社會科學版）》2010 第 1 期（2010 年 7 月），頁 51～55。

2. 王軍平：〈吳門書派述評〉，收入於《藝術探索》第 22 卷第 2 期（2008 年 4 月），頁 32～33。

3. 吳俊業：〈從書寫到書法──個身體現象學的考察〉，收入《清華學報》新四十卷第三期（2010 年 9 月），頁 301～326。

4. 吳鵬：〈論晚明書法的文化轉向〉，收入於華人德主編：《明清明清書法史國際學術研討會論文集》（上海：上海古籍出版社，2008 年），頁 302～313。

5. 林家驪：〈沈約詩歌的評價和在文學史上的地位〉，收入《杭州大學學報（哲學社會科學版）》1991 第 2 期（1991 年 5 月），頁 54～61。

6. 柯家豪：〈椅子與佛教流行的關係〉，收入《中央研究院歷史語言研究所集刊》第 69 本 4 分（台灣：中央研究院歷史語言研究所，1998 年），頁 727～763。

7. 張飛：〈兼二父之美──論徐有貞、李應禎對祝允明書學思想的影響〉，收入《藝術品》2014 年第 7 期（2014 年 7 月），頁 72～85。

8. 張愛國：〈高堂大軸與明人行草〉，收入《浙江藝術職業學院學報》2003

年第 3 期（2003 年 9 月），頁 75～91。

9. 陳欽忠：〈書法取勢名言之索解〉，收入李郁周主編：《一九九一年書法論文徵選入選論文集》（台北：中華民國書法教育學會，1991 年），頁玖-1～玖-9。

10. 陳欽忠：〈盛唐間開闊氣運下書法意識的轉換〉，收入李郁周主編：《一九九○年書法論文徵選入選論文集》（台北：中華民國書法教育學會，1990 年），頁六-1～六-19。

11. 陳維德：〈從晚明浪漫書風看書藝的發展〉，收入華人德主編：《明清明清書法史國際學術研討會論文集》（上海：上海古籍出版社，2008 年），頁 233～244。

12. 傅申：〈從陳淳到趙宧光的草篆〉，收入華人德主編：《明清明清書法史國際學術研討會論文集》（上海：上海古籍出版社，2008 年），頁 1～14。

13. 單國強：〈明代文化概論〉，收入薛永年、羅世平主編：《中國美術史論文集：金維諾教授八十華誕暨從教六十周念紀念文集》（北京：紫禁城出版社，2006 年），頁 213～222。

14. 游國慶：〈漢字書法本質內涵的新呈現——從漢字文化節與藝術節的活動說起〉，收入林錦濤、劉素真主編：《2011 漢字藝術節：兩岸當代書法學術研討會論文集》（新北：國立台灣藝術大學，2011 年），頁 233～274。

15. 黃藥眠：〈美是審美評價：不得不說的話〉，收入《文藝理論研究》1999 年 03 期（1999 年），頁 10～16。

16. 楊俊梅：〈元代書法的演變特點和原因〉，收入《河南大學學報（社會科學版）》第 47 卷第 5 期（2007 年 9 月），頁 146～149。

17. 劉元良：〈晚明書法尚奇風格成因〉，收入《湖南科技學院學報》第 33 卷第 6 期（2012 年 6 月），頁 191～194。

18. 蔡介騰：〈別具一格——趙宧光草篆書風〉，收入《藝術欣賞》七卷一期（2011 年 2 月），頁 58～61。

19. 蔡介騰：〈從趙宧光草篆書風——論晚明文人書寫的情意〉，收入《書畫藝術學刊》第十三期（2012 年 12 月），頁 89～116。

20. 鄭付中：〈從「尊體」到「破體」：論古典破體書法理路及當代轉型〉，收入《民族藝術》2014 第 6 期（2014 年 11 月），頁 151～156。

21. 謝建華：〈論晚明文化轉型時期的書法變革〉，收入《東南文化》2012 年第 4 期（2012 年 8 月），頁 123～126。

22. 謝湜於：〈十五至十六世紀江南糧長的動向與高鄉市鎮的興起——以太倉璜涇趙市為例〉，收入《歷史研究》2008 年第 5 期（2008 年 10 月），頁 35～58。

五、學位論文 （依作者姓氏筆畫）

1. 何娟：《馮時可研究》（上海師範大學碩士學位論文，2012 年）。
2. 吳鵬：《晚明士人生活中的書法世界》（南京藝術學院美術學博士論文，2008 年）。
3. 洪薇：《趙宧光篆書研究》（南京師範大學碩士論文，2008 年）。
4. 崔祖菁：《趙宧光書法及其書論研究》（南京藝術學院碩士論文，2009 年）。
5. 張機：《王獻之「破體」書法研究》（中國藝術研究院碩士論文，2014 年）。
6. 莊千慧：《心慕與手追——中古時期王羲之書法接受研究》（成功大學中國文學系博士班論文，2009 年）。
7. 莊千慧：《魏晉南北朝書論之研究》（國立成功大學碩士論文，1999 年）。
8. 陳清輝：《李贄思想探微》（國立高雄師範大學國文系博士論文，1999 年）。
9. 黃仲韻：《陸卿子及其作品研究》（東海大學中國文學系碩士論文，2010 年）。
10. 楊亮：《篆學指南辨偽》（南京藝術學院碩士論文，2009 年 4 月）。
11. 趙彥輝：《趙宧光寒山帚談研究》（吉林大學碩士學位論文，2004 年）。

六、網站

1. 台灣碩博士論文知識加值系統 http://ndltd.ncl.edu.tw/cgi-bin/gs32/gsweb.cgi/ccd=rjgGUS/webmge?switchlang=tw。
2. 國家圖書館——古籍與特藏文獻資源 http://rbook2.ncl.edu.tw/。

七、圖版

1. 〔日〕小林斗盦編：《篆刻全集 3 官印・私印/文彭・何震　他》（東京：二玄社，2001 年）。
2. 〔日〕渡邊隆男編：《中國書法選 29・唐歐陽詢皇甫誕碑》（東京：二玄社，1996 年）。
3. 〔日〕渡邊隆男編：《中國書法選 31・唐歐陽詢九成宮醴泉銘》（東京：二玄社，1994 年）。
4. 〔日〕渡邊隆男編：《中國書法選 32・唐虞世南孔子廟堂碑》（東京：二玄社，1993 年）。
5. 〔日〕渡邊隆男編：《中國書法選 34・唐褚遂良雁塔聖教序》（東京：二玄社，1994 年）。
6. 〔日〕渡邊隆男編：《中國書法選 40・唐顏眞卿多寶塔碑》（東京：二玄社，1993 年）。

7. 〔日〕渡邊隆男編：《中國書法選 45‧唐柳公權玄秘塔碑》（東京：二玄社，1994 年）。

8. 故宮博物院編：《中國書蹟大觀 2‧故宮博物館》（北京：文物出版社 1994年）。

9. 南京博物院編：《中國書蹟大觀 3‧南京博物館》（北京：文物出版社 1993年）。

10. 中國古代書畫鑒定組編：《中國古代書畫圖目冊 6》（北京：文物出版社，1988 年）。

11. 中國古代書畫鑒定組編：《中國古代書畫圖目冊 9》（北京：文物出版社，1992 年）。

12. 中國古代書畫鑒定組編：《中國古代書畫圖目冊 15》（北京：文物出版社，1997 年）。

13. 中國古代書畫鑒定組編：《中國古代書畫圖目冊 17》（北京：文物出版社，1997 年）。

14. 中國歷代藝術編輯委員會編：《中國歷代藝術‧書法篆刻篇》（上海：上海書畫出版社，1994 年）。

15. 尹一梅主編：《故宮博物院藏文物珍品全集》26 冊（香港：商務印書館，2005 年）。

16. 明清名家書法大成編輯委員會：《明清名家書法大成》第二冊（上海：上海書畫出版社，1993 年）。

17. 殷蓀編：《中國書法史圖錄》（上海：上海書畫出版社，1989 年）。

18. 國立故宮博物院：《故宮歷代法書全集‧第六冊》（臺北：故宮博物院，1973 年）

附錄：趙宧光年表

　　此處年表爲筆者整理於崔祖菁《趙宧光書法及其書論研究》〔註1〕、黃仲韻《陸卿子及其作品研究》〔註2〕之年表。崔祖菁《趙宧光書法及其書論研究》爲研究趙宧光之專論，因此其年表於趙宧光之交遊、書信往來較爲詳細。而黃仲韻之《陸卿子及其作品研究》爲研究趙宧光之妻陸卿子專論，雖非趙宧光專論，但其於年表中將陸卿子與趙宧光之生平一同整理，亦對趙宧光有詳細考證。此外，黃仲韻之年表除參考《寒山誌傳》、《寒山留緒》外，其更以陸卿子《考槃集》、《玄芝集》爲輔助，因此於趙宧光之家世紀載反而更爲詳實。而據筆者所見，崔、黃二人所編之年表有部分出入，故於此將二者整理比較，並於出入部分再加考證，望能還與最客觀之事實。

中國 紀年	西元 紀年	年齡	崔祖菁 《趙宧光書法及其書論研究》	黃仲韻 《陸卿子及其作品研究》
嘉靖 38 年 （己未）	1559	1	趙宧光出生於蘇州野鹿園	8 月 18 日趙宧光生（1 歲）
萬曆 2 年 （甲戌）	1574	16		陸卿子嫁趙宧光（陸卿子時年 15）〔註3〕

〔註 1〕 崔祖菁：《趙宧光書法及其書論研究》（南京藝術學院碩士論文，2009 年），頁60～61。

〔註 2〕 黃仲韻：《陸卿子及其作品研究》（東海大學中國文學系碩士論文，2010 年），頁 191～198。

〔註 3〕 關於趙宧光結婚之年崔祖菁與黃仲韻看法略有不同，崔祖菁認爲趙宧光應於萬曆八年（1580）前結婚，而黃仲韻則認爲萬曆二年（1574）兩人成婚。而筆者認爲應爲萬曆三年（1575）～萬曆八年（1580）間成婚。細節可看本文第二章註釋 94。

萬曆 7 年（己卯）	1579	21		約爲長子文墀卒年
萬曆 10 年（壬午）	1582	24	大約於此一年與金一甫（字光先，生卒不詳）定交	
萬曆 16 年（戊子）	1588	30	此其前後趙宧光在南京國子監求學	
萬曆 17 年（己丑）	1589	31		
萬曆 18 年（庚寅）	1590	32		
萬曆 19 年（辛卯）	1591	33	・趙均出生 ・趙宧光於南京國子監返太倉，侍奉雙親	・妾胡氏生子無疆 ・出妾何氏生子趙均
萬曆 21 年（癸巳）	1593	35	・其父趙樞生卒 ・王稺登（百谷 1535～1612）《彥材先生敘》作於 1593，趙宧光與王稺登在 1593 年之前締交	・父趙樞生卒（61 歲） ・次子無疆卒（3 歲）
萬曆 22 年（甲午）	1594	36	趙宧光首入寒山，爲其父選墓址，隨即破土動工，營造墓塚及寒山別業	・奉父言尋墓地 ・次子無疆葬於天平山陰之谷
萬曆 23 年（乙未）	1595	37	其母楊夫人卒，趙宧光返家奔喪	母楊夫人卒
萬曆 24 年（丙申）	1596	38	寒山別業初步完成，趙宧光致函其兄長，商議安葬之事	・致兄〈請葬事與諸尊行書〉、〈與長兄書〉 ・趙宧光於 10 月築成墓地，將雙親合葬〔註4〕
萬曆 26 年（戊戌）	1598	40	・寒山別業完工，再次致函其兄，要求盡快安葬 ・馮夢禎（1548～1605）同年訪趙宧光	・再致兄信函〈議葬山靈異附長兄命立認墳山議單〉
萬曆 27 年（己亥）	1599	41	趙宧光安葬雙親於寒山別業。	舉家遷至寒山，廬墓於「小宛堂」

〔註 4〕明・趙均《先考凡夫府君行實》言：「至己亥歲四之日，始克葬。」收於明・趙宧光等撰：《寒山誌傳》，頁 15。故黃仲韻此處記載有誤，趙樞生（廷梧）下葬之年應爲萬曆二十七年（1599），此處當以崔祖菁爲準。而關於趙樞生（廷梧）下葬細節，可參考本文第二章 48～50 頁。

萬曆 28 年（庚子）	1600	42	・王穉登入寒山游，有《庚子早春寄懷趙凡夫於山中》詩 ・王穉登跋趙宧光藏鮮于樞《韓愈送李愿歸盤古序》 ・馮夢禎再次造訪，馮時可作《與開之祭酒集凡夫莊，凡夫以太學生自謝短服》 ・王衡（1561～1609）與陳繼儒（1558～1639）來訪，王衡作《春末偕陳仲醇遊支硎山過凡夫小宛堂紀事》五首 ・其妻陸卿子《考槃集》刊刻	・為妻陸卿子《考槃集》作序 ・其妻陸卿子《考槃集》六卷出版
萬曆 30 年（壬寅）	1602	44	王衡再訪，作《再過趙凡夫山居漫贈》二首	
萬曆 32 年（甲辰）	1604	46	・鄧雲霄（?～1613）作《夏日過趙凡夫定山別業》 ・吳夢暘《甲辰春日過訪凡夫道丈不值二首》、《凡夫兄邀宿山居，同朱適之、黃伯傳、范東生分韻二首》；吳明郊《雨中同黃伯傳丈留宿凡夫先生山居二首》；鄒德溥《同黃伯傳宿寒山贈凡夫》 ・趙宧光、文震孟（1574 年～1636）等為西崖禪師花山之事奔波	
萬曆 33 年（乙巳）	1605	47	王穉登欲往寒山看望趙宧光，但此次是否成行尚不知曉	
萬曆 34 年（丙午）	1606	48	・鄒迪光（1550～1626）致信趙宧光《與趙凡夫》 ・趙宧光、黃習遠重編宋洪邁《萬首唐人絕句》，四十卷刊行 ・趙宧光刻其《說文長箋》一百零四卷、《六書長箋》七卷、《萬首唐人絕句》四十卷	撰《萬首唐人絕句・刊定題詞》
萬曆 35 年（丁未）	1607	49		・黃習遠重刻《萬首唐人絕句・跋》 ・趙宧光定、黃習遠補《宋洪邁公進萬首唐人絕句》

				刊刻行世。〔註5〕
萬曆 37 年 （己酉）	1609	51	・趙宧光朱筆批註張萱《匯雅》	
萬曆 38 年 （庚戌）	1610	52		・爲妻陸卿子《玄芝集》作序
萬曆 39 年 （辛亥）	1611	53	・趙宧光於除夕作《辛亥除夕走筆報韓長洲明府》答謝韓原善（?～1625），朱簡（1570～?）亦作《和趙凡夫先生暮歲酬贈韓長洲》，韓原善作《次韻似凡夫先生》相唱和 ・黃汝亨（1558～1626）訪趙宧光寒山別業，有《與趙凡夫》，並書詩二首於扇面之上贈趙宧光，且帶來《浮梅檻》二冊，請趙宧光題跋 ・陳以聞（、欽愚公、文震亨（啓美，1585～1645）、王伯徵、姚孟長等於趙宧光寒山別業雅集，留下唱和詩若干首	
萬曆 40 年 （壬子）	1612	54	趙宧光作《金一甫印譜序》	
萬曆 41 年 （癸丑）	1613	55	・范允臨（1558～1641）書、馬之駿（1578～1617）撰、趙宧光篆《泰伯墓碑》，於靈巖山敕山嶋 ・文徵明家所刻《停雲館帖》歸趙宧光 ・葉向高（1559～1627）辭官返鄉，宿趙宧光寒山別業，並與趙宧光同游天平山，作《宿凡	

〔註5〕 此處崔祖菁與黃仲韻紀載有所出入，崔祖菁認爲《萬首唐人絕句》刊行於萬曆 34 年（1606），而黃仲韻則認爲萬曆 35 年（1607）。據筆者所見，崔祖菁並未引出更詳細之資料，而黃仲韻則於《陸卿子及其作品研究》中提及其所持版本爲傅斯年圖書館所藏之「趙氏明刊本」，並有趙宧光〈刊定題詞〉一篇，而後世多以此版本爲點校、排印之據。而目前所見《萬首唐人絕句》多爲清代四庫全書版，並無此題詞，若此，則當以黃仲韻所持之「趙氏明刊本」爲準，故此處以黃說爲正確。詳細可參照黃仲韻：《陸卿子及其作品研究》（東海大學中國文學系碩士論文，2010 年），頁 23。

			夫先生山房有作》、《同趙凡夫先生登天平山絕頂》	
萬曆44年（丙辰）	1616	58	趙宧光小楷題跋沈世充《仿宋園十四家山水》	
萬曆45年（丁巳）	1617	59	・馮時可爲趙宧光作《趙凡夫傳》 ・趙宧光與黃習遠、葛一龍（1567～1640）、廖孔悅等會定《朝鮮史略》六卷刊行 ・會見憨山大師（1546～1623）	
萬曆46年（戊午）	1618	60		馮玄成作〈趙凡夫先生傳〉〔註6〕
萬曆47年（己未）	1619	61	鄒迪光上寒山爲趙宧光祝六十壽，並作《寒山行爲趙凡夫壽》	
天啓元年（辛酉）	1621	63	・趙宧光校對邵潛所撰《皇明印史》 ・范允臨築室天平山之陽，與趙宧光的寒山別業在天平山之陰，二人僅一山之隔 ・趙宧光、陳元素等與丁耀亢（1599～1669）締交	
天啓五年（乙丑）	1625	67		9月3日趙宧光卒 趙宧光墓地築成，12月16日安葬〔註7〕
天啓六年（丙寅）	1626		趙宧光卒於寒山	

〔註6〕 馮時可即馮玄成，而《趙凡夫傳》即《趙凡夫先生傳》，此處黃仲韻、崔祖菁亦有出入。而據筆者查閱，明・趙宧光《趙凡夫自敘》中末言：「萬曆戊午春，馮玄成先生爲我作傳，而宧光因自列其蹟及所爲，文以獻焉。」收於明・趙宧光等撰：《寒山誌傳》，頁14。《趙凡夫自敘》爲趙宧光答覆《趙凡夫先生傳》所作，而其自言「萬曆戊午」，故此處當以黃仲韻所言爲正確。

〔註7〕 此處崔祖菁與黃仲韻紀載相差一年。而據筆者查證，明・趙均：《先考凡夫府君行實》：「先君生於嘉靖己未八月十月十有八日，卒於天啓乙丑九月三日，享年六十又七。……是年十二月時有六日庚寅，安葬於吳縣至德鄉皚谷之南。」摘於明・趙宧光等撰：《寒山誌傳》，頁17。此部分爲趙宧光之子趙均所記載，可信度極高，而黃仲韻所持資料當來自於此，故筆者以爲此處以黃仲韻所標示爲正確。